U0027265

北史

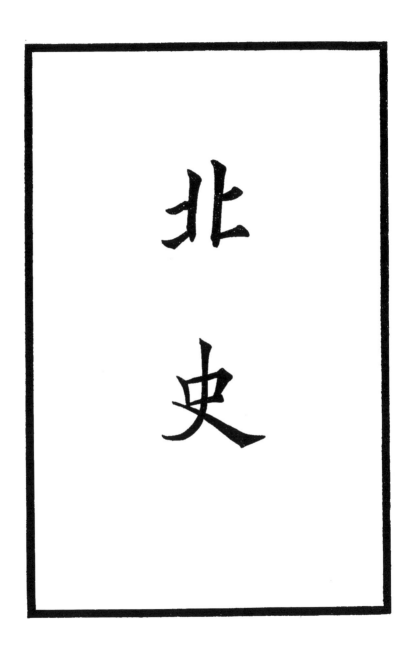

四部備要

史部

中華書局據武英殿本校刊

桐鄉　陸費逵總勘
杭縣　高時顯
杭縣　吳汝霖輯校
杭縣　丁輔之監造

版權所有不許翻印

北史卷十五

唐 李延壽 撰

列傳第三

魏諸宗室

上谷公紇羅神元皇帝之曾孫也初從道武皇帝自獨孤如賀蘭部與弟建勸

賀蘭訥推道武爲主及道武卽帝位以援立功與建同日賜爵爲公卒子題賜
爵襄城公後進爵爲王擊慕容驎於義臺中流矢薨帝以太醫令陰光爲視療
不盡術伏法子悉襲降爵爲襄陽公卒贈襄城王神元後又有建德公嬰文真
定侯陸並仕太武特獲封爵
武陵侯因長樂王壽樂並章帝之後也因從道武平中原以功封曲逆侯太武
時改爵武陵壽樂位選部尚書南安王改封長樂王文成卽位壽樂有援立功
拜太宰大都督中外諸軍錄尚書事矜功與尚書令長孫渴侯爭權並伏法
望都公頹昭帝之後也隨道武平中原賜爵望都侯太武以頹美儀容進止可
觀使迎左昭儀於蠕蠕進爵爲公卒
曲陽侯素延順陽公郁宜都王目辰並桓帝之後也素延以小統從道武征討
諸部初定幷州爲刺史道武之驚於柏肆也幷州守將封竇真爲逆素延斬之
時道武意欲撫悅新附悔參合之誅而素延殺戮過多坐免官中山平拜幽州
刺史豪奢放逸左遷上谷太守後賜爵曲陽侯時道武留心黃老欲以純風化

珍倣宋版印

俗雖乘輿服御皆去雕飾素延奢侈過度帝深銜之積其過因徵坐賜死郁少忠正亢直文成時位殿中尚書賜爵順陽公文成崩乙渾專權郁從順德門入欲誅渾渾窘怖遂奉獻文臨朝後復謀殺渾爲渾所誅獻文錄郁忠正追贈順陽王諡曰簡目辰文成即位歷侍中尚書左僕射封南平公乙渾謀亂目辰順陽公謀殺之事發目辰逃免獻文傳位有定策勳孝文即位進爵宜都王除雍州刺史鎮長安有罪伏法爵除

六修穆帝長子也少兇悖穆帝五年遣六修與輔相衛雄范班及姬澹等救劉琨帝躬統大兵爲後繼劉粲懼突圍而走殺傷甚衆帝因大獵壽陽山陳閱皮肉山爲變赤穆帝少子比延有寵欲以爲後六修出居新平城而黜其母六修有驊騮駿馬日行五百里穆帝欲取以給比延後六修來朝穆帝又命拜比延六修不從穆帝乃坐比延於己所乘步輦使人導從出遊六修望見以爲穆帝謁伏路左及至乃是比延慚怒而去穆帝怒伐之帝軍不利六修殺比延帝改服微行人間有賤婦人識帝遂暴崩桓帝子普根先守于外聞難來赴滅之

吉陽男比干江夏公呂並道武族弟也比干以司衛監討白澗丁零有功賜爵吉陽男後爲南道都將戰沒呂以軍功封江夏公位外都大官大見尊重卒贈江夏王陪葬金陵

高涼王孤平文皇帝之第四子也多才藝有志略烈帝之前元年國有內難昭成如襄國後烈帝臨崩顧命迎立昭成及崩羣臣咸以新有大故昭成來未可果宜立長君次弟屈剛猛多變不如孤之寬和柔順於是大人梁蓋等殺屈共推孤不肯乃自詣鄴奉迎請身留爲質石季龍義而從之昭成即王位乃分國半部以與之薨子斤失職懷怒構寔君爲逆死於長安道武時以孤勳高追封高涼王謚曰神武斤子眞樂頻有戰功後襲祖封明元初改封平陽王薨子禮襲本爵高涼王薨謚懿王子那襲爵拜中都大官驍猛善攻戰正平初坐事伏法獻文即位追那功命子紇紹封薨子大曹性愿直孝文時諸王非道武子孫者例降爵爲公以大曹先世讓國功重高祖眞樂勳著前朝改封太原郡公卒無子國除宣武又以大曹從兄子洪威紹恭謙好學爲潁川太守有政績孝靜

珍倣宋版印

初在頼川聚衆應西魏齊神武遣將討平之禮弟陵太武賜爵襄邑男進爵爲子卒子瓌位柔玄鎮司馬瓌子鷙字孔雀孝文末以軍功賜爵晉陽男武泰元年尒朱榮至河陰殺戮朝士時鷙與榮共登高塚俯而觀之自此後與榮合永安初封華山王莊帝旣殺尒朱榮從子兆爲亂帝欲率諸軍親討而鷙與兆陰通乃勸帝曰黄河萬仞寧可卒度帝遂自安及兆入殿鷙又約止衞兵帝見逼京邑破皆由鷙之謀孝靜初入爲大司馬加侍中鷙容貌魁壯腰帶十圍有武藝木訥少言性方厚每息直省閫雖暑月不解衣冠曾於侍中高岳之席咸陽王坦恃力使酒衆皆下之坦謂鷙曰孔雀老武官何因得王鷙答曰斬反人元禧首是以得之衆皆失色鷙怡然如故興和三年薨贈假黄鉞尚書令司徒公子大器襲爵後與元瑾謀害齊文襄見害孤孫度道武初賜爵松滋侯位比部尚書卒子乙斤襲爵襄陽侯獻文崇舊齒拜外都大官甚優重卒子平字楚國襲世爵松滋侯以軍功賜艾陵男卒子萇孝文時襲爵松滋侯例降侯賜艾陵伯萇性剛毅雖有吉慶事未嘗開口而笑孝文遷都萇以代尹留鎮除懷朔鎮

都大將因別賜萇酒雖拜飲而顏色不泰帝曰聞公一生不笑今方隔山當爲朕笑竟不能得帝曰五行之氣偏有所不入六合之閒亦何事不有左右見者無不把腕大笑宣武時爲北中郎將帶河內太守萇以河橋船組路狹不便行旅又秋水汎漲年常破壞乃爲船路遂廣空車從京出者率令輸石一雙累以爲岸橋闊來往便利近橋諸郡無復勞擾公私賴之歷位度支尙書侍中雍州刺史卒謚曰成萇中年以後官位微達乃自尊倨閨門無禮昆季不穆性又貪虐論者鄙之萇子子華字伏榮襲爵孝莊初除齊州刺史先是州境數經反逆邢杲之亂人不自保而子華撫集豪右委之管籥衆皆感悅境內帖然而性甚褊急當其急也口不擇言手自捶擊長史鄭子湛子華親友也湛侮罵遂即去之子華雖自悔厲終不能改在官不爲矯潔之行凡有餽贈者辭多受少故人不厭其取鞫獄訊因務加仁恕齊人樹碑頌德後除濟州刺史尒朱兆之入洛也齊州城人趙洛周逐刺史丹陽王蕭贊表濟南太守房士達攝行州事洛周子元顯先隨子華在濟州邀路改表請子華復爲齊州刺史子華母房氏曾就

親人飲食夜還大吐人以爲中毒母甚憂懼子華遂掬吐盡噉之其母乃安尋
以母憂還都孝靜初除南兗州刺史弟子思通使關西朝廷使右衞將軍郭瓊
收之子思謂瓊僕曰速可見殺何爲久執國士子華謂子思曰由汝麤疏令我
如此頭叩牀涕泣不自勝子思以手捋鬚顧謂子華曰君惡體氣尋與子思俱
賜死於門下外省子思字衆念性剛暴恆以忠烈自許元天穆當朝權以親從
薦爲御史中尉先是兼尚書僕射元順奏以尚書百揆之本至於公事不應爲
送御史至子思奏曰案御史令文中尉督司百寮闕 書侍御史糾察禁內又云
中尉出行車輻前驅除道一里王公百辟避路時經四帝前後中尉二十許人
奉以周旋未曾暫廢府寺臺省並從此令唯肅宗之世爲臨洮舉哀故兼尚書
左僕射臣順不肯與名又不送簿故中尉臣酈道元舉而奏之而順復啓云尚
書百揆之本令僕納言之責不宜下隸中尉送名御史尋亦蒙敕聽如其奏從
此迄今使無準一臣初上臺具見其事意欲申請決議但以權兼斯未宜便爾
日復一日遂歷炎涼去月朔旦臺移尚書索應朝名帳而省稽留不送尋復移

催弁主吏忽爲尚書郎中裴獻伯後注云案舊事御史中尉逢臺郎於複道中
尉下車執板郎中車上舉手禮之以此而言明非敵體臣既見此深爲怪愕旅
省二三未解所以正謂都省別被新式改易高祖舊命即遣移問事何所依又
獲尚書中郎王元旭報出蔡氏漢官似非穿鑿始知裴王亦規壞典謨兩人心
欲自矯臣案漢書宣秉傳云詔徵秉爲御史中丞與司隸校尉尚書令俱會殿
廷並專席而坐京師號之爲三獨坐又尋魏書崔琰傳晉文陽傳嘏傳皆云既
爲中丞百寮震悚以此而言則中丞不揖省郎蓋已久矣憲臺不屬都堂亦非
今日又尋職令云朝會失時即加彈糾則百官簿帳應送尚臺灼然明矣又皇
太子以下違犯憲制皆得糾察則令僕朝名宜付御史又亦彰矣不付名至否
臧何驗臣順專執未爲平通先朝曲遂豈是正法謹案尚書郎中臣裴獻伯王
元旭等望班士流早參清宦輕弄短札裴然若斯苟執異端忽焉至此此而不
綱將黷朝令請以見事免獻伯等所居官付法科處尚書納言之本令僕百揆
之要同彼浮虛助茲乖失宜明首從節級其罪詔曰國異政不可據之古事付

珍倣宋版印

司檢高祖舊格推處得失以聞尋從子思奏仍爲元天穆所忿遂停元顥之敗
封安定縣子孝靜時位侍中而死蔑弟珍字金省襲爵艾陵男宣武時曲事高
肇遂爲帝寵昵彭城王勰之死珍率壯士害之後卒於尙書左僕射平弟長生
位游擊將軍卒孝莊時以子天穆貴盛贈司空天穆性和厚美形貌射有能名
六鎭之亂尙書令李崇廣陽王深北討天穆以太尉使勞諸軍路出秀容見尒
朱榮深相結託約爲兄弟未幾改授別將赴秀容爲榮腹心除幷州刺史及榮
赴洛天穆參其始謀莊帝踐阼除太尉封上黨王徵赴京師後增封通前三萬
戶尋監國史錄尙書事開府世襲幷州刺史初杜洛周鮮于修禮爲寇瀛冀諸
州人多避亂南向幽州前北平府主簿河間邢杲擁率部曲屯據鄚城以拒洛
周葛榮垂將三載及廣陽王深等敗後杲南度居青州北海界靈太后詔流人
所在皆置命屬郡縣選豪右爲守令以撫鎭之時青州刺史元世儁表置新安
郡以杲爲太守未報會臺申休簡授郡縣以杲從子子瑤資蔭居前乃授河間
太守杲深恥恨於是遂反所在流人先爲土人陵忽聞杲起逆率來從之旬朔

之間衆踰十萬先是河南人常笑河北人好食榆葉故齊人號之爲齧榆賊杲東掠光州盡海而還又破都督李叔仁軍詔天穆與齊神武討大破之杲乃請降傳送京師斬之時元顥乘虛陷滎陽天穆聞莊帝北巡自畢公壘北度會車駕於河內尒朱榮以天時炎熱欲還師天穆苦執不可榮乃從之莊帝還宮加太宰羽葆鼓吹增邑通前七萬戶天穆以疏屬本無德望憑藉尒朱爵位隆極當時熏灼朝野王公已下每旦盈門受納財貨珍寶充積而寬柔容物不甚見忌於時莊帝以其榮黨外示優寵詔天穆乘車馬出入大司馬門天穆與榮相倚榮常以兄禮事之世隆等雖榮子姪位遇已重天穆曾言其失榮卽加杖其相親任如此莊帝內畏惡之與榮同時見殺節閔初贈丞相柱國大將軍雍州刺史假黃鉞諡曰武昭子儼襲美才貌位都官尚書及齊受禪聞敕召假病遂怖而卒

西河公敦平文帝之曾孫也道武初從征名冠諸將後從征中山所向無前明元時拜中都大官太武時進爵西河公寵遇彌篤卒子撥襲

珍倣宋版印

司徒石平文帝之玄孫也有膽略從太武南討至瓜步山位尚書令雍州刺史

歷北部侍郎華州刺史

武衞將軍謂烈帝之第四子也寬雅有將略常從道武征討有功除武衞將軍子烏真膂力絶人隨道武征伐屢有戰功官至鉅鹿太守子興都聰敏剛毅文成時爲河間太守賜爵樂城子爲政嚴猛百姓憚之獻文初以子丕貴重進爵樂城侯謝老歸家帝益禮之賜几杖服物致膳於第其妻婁氏爲東陽王太妃卒追贈定州刺史河間公謚曰宣子提襲父侯爵提弟丕太武時從駕臨江賜爵與平子獻文卽位累遷侍中丞相乙渾謀反丕以奏聞詔收渾誅之還尚書令改封東陽公孝文時封東陽王拜侍中司徒公丕子超生車駕親幸其第以執心不二詔賜丕入八議傳示子孫犯至百聽斬戮責數恕之放其同籍丁口雜使役調求受復除若有姦邪人方便讒毀者卽加斬戮尋遷太尉錄尚書事時淮南王佗淮陽王尉元河東王苟頹並以舊老見禮每有大事引入禁中乘步挽杖于朝進退相隨丕佗元三人皆容貌壯偉腰帶十圍大耳秀眉鬚鬢斑

白百寮觀瞻莫不祗聳唯茍頹小爲短劣姿望亦不逮之孝文文明太后重年
敬舊存問周渥丕聲氣高朗博記國事饗宴之際恆居坐端必抗音大言敘列
旣往成敗帝后敬納焉然詔事要人驕侮輕賤每見王叡符承祖常傾身下之
時文明太后爲王叡造宅故亦爲造甲第第成帝后幸之率百官文武饗宴焉
使尙書令王叡宣詔賜丕金印一紐太后親造勸戒歌辭以賜羣官丕上疏贊
謝太后令曰臣哉隣哉隣哉臣哉君則亡逸於上臣則履冰於下若能如此太
平豈難致乎及丕妻段氏卒諡曰恭妃又特賜丕金券後例降王爵封平陽郡
公求致仕詔不許及車駕南伐丕與廣陵王羽留守京師並加使持節詔丕羽
曰留守非賢莫可太尉年尊德重位總阿衡羽朕之懿弟溫柔明斷故使二人
留守京邑授以二節賞罰在手其祗允成憲以稱朕心丕對曰謹以死奉詔羽
對曰太尉宜專節度臣但可副貳而已帝曰老者之智少者之決汝何得辭也
及帝還代丕請作歌詔許之歌訖帝曰公傾朕還車故親歌述志今經構已有
次第故暫還舊京願後時亦同茲適乃詔丕等以移都之事使各陳志燕州刺

珍倣宋版印

史穆羆進曰今四方未平謂可不移臣聞黃帝以天下未定故居于涿鹿既定亦遷于河南廣陵王羽曰臣思奉神規光崇丕業請決之卜筮帝曰昔軒轅請卜兆龜焦乃問天老謂爲善遂從其言終致昌吉然則至人之量未然審于龜矣帝又詔羣臣曰昔平文皇帝棄背昭成營居盛樂道武神武應天遷居平城朕幸屬勝殘之運故宅中原北人比及十年使其徐移朕自多積倉儲不令窘乏前懷州刺史青龍前秦州刺史呂受恩等仍守愚固帝皆撫而答之辭屈退帝又將北巡丕遷太傅錄尚書事頻表固讓詔斷表啓就家拜授丕留守詔在代之事一委太傅賜上所乘車馬往來府省丕雅愛本風不達新式至於變俗遷洛改官制服禁絕舊言皆所不願帝亦不逼之但誘示大理令其不生同異至於衣冕已行朱服列位而丕猶常服列在坐隅晚乃稍加弁帶而不能修飾容儀帝以丕年衰體重亦不彊責及罷降非道武子孫及異姓王者雖駁於公爵而利享封邑亦不快帝南征丕表乞少留思更圖後舉會司徒馮誕薨詔六軍反旆丕又以熙薨于代都表求鑾駕親臨詔曰今洛邑肇構跂望成勞開闢

暨今豈有以天子之重遠赴舅國之喪朕縱欲爲孝其如大孝何縱欲爲義其
如大義何天下至重君臣道懸豈宜苟相誘引陷君不德令僕已下可付法官
貶之又詔以丕爲都督領幷州刺史後詔以平陽畿甸改封新興公初李沖德
望所屬旣當時貴要有杖情遂與子超娶沖兄女郎伯尚妹也丕前妻子隆同
產數人皆與別居後得宮人所生同宅共產父子情因此偏丕父子大意不樂
遷洛帝之發平城太子恂留於舊京及將還洛隆與穆泰等密謀留恂因舉兵
據陘北丕時以老居幷州雖不預始計而隆超咸以告丕丕外慮不成口乃致
難心頗然之及帝幸平城推穆泰等首謀隆兄弟並是黨丕亦隨駕至平城每
於測問令丕坐觀與元業等兄弟並以謀逆有司奏處孥戮詔以丕應連坐但
以先許不死之詔躬非染逆之身聽免死仍爲太原百姓其後妻二子聽隨隆
超母弟及餘庶兄弟皆徙敦煌丕時年垂八十猶自平城力載隨駕至洛留洛
陽帝每遣左右慰勉之乃還晉陽孝文崩丕自幷來赴宣武引見之以丕舊老
禮有加焉尋敕留洛陽後宴于華林都亭特令二子扶侍坐起丕仕歷六世垂

七十年位極公輔而還爲庶人然猶心戀京邑不能自絕人事詔以丕爲三老景明四年薨年八十二詔贈左光祿大夫冀州刺史謚曰平長子隆先以反誅隆弟乙升超亦同誅超弟儁邕並以軍功儁封新安縣男邕封涇縣男

淮陵侯大頭烈帝之曾孫也善騎射擢爲內三郎文成初封淮陵性謹密帝甚重之位寧北將軍卒贈高平公謚曰烈

河間公齊烈帝之玄孫也少雄傑魁岸太武征赫連昌太武馬蹶賊逼帝齊以身蔽扞決死力戰賊乃退帝得上馬是日微齊帝幾至危殆帝以微服入其城齊固諫不許乃與數人從帝入城內既覺諸門悉閉帝及齊等因入其宮中得婦人裙繫之槊上帝乘而上因此得拔於齊有力焉賜爵浮陽侯從征和龍以功拜尚書進爵爲公後與新興王俊討禿髮保周坐事免官爵宋將裴方明陷仇池太武復授齊前將軍與建興公古弼討之遂剋仇池威振羌氐復賜爵河間公與武都王楊保宗對鎮駱谷時保宗弟文德說閉險自固有期矣秦州主簿邊因知之密告齊晨詣保宗呼曰古弼至欲宣詔保宗出齊叱左右扶保宗

上馬馳驛送臺諸氏遂推文德爲主求援於宋宋遣將房亮之符昭啖龍等率
衆助文德齊擊斬殺龍禽亮之氏遂平以功拜內都大官卒謚敬王長子陵襲
爵陵性抗直天安初爲乙渾所害陵弟蘭以忠謹見寵孝文初賜爵建陽子卒
於武川鎮將子志字猛略少清辯彊幹歷覽書傳頗有文才爲洛陽令不避彊
禦與御史中尉李彪爭路俱入見面陳得失彪言御史中尉辟承華蓋駐論道
劍鼓安有洛陽令與臣抗衡志言神鄉縣主普天之下誰不編戶豈有俯同衆
官趨避中尉孝文曰洛陽我之豐沛自應分路揚鑣自今以後可分路而行及
出與彪折尺量道各取其半帝謂邢巒曰此兒竟可所謂王孫公子不鏤自彫
巒曰露竹霜條故多勁節非鸞則鳳其在本枝也員外郎馮俊昭儀之弟恃勢
恣撾所部里正志令主史收繫處刑除官由此忤旨左遷太尉主簿俄爲從事
中郎車駕南征帝微服觀戰所有箭欲犯帝志以身鄣之帝便得免矢中志目
因此一目喪明以志行恒州事宣武時除荊州刺史還朝御史中尉王顯奏志
於在州日抑買良人爲婢兼乘請供朝會赦免明帝初兼廷尉卿後除揚州刺

珍倣宋版印

史賜爵建忠伯志在州威名雖減李崇亦爲荊楚所憚尋爲雍州刺史晚年耽好聲伎在揚州日侍側將百人器服珍麗冠於一時及在雍州踰尚華侈聚斂無極聲名遂損及莫折念生反詔志爲西征都督討之念生遣其弟天生屯龍口與志相持爲賊所乘遂棄大衆奔還岐州賊遂攻城州刺史裴芬之疑城人與賊潛通將盡出之志不聽城人果開門引賊鏁志及芬之送念生見害節閔初贈尚書僕射太保

扶風公處真烈帝之後也少以壯烈聞位殿中尚書賜爵扶風公委以大政甚見尊禮吐京胡曹僕渾等叛招引朔方胡爲援處真與高涼王那等討滅之性貪婪在軍烈暴坐事伏法

文安公泥魏之疎族也性忠直有智畫道武厚遇之賜爵文安公拜安東將軍卒子屈襲爵明元時居門下出納詔命性明敏善奏事每合上旨賜爵元城侯加功勞將軍與南平公長孫嵩白馬侯崔密等並決獄訟明元東巡命屈行右丞相山陽侯奚斤行左丞相命掌軍國甚有聲譽後吐京胡與離石胡出以兵

等叛置立將校外引赫連屈丐屈督會稽劉絜永安侯魏勤捍之勤沒於陣絜墜馬胡執送屈丐唯屈衆猶存明元以屈沒失二將欲斬之時幷州刺史元六頭荒淫怠事乃赦屈令攝州事屈嗜酒頗廢政事帝積其前後失檻車徵還斬於市子磨渾少爲明元所知元紹之逆也明元潛隱於外磨渾與叔孫詐云明元所在紹使帳下二人隨磨渾往規爲逆磨渾既得出便縛帳下詣明元斬之帝得磨渾大喜因爲羽翼以勳賜爵長沙公拜尚書出爲定州刺史卒

昭成皇帝九子庶長曰寔君次曰明元帝次曰秦王翰次曰闕婆次曰壽鳩次曰紇根次曰地干次曰力真次曰窟咄

寔君性愚多不仁昭成季年苻堅遣其行唐公苻洛等來寇南境昭成遣劉庫仁逆戰於石子嶺昭成時不勝不能親勒衆軍乃率諸部避難陰山度漠北高車四面寇抄復度漠南苻洛軍退乃還雲中初昭成以弟孤讓國乃以半部授孤孤子斤失職懷怨欲伺隙爲亂獻明皇帝及秦明王翰皆先終道武年甫五歲慕容后子闕婆等雖長而國統未定斤因是說寔君曰帝將立慕容所生欲

先殺汝是以頃來諸子戎服夜以兵仗遶廬舍伺便將發時苻洛等軍猶在君子津夜常警備諸皇子挾仗彷徨廬舍寔君以斤言爲信乃盡殺諸皇子昭成亦暴崩其夜諸皇子婦及宮人奔告洛軍堅將李柔張蚝勒兵內逼部衆離散苻堅聞之召燕鳳問其故以狀對堅曰天下之惡一也乃執寔君及斤轘之長安寔君孫勿期位定州刺史賜爵林慮侯卒子六狀真定侯

秦王翰少有高氣年十五便請征伐昭成壯之使領騎二千長統兵號令嚴信多有剋捷建國十五年卒道武即位追贈秦王謚曰明子儀長七尺五寸容貌甚偉美鬚有算略少能舞劍騎射絕人道武幸賀蘭部侍從出入登國初賜爵九原公從破諸部有謀戰功及帝將圖慕容垂遣儀觀釁垂問儀道武不自來之意儀曰先人以來世據北土子孫相承不失其舊乃祖受晉正朔爵稱代王東與燕世爲兄弟儀之奉命理謂非失垂壯其對因戲曰吾威加四海卿主不自見吾云何非失儀曰燕若不修文德欲以兵威自強此乃本朝將帥之事非儀所知也及還報曰垂死乃可圖今則未可帝作色問之儀曰垂年已暮其子

寶弱而無威謀不能決慕容德自負才氣非弱主之臣釁將內起是可計之帝以爲然後改封平原公道武征衛辰儀出別道獲衛辰尸傳首行宮帝大喜徙封東平公命督屯田於河北自五原至稒陽塞外分農稼大得人心慕容寶之寇五原儀躡據朔方要其還路及幷州平儀功多遷尙書令從圍中山慕容德敗也帝以普驎妻周氏賜儀幷其僮僕財物尋遷都督中外諸軍事左丞相進封衛王中山平復遣儀討鄴平之道武將還代都置中山行臺詔儀守尙書令以鎭之遠近懷附尋徵儀以丞相入輔又從征高車儀別從西北破其別部又從討姚平有功賜以絹布綿牛馬羊等儀膂力過人弓力將十石陳留公虔矟大稱異時人云衛王弓桓王矟太武之初育也道武喜夜召儀入曰卿聞夜喚乃不怪懼乎儀曰怪則有之懼實無也帝告以太武生賜儀御馬御帶縑錦等先是上谷侯岌張袞代郡許謙等有名于時初來入軍聞儀待士先就儀儀並禮之共談當世之務謙等三人曰平原公有大才不世之略吾等宜附其尾道武以儀器望待之尤重數幸其第如家人禮儀矜功恃寵遂與宜都公穆崇伏

甲謀亂崇子逐留在伏士中道武召之將有所使逐留聞召恐發踰牆告狀帝祕而恕之天賜六年天文多變占者云當有逆臣伏尸流血帝惡之頗殺公卿欲以厭當天災儀內不自安單騎遁走帝使人追執之遂賜死葬以百姓禮儀十五子纂五歲道武命養於宮中恩與諸皇子同太武踐阼除定州刺史封中山公進爵爲王賜步挽几以優異之纂好酒愛佞政以賄成太武殺其親嬖人後悔過修謹拜內大將軍居官清約簡慎更稱廉平纂於宗屬最長宗室有事咸就諮焉薨諡曰簡纂弟良性忠篤明元追錄儀功封南陽王以紹儀後良弟幹善弓馬以騎從明元於白登之東北有雙鵰飛鳴於上帝命左右射之莫能中鵰旋飛稍高幹以二箭下雙鵰帝賜之御馬弓矢金帶一以旌其能軍中於是號幹爲射鵰都將從太武南巡進爵新蔡公文成即位拜都官尚書卒諡曰昭子禎膽氣過人太武時爲司衞監從征蠕蠕忽遇賊別部多少不敵禎乃就山解鞍放馬以示有伏賊果疑而避之孝文初賜爵沛郡公後拜南豫州刺史大胡山蠻時鈔掠前後守牧多羈縻而已禎乃召新蔡襄城蠻首使之觀射先

選左右能射者二十餘人禎自發數箭皆中然後命左右以次而射先出一囚犯死罪者使參射限命不中禎卽責而斬之蠻魁等伏伎畏威相視股慄又預教左右取死囚十人皆著蠻衣云是鈔賊禎乃臨坐僞舉目瞻天微有風動禎謂蠻曰風氣少暴似有鈔賊入境不過十人當在西南五十里許卽命騎追掩果縛送十人禎告諸蠻曰爾鄉里作賊如此合死以不蠻等皆叩頭曰合萬死禎卽斬之因慰喻遣還自是境無暴掠淮南人相率投附者三千餘家置之城東汝水之側名曰歸義坊初豫州城豪胡丘生數與外交通及禎爲刺史丘生嘗有犯懷恨圖爲不軌詐以婚進城人告云刺史欲遷城中大家送之向代共謀翻城城人石道起以事密告禎速掩丘生幷諸預謀者禎曰吾不負人人何以叛但丘生誑誤若卽收掩衆必大懼吾靜以待之不久自當悔服語未訖而城中三百人自縛詣州門陳丘生譎誑之罪而丘生單騎逃走禎恕而不問後徵爲都牧尚書卒贈侍中儀同三司謚簡公有八子第五子瑞初瑞母尹氏有娠致傷後晝寢夢一老翁具衣冠告之曰吾賜汝一子汝勿憂也寤而私喜又

問筮者筮者曰大吉未幾而生瑞禎以爲協夢故名瑞字天賜位大中大夫卒贈太常卿儀弟烈剛武有智略元紹之逆百寮莫敢有聲唯烈行出外詐附紹募執明元紹信之自延秋門出遂迎立明元以功進爵陰平王薨謚曰熹子求襲弟道子位下大夫道子子洛位羽林幢將洛子乞中散大夫乞子晏孝靜初累遷吏部尙書平心不撓時論稱之出爲瀛州刺史在任未幾百姓欣賴蔣天樂之逆見引詔錄送定州賜死晏好集圖籍家書多祕閣諸有假借咸不逆其意亦以此見稱烈弟觚勇烈有膽氣少與兄儀從道武侍衞左右使於慕容垂垂末年政在羣下遂止觚以求賂道武絕之觚率左右馳還爲垂子寶所執垂待之更厚因留心學業誦讀經書數十萬言垂國人咸稱重之道武之討中山慕容普驎遂害觚以固衆心帝聞之哀慟及平中山發普驎塚斬其尸收議害觚者傅高霸程同等皆夷五族以大刃剉殺之乃葬觚追謚秦愍王封子䕫爲務章王以紹觚

常山王遵壽鳩之子也少而壯勇不拘小節道武初有佐命勳賜爵略陽公慕

容寶之敗也別率騎七百邀其歸路由是有參合之捷及平中山拜尚書左僕射加侍中領勃海之合口及博陵勃海羣盜起遵討平之遷州牧封常山王遵好酒色天賜四年坐醉亂失禮於太原公主賜死葬以百姓禮子素明元從母所生特見親寵太武初復襲爵休屠郁原等叛素討之斬渠率徙千餘家於涿鹿之陽立平原郡以處之及平統萬以素有威懷之略拜假節征西大將軍以鎮之後拜內都大官文成即位務崇寬政罷諸雜調有司奏國用不足固請復之唯素曰臣聞百姓不足君孰與足帝善而從之素宗屬之懿又年老帝每引入訪以政事固辭疾歸第雅性方正居官五十載終始若一時論賢之薨謚曰康陪葬金陵配饗廟廷長子可悉陵年十七從太武獵逐一猛獸陵遂空手搏之以獻帝曰汝才力絕人當爲國立功立事勿如此也即拜內行阿干又從平涼州沮渠茂虔令一驍將與陵相擊兩槊皆折陵抽箭射之墜馬陵恐其救至未及拔劍以刀子戾其頸使身首異處帝壯之即日拜都幢將封暨陽子卒于中軍都將弟陪斤襲爵坐事國除陪斤子昭小字阿倪尚書張彝引兼殿中郎

孝文將爲齊郡王蘭舉哀而昭乃作宮懸帝大怒詔曰阿倪愚騃誰引爲郎於
是黜爲白衣守尙書昭遂停廢宣武時昭從弟暉親寵用事稍遷左丞宣武崩
于忠執政昭爲黃門郎又曲事之忠專權擅威枉陷忠賢多昭所指導也靈太
后臨朝爲尙書河南尹聾而佷戾理務峭急所在患之尋出爲雍州刺史在州
貪虐大爲人害後入爲尙書詔事劉騰進號征西將軍卒贈尙書左僕射納貨
元叉所以贈禮優越子玄字彥道以節儉知名孝莊時爲洛陽令及節閔卽位
玄上表乞葬莊帝時議善之後除尙書左丞孝武帝卽位以孫騰爲左僕射騰
卽齊神武心膂仗入省玄依法舉劾當時咸爲玄懼孝武重其強正封臨淄縣
子及從入關封陳郡王位儀同三司加開府薨謚曰平昭弟紹字醜倫少聰慧
遷尙書右丞紹斷決不避強禦宣武詔令檢趙修獄以修佞幸因此遂加杖罰
令其致死帝責紹不重聞紹曰修姦佞甚於董賢臣若不因釁除之恐陛下復
被哀帝之名以其言正遂不罪焉及出廣平王懷拜紹賀曰阿翁乃皇家之正
直雖朱雲汲黯何以仰過紹曰但恨戮之稍晚以爲愧耳卒於涼州刺史陪斤

弟忠字仙德以忠謹聞孝文時累遷右僕射賜爵城陽公加侍中鎮西將軍有翼贊之勤百寮咸敬之太和四年病篤辭退養疾於高柳輿駕親送都門之外羣寮侍臣執別者莫不涕泣及卒皆悼惜之諡曰宣命有司爲立碑銘子盛字始興襲爵位謁者僕射卒子懋字伯邕襲爵降爲侯從駕入關封北平王薨贈尙書左僕射諡曰貞慧子陟字景升開府儀同三司弟順字敬叔從孝武入關封濮陽王位侍中及武帝崩祕未發喪諸人多舉廣平王爲嗣順於別室垂涕謂周文曰廣平雖親年德並茂不宜居大寶周文深然之因宣國諱上南陽王尊號以順爲中尉行雍州事又加開府儀同三司秦州刺史順善射初孝武在洛於華林園戲射以銀酒巵容二升許懸於百步外命善射者十餘人共射中者即以賜之順發矢即中帝大悅幷賞金帛順仍於箭孔處鑄一銀童足蹈金蓮手持劉炙遂勒背上序其射工子偉字子猷有清才大統十六年封南安郡王及尉遲迥伐蜀以偉爲司錄書檄文言皆偉所爲六官建拜師氏下大夫改淮南縣公周明帝初拜師氏中大夫受詔於騏驎殿刊正經籍建德中累遷小

珍倣宋版印

司寇爲使主報聘於齊是秋武帝親戎東討偉遂爲齊所留齊平偉方見釋加授上開府後除襄州刺史位大將軍偉性温柔好虛靜篤學愛文初自鄴還庾信贈其詩曰梁亡垂棘反齊平寶鼎歸爲辭人所重如此後疾卒盛弟壽與少聰慧好學宣武初爲徐州刺史在官貪虐失於人心其從兄侍中暉深害其能因譖之於帝詔尚書崔亮馳驛檢覈亮發日受暉旨遂鞭撻三寡婦令其自誣稱壽與壓己爲婢壽與終恐不免乃令其外弟中兵參軍薛修義將車十乘運小麥經其禁之旁壽與因踰牆出修義以大木函盛壽與其上加麥載之而出遂至河東匿修義家逢赦乃出見帝自陳爲暉所譖帝亦更無所責初壽與爲中庶子時王顯在東宮賤因公事壽與杖之四十及顯有寵爲御史中丞奏壽與在家每有怨言誹謗朝廷因帝極飲無所覺悟遂奏其事命帝注可直付壽與賜死帝書半不成字當時見者亦知非本心但懼暉等威不敢申拔及行刑日顯自往看之壽與命筆自作墓誌銘曰洛陽男子姓元名景有道無時其年不永餘文多不載顧謂其子曰我棺中可著百張紙筆兩枚吾欲訟顯於地下

若高祖之靈有知百日內必取顯如遂無知亦何足戀及宣武崩顯尋被殺壽
興之死時論亦以爲前任中尉彈高闕讒諷所致靈太后臨朝三公郎中崔
鴻上疏理壽興詔書追雪贈豫州刺史諡曰莊子最字幹從孝武入關封樂平
王位侍中兼尚書左僕射加特進闕　壽興弟益生少亡子毗字休弼武帝之
在藩邸少親之及卽位出必陪乘入於臥內及帝與齊神武有隙時議者各有
異同或勸天子入夷或言與齊神武決戰或云奔梁唯毗數人以關中帝王桑
梓慇懃叩頭請西入策功論賞毗與領軍斛斯椿等十三人爲首封魏郡王時
王者邑止一千戶唯毗邑一千五百齊神武宣告關東云將天子西入事起元
毗雖百赦不在原限薨諡曰景子綽忠弟德封河間公卒於鎮南將軍贈曹州
刺史德子悝頴川太守卒於光州刺史諡曰恭子嶷字子仲孝武初授兗州刺
史于時城人王奉伯等相扇謀逆棄城出走懸門發斷嶷要而出詔齊州刺史
尉景本州刺史蔡儁各部在州士往討之嶷返復任封濮陽縣伯孝靜時轉尚
書令攝選部嶷雖居重任隨時而已薨於瀛州刺史贈司徒公諡曰靖懿悝弟

暉字景襲少沉敏頗涉文史宣武即位爲給事黃門侍郎初孝文遷洛舊貴皆難移時欲和衆情遂許冬則居南夏便居北宣武頗惑左右之言外人遂有還北之問至乃牓賣田宅不安其居暉乃請間言事具奏所聞曰先皇移都以百姓戀土故發冬夏二居之詔權寧物意耳乃是當時之言先皇深意且比來還人安居歲久公私計立無復還情伏願陛下終高祖既定之業勿信邪臣不然之說帝納之再遷侍中領右衞將軍雖無補益深被親寵凡在禁中要密之事暉別奉旨藏之於櫃唯暉入乃開其餘侍中黃門莫有知者侍中盧昶亦蒙恩眄故時人號曰餓虎將軍飢鷹侍中遷吏部尚書納貨用官皆有定價大郡二千匹次郡一千匹下郡五百匹其餘官職各有差天下號曰市曹出爲冀州刺史下州之日連車載物發信都至湯陰間首尾相屬道路不斷其車少脂角即於道上所逢之牛生截取角以充其用暉檢括丁戶聽其歸首出調絹五萬匹然聚斂無極百姓患之明帝初徵拜尚書左僕射詔攝吏部選事後詔暉與任城王澄京兆王愉東平王匡共決門下大事暉又上書論政要其一曰御史之

職務使得賢必得其人不拘階秩久於其事責其成功其二曰安人寧邊觀時而動頃來邊將亡遠大之略貪萬一之功楚梁之好未聞而蠶婦之怨屢結斯乃庸人所爲銳於姦利之所致也平吳之計自有良圖不在於一城一戍也又河北數州國之基本飢荒多年戶口流散方今境上兵復徵發卽如此日何易舉動愚謂數年以來唯宜靜邊以息召役安人勸農惠此中夏請嚴敕邊將自今有賊戍求內附者不聽輒遣援接皆須表聞違者雖有功請以違詔書論三曰國之資儲唯藉河北饑饉積年戶口逃散生長姦詐因生隱藏出縮老小妄注死失收人租調割入於己人困於下官損於上自非更立權制善加檢括損耗之來方在未已請求其議明宣條格帝納之暉雅好文學招集儒士崔鴻等撰錄百家要事以類相從名爲科錄凡二百七十卷上起伏羲迄於晉凡十四代暉疾篤表上之卒賜東園祕器贈使持節都督中外諸軍事司空公謚曰文憲將葬給羽葆班劍鼓吹二十人羽林百二十人子弼字宗輔性和厚美容儀以莊帝舅子壻特封廣川縣子天平初累遷尚書令弼妹爲孝武所納以親情

珍倣宋版印

見委禮遇特隆歷中書監錄尚書事位特進宗師齊受禪除左光祿大夫天保
三年卒十年諸子與諸兄同誅死弼弟子士將有巧思至齊武成時位將作大
匠德弟贊頗有名譽好陳軍國事宜初置司州以贊爲刺史賜爵上谷侯孝文
戒贊化畿甸可宣孝道必令風教洽和文禮大備自今有不孝不悌者比其門
欄以刻其柱又詔曰司州刺史官尊位重職總京畿選屬懿親以允具瞻之望
但諸王年少未閑政體故以授贊庶能助暉道化今司州始立郡縣初置公卿
已下皆有本屬可人率子弟用相展敬於是賜名曰贊詔贊乘步挽入殿門加
太子少師遷左僕射孝文將謀遷洛諸公多異同唯贊贊成大策帝每歲南伐
執手寄以後事卒贈衞將軍僕射如故後以留守贊輔之功進封晉陽縣伯贊
弟淑字買仁彎弓三百斤善騎射孝文時爲河東太守河東俗多商賈罕事農
桑人至有年三十不識耒耜淑下車勸課躬往教示二年間家給人足爲之謠
曰泰州河東杼柚代春元公至止田疇始理卒於平城鎮將謚曰靜有七子季
海字元泉兄弟中最有名譽位洛州刺史季海妻司空李沖之女莊帝從母也

賜爵唐郡君政在尒朱禍難方始勸季海爲外官以避纖介及孝莊之難季海
果以在藩得免從孝武入關封馮翊王位中書令雍州刺史還司空病薨諡曰
穆子亨字德良一名孝才遇周齊分隔時年數歲與母李氏在洛陽齊神武以
亨父在關中禁固之其母遂稱凍餒得就食湯陰託大豪李長壽攜亨及孤姪
數人得至長安周文以功臣子甚禮之大統末襲爵馮翊王累還勳州刺史改
封平涼王周受禪例降爲公隋文帝受禪自洛州刺史徵拜太常卿尋出爲衞
州刺史在職八年風化大洽以老病乞骸骨吏人詣闕上表請留上嗟歎者久
之其年亨以篤疾重請還京上令使者致醫藥問動靜相望於道卒于家諡曰
宣
陳留王虔紇根之子也登國初賜爵陳留公與衞王儀破黜弗部從攻衞辰慕
容寶來寇虔絕其左翼寶敗垂恚憤來桑乾虔勇而輕敵於陳戰沒虔姿貌魁
傑武力絕倫每以矛細短大作之猶患其輕復綴鈴於刃下其弓力倍加常人
以其殊異代京武庫常存而志之虔常以矟刺人遂貫而高舉又嘗以一手頓

矟於地馳馬僞退敵人爭取引不能出虔引弓射之一箭殺二三人搖矟之徒亡魂而散徐乃令人取矟而去每從征討及爲偏將常先登陷陣勇冠當時敵無衆寡莫敢抗其前者及薨舉國悲歎爲之流涕道武追惜傷慟者數焉追謚陳留桓王配饗廟廷封其子悅爲朱提王悅外和內佷道武常以桓王死王事特加親寵爲左將軍襲封後爲宗師悅恃寵驕矜每謂所親王洛生之徒言曰一旦宮車晏駕吾止避衞公除此誰在吾前衞王儀美髯爲內外所重悅故云

初姚興之贖狄伯支悅送之路由鴈門悅因背誘姦豪以取其意後遇事譴逃亡投鴈門規收豪傑欲爲不軌爲土人執送帝恕而不罪明元卽位引悅入侍仍懷姦計說帝云京師雜人不可保信宜誅其非類者又云鴈門人多詐幷可誅之欲以雪其私忿帝不從悅內自疑懼懷刃入侍謀爲大逆叔孫俊疑之竊視其懷有刃執而賜死弟崇太武詔令襲桓王爵崇性沉厚初衞王死後道武欲敦宗親之義詔引諸王子弟入宴常山王素等三十餘人咸謂與衞王相坐疑懼皆出逃遁將奔蠕蠕唯崇獨至道武見之甚悅厚加禮賜遂寵敬之素等

於是亦安久之拜幷州刺史有政績從征蠕蠕別督諸軍出大澤越涿耶山威
懾漠北薨謚曰景王子建襲降爵爲公位鎮北將軍懷荒鎮軍大將卒建子琛
位恒肆二州刺史琛子翌尚書左僕射翌子暉暉字叔平鬚眉如畫進止可觀
好涉獵書記少得美名於京下周文禮之命與諸子遊處每同硯席情契甚厚
再遷武伯下大夫時突厥屢爲寇患朝廷將結和親令暉賫錦綵十萬使突厥
暉說以利害可汗大悅遣其名王隨獻方物俄拜儀同三司周武帝之娉突厥
后令暉致禮授開府轉司憲大夫及平關東使暉安集河北封義寧子隋文帝
總百揆加上開府進爵爲公開皇初拜都官尚書兼領太僕奏詔決杜陽水灌
三時原溉舄鹵之地數千頃人賴其利再遷兵部尚書監漕渠之役未幾坐事
免頃之拜魏州刺史頗有惠政後以疾去職卒于京師帝嗟悼久之勑鴻臚監
護喪事謚曰元子肅嗣位光祿少卿肅弟仁器性明敏位日南郡丞建弟嫡子
祚字龍壽宣武校藝每於歲暮詔令教習講武初建以子罪失爵祚欲求本封
有司奏聽祚襲公其王爵不輕共求更議詔從之卒于河州刺史節閔時贈侍

中尙書僕射虔兄顗性嚴重少言道武常敬之雅有謀策從平中山以功賜爵蒲城侯特見寵厚給鼓吹羽儀禮同岳牧莅政以威信著稱居官七年乃以元易干代顗爲郡時易干子萬言得寵於道武易干恃其子輕忽於顗不告其狀輕騎卒至排顗墜牀而據其坐顗不知代己謂以罪見捕既而知之恥其侮慢謂易干曰我更滿被代常也汝無禮見辱豈可容哉遂搏而殺之以狀具聞道武壯之萬言累以訴請乃詔顗輸贖顗乃自請罪道武赦之復免其贖病卒子崙太武時襲父爵以功除統萬鎮將後從永昌王仁南征別出汝陰濟淮宋將劉康祖屯於尉武亭以邀軍路師人患之崙曰今大風既勁若令推草車方軌並進乘風縱煙火以精兵自後乘之破之必矣從之斬康祖傳首行宮文成即位除秦州刺史進爵隴西公卒諡曰定公子琛襲爵

毗陵王順地干之子也性踈狠登國初賜爵南安公及道武討中山留順守京師柏肆之敗軍人有亡歸者言大軍奔散不知帝所在順聞之欲自立納莫題諫乃止時賀力眷等聚衆作亂於陰館順討之不剋乃從留官自白登南入繁

時故城阻遷水爲固以寧人心道武善之進封爲王位司隸校尉道武好黃老
數召諸王及朝臣親爲說之在坐莫不祇肅唯順獨坐寐不顧而唾帝怒廢之
以王薨於家
遼西公意烈力眞之子也先沒於慕容垂道武征中山棄妻子迎於井陘及平
中原有戰獲勳賜爵遼西公除廣平太守時和跋爲鄴行臺意烈性雄耿自以
帝屬恥居跋下遂陰結徒黨將襲鄴發覺賜死子拔干博知古今父雖有罪道
武以拔干宗親委之心腹有計略屢効忠勤明元踐阼除勃海太守吏人樂之
賜爵武遂子轉平原鎭將得將士心卒諡曰靈公子受洛襲進爵武邑公卒子
叱奴武川鎭將叱奴子洪超頗有學涉大乘賊亂之後詔洪超持節兼黃門侍
郎綏慰冀部還上言冀土寬廣界去州六七百里負海險遠宜分置一州鎭遏
海曲朝議從之後遂立滄州卒於北軍將光祿大夫意烈弟勃善射御以勳賜
爵彭城公卒諡曰闕　陪葬金陵長子粟襲太武時督諸軍屯漠南蠕蠕表聞
粟亮直善馭衆撫恤將士必與之同勞逸征和龍以功進封爲王薨陪葬金陵

粟第渾少善弓馬太武嘉之會有諸方使命渾射獸三頭發皆中時舉坐咸以爲善及爲宰官尚書頗以驕縱爲失坐事免徙長社爲人所害子庫汗爲羽林中郎將從北巡有兔起乘輿前命庫汗射之應弦而斃太武悅賜一金兔以旌其能文成起景穆廟賜爵陽豐侯獻文卽位復造文成廟拜殿中給事進爵爲公庫汗明於斷決每奉使察行州鎮折獄以情所歷皆稱之秦州父老詣闕乞庫汗爲刺史者前後千餘人朝廷許之未及遣遇病卒子古辰襲

窟咄昭成崩後苻洛以其年長逼徙長安苻堅禮之教以書學因亂隨慕容永東遷永以爲新興太守劉顯之敗遣弟亢泥等迎窟咄遂逼南界於是諸部騷動道武左右于桓等謀應之同謀人單烏干以告帝帝慮駭人心沉吟未發後三日桓以謀白其舅穆崇又告之帝乃誅桓等五人餘莫題等七姓悉原不問帝慮內難乃北踰陰山幸賀蘭部遣安同及長孫漫徵兵於慕容垂賀曼亡奔窟咄安同閒行遂達中山慕容垂遣子賀驎步騎六千以隨之安同與垂使人蘭紇俱還達牛川窟咄兄子意烈捍之安同乃隱藏於商賈囊中至暮乃入空

井得免仍奔賀驎軍既不至而稍前逼賀染干賀染干陰懷異端乃爲窟咄來侵北部人皆驚駭莫有固志於是北部大人叔孫普洛節及諸烏丸亡奔衞辰賀驎聞之遽遣安同朱譚等來既知賀驎軍近衆乃少定道武自弩山幸牛川窟咄進屯高柳道武復使安同詣賀驎因剋會期安同還帝踰參合出代北與賀驎會於高柳窟咄窮迫望旗奔走遂爲衞辰殺之帝悉收其衆賀驎執帝别歸中山

論曰魏氏始自幽都肇基帝業上谷公等分枝若木疏派天潢或績預經綸大開土宇或迹同凶悖自致殲夷其禍福之來唯人所召至如神武之不事黃屋高揖萬乘義感隣國祚隆帝統太伯延陵未足多也高涼讓國之胤子那猛壯之風或大位未加或功不贖罪褒德圖勞其義爲闕松滋氣幹相承聲迹俱顯天穆得不以道任過其量持盈必悔殺身爲幸武衞父子兼將丕略始見器重終以姦棄不足觀矣河間扶風武烈宣著宗子之可稱乎衞王英風猛概折衝見重謀之不臧卒以自喪秦王體度恢偉陳留膽氣絶倫亡身強寇志力不展

珍倣宋版印

惜哉常山勇冠戚屬與魏升降亦以優乎陰平忠烈蒲陰器宇榮寵兼萃蓋有由焉毗陵疎佷遼西狷介全身保位固亦難矣苻堅之轘寔君衞辰之誅窟咄逆子賊臣蓋亦天下之惡一焉

北史卷十五

北史卷十五考證

高涼王孤傳斬反人元憘首○憘魏書作禧

頭叩牀涕泣不自勝○頭字上魏書有以字

中尉督司百寮闕書侍御史糾察禁內○闕魏書係治字李百藥避諱而刪之耳

尙書納言之本令僕百揆之要○納監本訛訥今改正

會臺申休簡授郡縣○休字下一本注疑

司徒石傳從太武南討至瓜步山○魏書無山字

武衞將軍謂傳詔賜丕入八議傳示子孫犯至百聽斬戮責數恕之○魏書無斬戮二字

河間公齊傳時保宗弟文德說閉險自固有期矣○說字下魏書有保宗二字

文安公泥傳會稽劉絜永安侯魏勤捍之○會稽下應從魏書加公字

磨渾與叔孫詐云明元所在○叔孫下脫俊字

寔君傳苻堅遣其行唐公苻洛等來寇南境○其行監本訛行其今改從魏書

道武年甫五歲慕容后子閼婆等雖長而國統未定○后監本訛厚今改從魏書

秦王翰傳子求饕○求魏書作表

常山王遵傳上起伏羲迄於晉凡十四代○晉字下魏書有宋字

窟咄傳遣安同及長孫漫徵兵於慕容垂賀曼亡奔窟咄○漫魏書作賀又下無曼字此訛

帝悉收其衆賀驎執帝別歸中山○執帝別歸中山魏書作別帝歸于中山應改從之

北史卷十五考證

北史卷十六

唐　李延壽　撰

列傳第四

道武七王　明元六王　太武五王

道武皇帝十男宣穆劉后生明元皇帝賀夫人生清河王紹大王夫人生穆平王熙王夫人生河南王曜河間王脩長樂王處文二王母氏闕段夫人生廣平王連京兆王黎皇子渾及聰母氏並闕皆早薨無傳

清河王紹字受洛拔天興六年封性兇佷險悖好劫剝行人斫射犬豕以爲戲樂有孕婦紹剖觀其胎道武嘗怒之倒懸井中垂死乃出明元常以義方責之由此不協而紹母賀夫人有譴帝將殺之會日暮未決賀氏密告急於紹紹乃與帳下及宦者數人踰宮犯禁帝驚起求弓刀不及暴崩明日宮門至日中不開紹稱詔召百寮於西宮端門前北面紹從門扇間謂曰我有父亦有兄公卿欲從誰也王公以下皆失色莫有對者良久南平公長孫嵩曰臣等不審登遐

珍倣宋版印

狀唯陰平公元烈哭泣而去於是朝野兇兇人懷異志肥如侯賀護舉烽於安陽城北故賀蘭部人皆往赴之其餘舊部亦率子弟招集故人往往相聚紹聞人情不安乃出布帛班賜王公以下先是明元在外聞變乃還潛于山中使人夜告北新侯安同衆皆響應衛士執送紹於是賜紹母子死誅帳下閹官宮人爲內應者十數人其先犯乘輿者羣臣於城南都街生臠食之紹時年十六紹母即獻明皇后妹也美而豔道武如賀蘭部見而悅之告獻明后請納焉后曰不可此過美不善且已有夫帝密令人殺其夫而納之生紹紹終致大逆焉

陽平王熙天興六年封聰達有雅操明元練兵於東部詔熙督十二軍校閱甚得軍儀賞賜隆厚泰常六年薨帝哀慟不已長子佗襲爵佗性忠厚武藝無過者後改封淮南王鎮武牢威名甚著孝文時位司徒賜安車几杖入朝不趨太和十二年薨時孝文有事太廟始薦聞之廢祭輿駕親臨哀慟禮賵有加謚曰靖王世子吐万早卒子僖王顯襲祖爵薨子世遵襲孝明時爲荊州刺史在邊境前代以來互相抄掠世遵到州不聽侵擾其弟均時在荊州爲朝陽戍主有

南戍主妻三月三日遊戲沔水側均輒遣部曲掠取世遵聞之責均遂移還本戍吳人感荷後頗行貨賄散費邊儲是以聲名有損薨於定州刺史謚曰康王吐万弟鍾葵早卒長子法壽累遷安州刺史法壽先令所親微服入境觀察風俗下車便大行賞罰於是境內肅然後於河陰遇害子慶智性貪鄙爲太尉主簿事無大小得物然後判或十數錢或二十錢得便取之府中號爲十錢主簿法壽弟法僧位益州刺史殺戮自任威怒無恆王賈諸姓州內人士法僧皆召爲卒伍無所假縱於是合境皆反招引外寇後拜徐州刺史法僧本附元又以驕恣恐禍及己將謀爲逆時領主書兼舍人張文伯奉使徐州法僧謂曰我欲與卿去危就安能從我否文伯曰安能棄孝義而從叛逆也法僧將殺之文伯罵曰僕寧死見文陵松柏不能生作背國之虜法僧殺之孝昌元年法僧殺行臺高諒反於彭城自稱尊號改元天啓大軍致討法僧奔梁其武官三千餘人戍彭城者法僧皆印額爲奴逼將南度梁武帝授法僧司空封始安郡王尋改封宋王甚見優寵又進位太尉仍立爲魏主不行授開府儀同三司郢州刺史

乃徵爲太尉卒於梁諡曰襄厲王子景仲景隆初封丹楊公位廣州刺史徙徐
州改封彭城王丁父憂襲封宋王又爲廣州刺史卒梁復以景仲爲廣州刺史
封枝江縣公侯景作亂遣誘召之詐奉爲主景仲將應之爲西江督護陳霸先
所攻乃縊而死
河南王曜天興六年封五歲嘗射雀於道武前中之帝驚歎焉及長武藝絶人
與陽平王熙等並督諸軍講武衆咸服其勇薨長子提襲驍烈有父風改封頴
川王迎昭儀于塞北時年十六有夙成之量殊域敬焉後改封武昌累遷統万
鎭都大將甚見寵待薨諡曰成王長子平原襲爵忠果有智略爲齊州刺史善
於懷撫孝文時祅賊司馬小君自稱晉後屯聚平陵年號聖君平原身自討擊
禽小君送京師斬之又有祅人劉舉自稱天子復討斬之時歲頻不登齊人饑
饉平原以私米三千餘斛爲粥以全人命北州戍卒一千餘人還者皆給路糧
百姓咸稱詠之遷征南大將軍開府雍州刺史鎭長安薨諡曰簡王長子和字
善意襲爵初和聘乙氏公主女爲妃生子顯薄之以公主故不得遣出因忿遂

自落髮爲沙門既不幸其母乃捨顯以爵讓其次弟鑒鑒固辭公主以其外孫不得襲爵訴於孝文孝文詔鑒終之後令顯襲爵鑒乃受之鑒字紹達沈重少言寬和好士爲齊州刺史時革變之始鑒上書遵孝文之旨採齊之舊風軌制粲然皆合規矩孝文下詔褒美班之天下一如鑒所上齊人愛詠咸曰耳目更新孝文崩後和罷沙門歸俗棄其妻子納一寡婦曹氏爲妻曹氏年長大和十五歲攜男女五人隨鑒至歷城干亂政事和與曹及五子七處受納鑒皆順其意言無不從於是獄以賄成取受狼籍齊人苦之鑒名大損轉徐州刺史屬徐兗大水人多飢餓鑒表加賑恤人賴以濟先是京兆王愉爲徐州王既年少長史盧陽烏寬以馭下郡縣多不奉法鑒表梁郡太守程靈虬虐政殘人盜寇並起詔免靈虬於是徐境肅然甍謚悼王和與鑒子伯崇競求承襲詔聽和襲位東郡太守先是郡人孫天恩家豪富嘗與和爭地遣奴客打和垂死至此和誣天恩與北賊來往父子兄弟一時俱戮資財田宅皆沒於官天恩宗從欲詣闕訴寃以和元又之親不敢告列和語其郡人曰我覓一州亦應可得念此小人

痛入骨髓故乞此郡以報宿怨此後更不求富貴識者曰王當沒於此矣薨贈相州刺史

河間王脩天賜四年封薨無子太武詔河南王曜子羯兒襲改封略陽王正平初有罪賜死爵除

長樂王處文天賜四年封聰辯夙成年十四薨明元悼傷之自小斂至葬常親臨哀慟陪葬金陵無子爵除

廣平王連天賜四年封薨無子太武以陽平王熙第二子渾爲南平王以繼連後渾好弓馬射鳥輒歷飛而中之日射兔得五十頭太武嘗命左右分射勝者中的籌滿詔渾解之三發皆中帝大悅器其藝能常引侍左右累遷涼州鎮將都督西戎諸軍事領護西域校尉恩著涼土更滿還京父老皆涕泣追送如違所親薨子飛龔後賜名霄身長九尺腰帶十圍容貌魁偉雅有風則貞白卓然好直言正諫朝臣憚之孝文特垂欽重除宗正卿詔曰自今奏事諸臣相稱可云姓名唯南平王一人可直言其封遷左光祿大夫薨賜東園第一祕器孝文

緦衰臨霄喪宴不舉樂謚曰安王子纂襲

京兆王黎天賜四年封薨子吐根襲改封江陽王薨無子獻文以南平王霄第二子繼字世仁爲後襲封江陽王宣武時爲青州刺史爲家僮取人女爲婦妾又以良人爲婢爲御史所彈坐免官爵及靈太后臨朝繼子叉先納太后妹復繼本封後徙封京兆王歷司徒加侍中繼孝文時已歷內外顯任靈太后臨朝入居心膂歷轉台司頻表遜位轉太保侍中如故加前後部鼓吹詔以至節禮有朝慶繼位高年宿可依齊郡王簡故事朝訖引坐免其拜伏轉太傅侍中如故時又執殺生之權拜受之日送者傾朝有識者爲之致懼又詔令乘步挽至殿廷兩人扶侍禮與丞相高陽王雍後除使持節侍中太師大將軍錄尚書事大都督節度西道諸軍事及出師車駕臨餞傾朝祖送尋加太尉公及班師繼啓求還復封江陽詔從之繼晚更貪惏牧守令長新除赴官無不受納貨賄以相託付妻子各別請屬至乃郡縣微吏亦不獲平心選舉憑叉威勢法官不敢糺擿天下患之叉黜繼廢於家初尒朱榮之爲直寢數以名馬奉叉叉接以恩

意榮甚德之建義初復以繼爲太師司州牧永安二年薨贈假黃鉞都督九州諸軍錄尚書事大丞相如故諡曰武烈乂字伯儁小字夜乂靈太后臨朝以乂妹夫除通直郎乂妻封新平君後遷馮翊君拜女侍中乂女夭靈太后詔贈鄉主乂累加侍中領軍將軍既在門下兼總禁兵深爲靈太后所信委太傅清河王懌以親賢輔政每欲斥黜之乂遂令通直郎宋維告司染都尉韓文殊欲謀逆立懌懌坐禁止後窮案無實懌雖得免猶以兵衛守於宮西別館久之乂恐懌終爲己害乃與侍中劉騰密謀詐取主食中黃門胡度胡定列誣懌云貨度等金帛令以毒藥置御食中以害帝騰以具奏明帝信之乃御顯陽殿騰閉永巷門靈太后不得出懌入遇乂於含章殿後命宗士及直齋執懌衣袂將入含章東省騰稱詔集公卿議以大逆論咸畏乂無敢異者唯僕射游肇執意不同乂騰持公卿議入奏夜中殺懌於是假爲靈太后辭遜詔乂遂與太師高陽王雍等輔政常直禁中明帝呼爲姨父自後百寮重跡後帝徙御徽音殿乂亦入居殿右曲盡佞媚遂出入禁中恆令勇士持刀劍以自先後乂於千秋門外廠

下施木闌檻有時出入止息其中腹心防守以備竊發初叉之專政矯情自飾
勞謙待士得志之後便自驕愎耽酒好色與奪任情乃於禁中自作別庫掌握
之寶充牣其中叉曾臥婦人於食輿以帊覆之輿入禁內出亦如之直衞雖知
莫敢言者姑姊婦女朋婬無別政事怠墮綱紀不舉州鎭多非其人於是天下
遂亂矣叉自知不法恐被廢黜乃陰遣弟洪業召武州人姬庫根等與之聚宴
遂爲誓盟欲令爲亂朝廷必以己爲大將軍往伐因以共爲表裏如此可得自
立根等然其言乃厚遺根等遣還州與洪業買馬從劉騰死後防衞微緩叉頗
亦自寬時宿於外每日出遊留連他邑靈太后微察知之正光五年秋靈太后
對明帝謂羣臣求出家於嵩山閑居寺欲自下髮帝與羣臣大懼叩頭泣涕遂
與太后密謀圖之乃對叉流涕敘太后欲出家憂怖之心叉乃勸帝從太后意
於是太后數御顯陽二宮無復禁礙舉其親元法僧爲徐州刺史法僧據州反
叛靈太后數以爲言叉深愧悔丞相高陽王雍雖位重於叉而甚畏憚會太后
與帝遊洛水遂幸雍第定圖叉之計後雍從帝朝太后乃進言叉父子權重太

后曰然元郎若忠於朝廷何故不去領軍以餘官輔政叉聞之甚懼免官求解乃以叉爲儀同三司尚書令侍中領左右叉雖去兵權然總任內外不慮黜廢又有閹人張景嵩劉思逸屯弘昶伏景謀廢叉嵩以帝嬪潘外憐有幸說云元叉欲害之嬪泣訴於帝云叉非直欲殺妾亦將害陛下帝信之後叉出宿遂解其侍中旦欲入宮門者不納尋除名初咸陽王禧以逆見誅其子樹梁封爲鄴王及法僧反叛後樹遺公卿百寮書暴叉過惡言叉本名夜叉弟羅實名羅剎夜叉羅剎此鬼食人非遇黑風事同飄墮嗚呼魏境離此二災惡木盜泉不息不飲勝名梟稱不入不爲況昆季此名表能噬物日露久矣始信斯言叉爲遠近所惡如此其後靈太后顧謂侍臣曰劉騰元叉昔邀朕索鐵券望得不死朕賴不與中書舍人韓子順對曰臣聞殺活豈計與否陛下昔雖不與何解今日不殺靈太后憮然未幾有人告叉及其弟爪謀反先遣其從弟洪業率六鎮降戶反定州叉令勾魯陽諸蠻侵擾伊闕叉兄弟爲內應起有日矣得其手書靈太后以妹壻故未忍便決羣臣固執不已明帝又以爲言太后乃從之於是叉

及弟爪並賜死於家太后猶以妹故復追贈尙書令冀州刺史叉子舒祕書郎叉死後亡奔梁官至征北大將軍青冀二州刺史

子善亦名善住少隨父至江南性好學通涉五經尤明左氏傳侯景之亂善歸周武帝甚禮之以爲太子宮尹賜爵江陽縣公每執經以授太子隋開皇初拜內史侍郎凡有敷奏詞氣抑揚觀者屬目陳使袁雅來聘上令善就館受書雅出門不拜善論舊事有拜之儀雅未能對遂拜成禮而去後遷國子祭酒上嘗親臨釋奠令善講孝經於是敷陳義理兼之以諫上大悅曰聞江陽之說更起朕心賚絹一百匹衣一襲善之通博在何妥之下然以風流醞藉俯仰可觀音韻清朗由是爲後進所歸妥每懷不平心欲屈善因講春秋初發題諸儒畢集善私謂妥曰名望已定幸無相苦妥然之及就講肆妥遂引古今滯義以難善多不能對二人由是有隙善以高熲有宰相之具嘗言於上曰楊素麤疎蘇威怯愞元胄元旻正似鴨耳可以付社稷者唯獨高熲上初然之及熲得罪上以善言爲熲游說深責望之善憂懼先患消渴於是病頓而卒叉弟羅字仲綱雖

父兄貴盛而虛己接物累遷青州刺史叉當朝專政羅望傾四海於時才名之士王元景邢子才季獎等咸爲其賓客從遊青土罷州入爲宗正卿叉死後羅通叉妻時人譏之或疑其救命之計也孝武時位尚書令開府儀同三司梁州刺史孝靜初梁遣將圍逼羅以州降封南郡王及侯景自立以羅爲開府儀同三司尚書令改封江陽王梁元帝滅景周文帝求羅遂得還除開府儀同三司侍中少師襲爵江陽王舒子善住在後從南入關羅乃以爵還善住改封羅爲固道郡公羅弟爽字景哲少而機警位給事黃門侍郎金紫光祿大夫卒諡曰懿爽弟蠻仕齊歷位兼度支尚書行潁州事坐不爲繼母服爲左丞所彈後除開府儀同三司齊天保十年大誅元氏昭帝元后蠻之女也爲苦請自市追免之賜姓步孤氏卒贈司空蠻弟爪字景邕位給事中與兄叉同時誅繼弟羅侯遷洛之際以墳陵在北遂家於燕州之昌平郡內豐資產唯以意得爲適不入京師有賓客往來者必厚相禮遺豪據北方甚有聲稱以叉執權尤不樂入仕就拜昌平太守

珍倣宋版印

明元皇帝七男杜密皇后生太武皇帝大慕容夫人生樂平戾王丕安定殤王彌闕母氏慕容夫人生樂安宣王範尹夫人生永昌莊王健建寧王崇新興王俊二王並闕母氏

樂平王丕少有才幹泰常七年封拜車騎大將軍後督河西高平諸軍討南秦王楊難當軍至略陽禁令齊肅所過無私百姓爭致牛酒難當懼還仇池而諸將議曰若不誅豪帥軍還之後必聚而爲寇又以大衆遠出不有所掠則無以充軍實賞將士將從之時中書侍郎高元參丕軍事諫曰今若誅之是傷其向化之心恐大軍一還爲亂必速丕以爲然於是綏懷初附秋毫無犯初馮弘之奔高麗太武詔遣送之高麗不遣太武怒將討之丕上疏以爲和龍新定宜復之使廣脩農殖以饒軍實然後進圖可一舉而滅帝納之乃止後坐劉絜事以憂薨事在絜傳謚曰戾王子拔襲爵後坐事賜死國除丕之薨及日者董道秀之死也高允遂著筮論曰昔明元末起白臺其高二十餘丈樂平王嘗夢登其上四望無所見王以問日者董道秀筮之曰大吉王默而有喜色後事發王遂

憂死而道秀棄市道秀若推六爻以對王曰易稱亢龍有悔窮高曰亢高無人而不爲善也夫如是則上寧於王下保於己福祿方至豈有禍哉今舍於本而從其末咎釁之至不亦宜乎

安定王彌泰常七年封薨諡曰殤王無子國除

樂安王範泰常七年封雅性沈厚太武以長安形勝之地乃拜範爲衞大將軍開府儀同三司長安鎮都大將範謙恭惠下推心撫納百姓稱之時秦土新離寇賊流亡者相繼請崇易簡之禮帝納之於是遂寬傜與人休息後劉絜之謀範聞而不告事發因疾暴薨長子良太武未有子嘗曰兄弟之子猶子親撫養之長而壯勇多知嘗參軍國大計文成時襲王拜長安鎮都大將雍州刺史爲內都大官薨諡曰簡王

永昌王健泰常七年封健姿貌魁壯所在征戰常有大功才藝比陳留桓王而智略過之從太武破赫連昌遂西略至木根上討和龍健別攻拔建德後平叛胡白龍餘黨于西海太武襲蠕蠕越涿邪山詔健殿後矢不虛發所中皆應弦

而鰲威震漠北尋從平涼州健功居多又討破禿髮保周自殺傳首京師復降
沮渠無疾薨謚曰莊王子仁襲仁亦驍勇有父風太武奇之後與濮陽王閭著
文謀爲不軌發覺賜死國除
建寧王崇泰常七年封文成時封崇子麗濟南王後與京兆王杜元寶謀逆父
子並賜死
新興王俊泰常七年封少善騎射多藝坐法削爵爲公俊好酒色多越法度又
以母先遇罪死而己被貶削恆懷怨望頗有悖心後事發賜死國除
太武皇帝十一男賀皇后生景穆帝越椒房生晉王伏羅舒椒房生東平王翰
弗椒房生臨淮王譚伏椒房生廣陽王建閭石昭儀生吳王余其小兒貓兒真
彪頭龍頭並闕母氏皆早薨無傳
晉王伏羅真君三年封加車騎大將軍後督高平涼州諸軍討吐谷渾慕利延
軍至樂都謂諸將曰若從正道恐軍聲先振必當遠遁潛軍出其非意此鄧艾
禽蜀之計也諸將咸難之伏羅曰夫將軍制勝萬里擇利專之可也遂間道行

至大母橋慕利延衆驚奔白蘭慕利延子拾寅走阿曲降其一萬餘部落八年
薨無子國除
東平王翰眞君三年封秦王拜侍中中軍大將軍參典都曹事忠貞雅正百寮
憚之太傅高允以翰年少作諸侯箴以遺之翰覽之大悅後鎭枹罕羌戎敬服
改封東平王太武崩諸大臣等議欲立翰而中常侍宗愛與翰不協矯太后令
立南安王余遂殺翰子道符襲爵拜長安鎭都大將皇興元年謀反司馬段太
陽斬之傳首京師
臨淮王譚眞君三年封燕王拜侍中參都曹事後改封臨淮王薨謚宣王子提
襲爲梁州刺史以貪縱削除加罰徙配北鎭久之提子員外郎穎免冠請解所
居官代父邊戍孝文不許後詔提從駕南伐至洛陽參定遷都之議尋卒以預
參遷都功追封長鄉縣侯宣武時贈雍州刺史謚曰懿提子昌字法顯好文學
居父母喪哀號孺慕悲感行人宣武時復封臨淮王未拜而薨贈齊州刺史謚
曰康王追改封濟南王子彧字文若紹封彧少有才學當時甚美侍中崔光見

珍倣宋版印

而謂人曰黑頭三公當此人也少與從兄安豐王延明中山王熙並以宗室博古文學齊名時人莫能定其優劣尙書郎范陽盧思道謂吏部清河崔休曰三人才學雖並優美然安豐少於造次中山皂白太多未若濟南風流寬雅時人爲之語曰三王楚琳琅未若濟南備員方彧姿制閑裕吐發流美琅邪王誦有名人也見之未嘗不心醉忘疲奏郊廟歌詞時稱其美除給事黃門侍郎彧本名亮字仕明時侍中穆紹與彧同署避紹父諱啓求改名詔曰仕明風神運吐常自以比荀文若可名彧以取定體相倫之美彧求復本封詔許復封臨淮寄食相州魏郡又長兼御史中尉彧以爲倫敍得之不謝領軍于忠忿言之朝廷曰臨淮雖復風流可觀而無骨鯁之操中尉之任恐非所堪遂去威儀單車而還朝流爲之歎息累遷侍中衞將軍左光祿大夫兼尙書左僕射攝選後以本官爲東道行臺會尒朱榮入洛殺害元氏彧撫膺慟哭遂奔梁梁武遣其舍人陳建孫迎接幷觀彧爲人建孫稱彧風神閑儁梁武亦先聞名深相器待見彧於樂遊園因設宴樂彧聞聲歔欷涕淚交下梁武爲之不樂自前後奔叛皆侯

旨稱魏爲僞唯彧表啓常云魏臨淮王梁武體彧雅性不以爲責及知莊帝踐祚彧以母老請還辭旨懇切梁武惜其人才又難違其意遣其僕射徐勉私勸彧留彧曰死猶願北況於生也梁武乃以禮遣彧性至孝自經違離不進酒肉憔悴容貌見者傷之歷位尚書令大司馬兼錄尚書莊帝追崇武宣王爲文穆皇帝廟號肅祖母李妃爲文穆皇后將遷神主於太廟以孝文爲伯考彧表諫以爲漢祖創業香街有太上之廟光武中興南頓立舂陵之寢元帝之於光武疏爲絕服猶尚身奉子道入繼太宗高祖之於聖躬親實猶子陛下既纂洪緒豈宜加伯考之名且漢宣之繼孝昭斯乃上後叔祖豈忘宗承考妣蓋以大義斯奪及金德將興宣王受寄景王意在毀冕文王心規裂冠雖祭則魏主而勸歸晉室昆之與季實傾曹氏且子元宣王冢胤文王成其大業故晉武繼文祖武宣有伯考之稱以今類古恐或非儔高祖德溢寰中道超無外肅祖雖勳格宇宙猶曾奉贄稱臣穆后稟德坤元復將配享乾位此乃君臣並筵嫂叔同室歷觀墳籍未有其事時莊帝意銳朝臣無敢言者唯彧與吏部尚書李神儁並

有表聞詔報曰文穆皇帝勳格四表道邁百王是用考循舊範恭上尊號王表云漢太上於香街南頓於春陵漢高不因瓜瓞之緒光武又無世及之德皆身受符命不由父祖別廟異寢於理何差文穆皇帝天睠人宅曆數有歸朕忝承下武遂主神器既帝業有統漢氏非倫若以昔況今不當移寢則魏太祖晉景帝雖王跡已顯皆以人臣而終豈得與餘帝別廟有闕餘敘漢郡國立廟者欲尊高祖之德使饗遍天下非關太廟神主獨在外祠薦漢宣之父亦非勳德所出雖不追尊不亦可乎伯考之名自是尊卑之稱何必準古而言非類也復云君臣同列嫂叔共室當以文穆皇帝昔遂臣道以此爲疑禮天子元子猶士禘祫豈不得同室乎且晉文景共爲一代議者云世限七主無定數昭穆既同明有共室之理禮既有祔嫂叔何嫌禮太祖禰一廟豈無婦舅共室也若專以共室爲疑容可更議遷毀莊帝既逼諸妹之請此詞意黃門侍郎常景中書侍郎邢子才所贊成也又追尊兄彭城王爲孝宣帝或又面諫曰陛下作而不法後世何觀歷尋書籍未有其事帝不從及神主入廟復敕百官悉陪從一依乘輿

之式或上表以爲爰自中古迄於下葉崇尚君親褒明功懿乃有皇號終無帝名今若去帝直留皇名求之古義少有依準又不納尒朱榮死除或司徒公及尒朱兆率衆奄至出東掖門爲賊所獲見兆辭色不屈爲羣胡所毆薨孝武帝末贈大將軍太師太尉公錄尚書事諡曰文穆或美風韻善進止衣冠之下雅有容則博覽羣書不爲章句所制文藻雖多亡失猶有傳於世者然居官不能清白所進舉止於親婭爲識者所譏無子弟孝友少有時譽襲爵淮陽王累遷滄州刺史爲政温和好行小惠不能清白而無所侵犯百姓亦以此便之魏靜帝宴齊文襄於華林園孝友因醉自譽又云陛下許賜臣能帝笑曰朕恆聞王自道清文襄曰臨淮王雅旨舍罪於是君臣俱笑而不罪孝友明於政理嘗奏表曰令制百家爲黨族二十家爲閭五家爲比隣百家之內有帥二十五徵發皆免苦樂不均羊少狼多復有蠶食此之爲弊久矣京邑諸坊或七八百家唯一里正二史庶事無闕而況外州乎請依舊置三正之名不改而百家爲四閭閭二比計族少十二丁得十二匹貲絹略計見管之戶應二萬餘族一歲出

貲絹二十四萬匹十五丁出一番兵計得一萬六千兵此富國安人之道也古諸侯娶九女士有一妻二妾晉令諸王置妾八人郡君侯妾六人官品令第一第二品有四妾第三第四有三妾第五第六有二妾第七第八有一妾所以陰教聿脩繼嗣有廣廣繼嗣孝也脩陰教禮也而聖朝忽棄此數由來漸久將相多尙公主王侯娶后族故無妾媵習以爲常婦人多幸生逢今世舉朝略是無妾天下殆皆一妻設令人彊志廣娶則家道離索身事迍邅內外親知共相嗤怪凡今之人通無準節父母嫁女則教之以妬姑姊逢迎必相勸以忌持制夫爲婦德以能妬爲女工自云受人欺畏他笑我王公猶自一心以下何敢二意夫妬忌之心生則妻妾之禮廢妻妾之禮廢則姦淫之兆興斯臣之所以毒恨者也請以王公第一品娶八通妻以備九女稱事二品備七三品四品備五五品六品則一妻二妾限以一周悉令充數若不充數及待妾非禮使妻妬加捶撻免所居官其妻無子而不娶妾斯則自絕無以血食祖父請科不孝之罪離遣其妻臣之赤心義唯家國欲使吉凶無不合禮貴賤各有其宜省人帥以出

兵丁立倉儲以豐穀食設賞格以禽姦盜行典令以示朝章庶使足食足兵人信之矣又冒申妻妾之數正欲使王侯將相功臣子弟苗胤滿朝傳祚無窮此臣之志也詔付有司議奏不同孝友又言今人生爲皂隸葬擬王侯存沒異途無復節制崇壯丘隴盛飾祭儀隣里相榮稱爲至孝又夫婦之始王化所先共食合瓢足以成禮而今之富者彌奢同牢之設甚於祭槃累魚成山山有林木林木之上鸞鳳斯存徒有煩勞終成委棄仰惟天意其或不然請自茲以後若婚葬過禮者以違旨論官司不加糾劾卽與同罪孝友在尹積年以法自守甚著聲稱然性無骨鯁善事權勢爲正直者所譏齊天保初準例降爵封臨淮縣公拜光祿大夫二年冬被詔入晉陽宮出與元暉業同被害昌弟孚字秀和少有令譽侍中游肇幷州刺史高聰司徒崔光等見孚咸曰此子當準的人物恨吾徒衰暮不及見耳累遷兼尚書右丞靈太后臨朝宦者干政孚乃總括古今名妃賢后凡爲四卷奏之遷左丞蠕蠕主阿那瓌既得反國其人大飢相率入塞阿那瓌上表請臺振給詔孚爲北道行臺詣彼振恤孚陳便宜表曰皮服之

珍倣宋版印

人未嘗粒食宜從俗因利拯其所無昔漢建武中單于款塞時轉河東米糒二萬五千斛牛羊三萬六千頭以給之斯則前代和戎撫新柔遠之長策也乞以特牛產羊餬其口食且畜牧繁息是其所便毛血之利惠兼衣食又尚書奏云如其仍住七州隨寬置之臣謂人情戀本寧肯徙內若依臣請給振雜畜愛本重鄉必還舊土如其不然禁留益損假令逼徙事非久計何者人面獸心去留難測既易水草痾恙將多憂愁致困死亡必甚兼其餘類尚在沙磧脫出狂勃翻歸舊巢必殘掠邑里遺毒百姓亂而方塞未若杜其未萌又貿還起於上古交易行於中世漢與胡通亦立關市今北人阻饑命懸溝壑公給之外必求市易彼若願求宜見聽許又云營大者不計小名圖遠者弗拘近利雖戎狄衰盛歷代不同叛服之情略可論討周之北伐僅獲中規漢氏外攘裁收下策昔在代京恆爲重備將師勞止甲士疲力計前世苦之力未能致今天祚大魏亂亡在彼朝廷垂天覆之恩廓大造之德鳩其散亡禮送令反宜因此時善思遠策竊以理雖萬變可以一觀來事雖懸易以往卜昔漢宣之世呼韓款塞漢遣董

忠韓昌領邊郡士馬送出朔方因留衞助又光武時亦令中郎將段彬置安集掾史隨單于所在參察動靜斯皆守吉之元龜安邊之勝策計今朝廷成功不減曩時蠕蠕國弊亦同曩日宜準昔成謀略依舊事借其所閑地聽使田牧粗置官屬示相慰撫嚴戒邊兵以見保衞馭以仁寬縻以久策使親不至矯詐疎不容叛反今北鎮諸將舊常云一人代外邏因令防察所謂天子有道守在四夷者也又云先人有奪人之心待降如受彊敵武非尋外亦以防內若從處分割配諸州鎮遼遠非轉輸可到悔叛之情變起難測又居人畜業布在原野戎夷性貪見則思盜防彼肅此少兵不堪渾流之際易相干犯驅之還本未必樂去配州內徙復不肯從既其如此爲費必大朝廷不許孚持白武幡勞阿那瓌於柔玄懷荒二鎮閒阿那瓌衆號三十萬陰有異意遂拘留孚載以轀車日給酪一升肉一段每集其衆坐孚東廂稱爲行臺甚加禮敬阿那瓌遂南過至舊京後遣孚等還因上表謝罪有司以孚事下廷尉丞高謙之云孚辱命處孚流罪後拜冀州刺史孚勸課農桑境內稱慈父隣州號曰神君先是州人張孟都

珍倣宋版印

張洪建馬潘崔獨憐張叔緒崔醜張天宜崔思哲等八人皆屯保林野不臣王命州郡號曰八王孚至皆請入城願致死効力後爲葛榮所陷爲榮所執兄祐爲防城都督兄子禮爲錄事參軍榮欲先害子禮孚請先死以贖子禮叩頭流血榮乃捨之又大集將士議其死事孚兄弟各誣己引過爭相爲死又都潘紹等數百人皆叩頭就法請活使君榮曰此魏之誠臣義士也凡同禁五百人皆得免榮卒還除冀州刺史元顥入洛授孚東道行臺彭城郡王孚封顥逆書送朝廷天子嘉之顥卒封孚萬年鄉男永安末樂器殘缺莊帝命孚監儀注孚上表曰昔太和中中書監高閭大樂令公孫崇脩造金石數十年間乃奏成功時大集儒生考其得失太常卿劉芳請別營造久而方就復召公卿量校合否論者沸騰莫有適從登被旨敕並見施用往歲大軍入洛戎馬交馳所有樂器亡失垂盡臣至太樂署問太樂令張乾龜等云承前以來置宮懸四箱栒簴六架東北架編黃鍾之磬十四雖器名黃鍾而聲實夷則考之音制不甚諧韻姑洗懸於東北太蔟編於西北蕤賓列於西南並皆器象差位調律不和又有儀鍾

十四簴懸架首初不叩擊今便刪廢以從正則臣今據周禮鳧氏脩廣之規磬氏倨句之法吹律求聲叩鍾求音損除繁雜討論實錄依十二月爲十二宮各準辰次當位懸設月聲既備隨用擊奏則會還相爲宮之義又得律呂相生之體今量鍾磬之數各以十二架爲定奏可于時搢紳之士咸往觀聽靡不咨嗟歎服而反太傅錄尚書長孫承業妙解聲律特復稱善復從孝武帝入關除尚書左僕射扶風郡王尋監國史歷位司空兼尚書令太保時蠕蠕主與孚相識先請見孚然後遣女於是乃使孚行蠕蠕君臣見孚莫不懼悅奉皇后來歸孚性機辯好酒貌短而禿周文帝偏所眷顧嘗於室內置酒十瓨瓨餘一斛上皆加帽欲戲孚孚適入室見卽驚喜曰吾兄弟輩甚無禮何爲竊入王家匡坐相對宜早還宅也因持酒歸周文撫手大笑後遇風患手足不隨口不能言乃左手畫地作字乞解所任三奏不許遷太傅薨帝親臨百官赴弔贈大司馬錄尚書事諡曰文簡子端嗣位大行臺尚書華州刺史性疎佷頗以基地驕物時論鄙之

廣陽王建真君三年封楚王後改封廣陽薨謚曰簡王子石侯襲薨謚曰哀王子遺與襲薨謚曰定王無子石侯弟嘉少沈敏喜愠不形於色兼有武略孝文初拜徐州刺史甚有威惠後封廣陽王以紹建後孝文南伐詔嘉斷均口嘉違失指授令賊得免帝怒責之曰叔祖定非世孫何太不上類也及將大漸遺詔以嘉爲尚書左僕射與咸陽王禧等輔政遷司州牧嘉表請於京四面築坊三百二十各周一千二百步乞發三正復丁以充茲役雖有暫勞奸盜永止詔從之拜衛大將軍尚書令除儀同三司嘉好飲酒或沈醉在宣武前言笑自得無所顧忌帝尊年老常優容之與彭城北海高陽諸王每入宴集極懽彌夜數加賞賜帝亦時幸其第性好儀飾車服鮮華既居儀同又任端首出入容衛道路榮之後遷司空轉司徒嘉好立功名有益公私多所敷奏帝雅委付之愛敬人物後來才俊未爲時知者侍坐之次轉加談引時人以此稱之薨遺命薄葬宣武悼惜之贈侍中太保謚曰懿烈嘉後妃宜都王穆壽孫女司空徒妹也聰明婦人及爲嘉妃多所匡贊光益家道子深字知遠襲爵孝明初拜肆州刺史預

行恩信胡人便之刼盜止息後爲恆州刺史在州多所受納政以賄成私家有馬千匹者必取百匹以此爲恆累遷殿中尚書未拜坐淫城陽王徽妃于氏爲徽表訟詔付丞相高陽王雍等宗室議決其罪以王還第及沃野鎭人破六韓拔陵反叛臨淮王彧討之失利詔深爲北道大都督受尚書令李崇節度時東道都督崔暹敗於白道深等諸軍退還朔州深上書曰邊豎構逆以成紛梗其所由來非一朝也昔皇始以移防爲重盛簡親賢擁麾作鎭配以高門子弟以死防遏不但不廢仕宦至乃偏得復除當時人物忻慕爲之及太和在歷僕射李冲當官任事涼州土人悉免廝役豐沛舊門仍防邊戍自非得罪當世莫肯與之爲伍征鎭驅使爲虞候白直一生推遷不過軍主然其往世房分留居京者得上品通官在鎭者便爲清途所隔或投彼有北以御魑魅多復逃胡鄉乃峻邊兵之格鎭人浮遊在外皆聽流兵捉之於是少年不得從師長者不得遊宦獨爲匪人言者流涕自定鼎伊洛邊任益輕唯底滯凡才出爲鎭將轉相模習專事聚斂或有諸方奸吏犯罪配邊爲之指蹤過弄官府政以賄立莫能自

改咸言姦吏爲此無不切齒增怒及阿那瓌背恩縱掠竊奔命師追之十五萬衆度沙漠不日而還邊人見此援師便自意輕中國尚書令臣崇時即申聞求改鎭爲州將允其願抑亦先覺朝廷未許而高闕戍主率下失和拔陵殺之爲逆命攻城掠地所見必誅王師屢北賊黨日盛此段之舉指望銷平其崔暹隻輪不反臣崇與臣逡巡復路今者相與還次雲中馬首是瞻未便西邁將士之情莫不解體今日所慮非止西北將恐諸鎭尋亦如此天下之事何易可量時不納其策東西部敕勒之叛朝議更思深言遣兼黃門侍郎酈道元爲大使欲復鎭爲州以順人望會六鎭盡叛不得施行深後上言今六鎭俱叛二部高車亦同惡黨以疲兵討之必不制敵請簡選兵或留守恆州要處更爲後圖及李崇徵還深專總戎政拔陵避蠕蠕南移度河先是別將李叔仁以拔陵來逼請求迎援深赴之前後降附二十萬人深與行臺元纂表求恆州北別立郡縣安置降戶隨宜振賚息其亂心不從詔遣黃門侍郎楊還分散之於冀定瀛三州就食深謂纂曰此輩復爲乞活矣禍亂當由此作既而鮮于脩禮叛於定州杜

洛周反於幽州其餘降戶猶在恆州遂欲推深爲主深乃上書還京師令左衞將軍楊津代深爲都督以深爲侍中右衞將軍定州刺史時中山太守趙叔隆別駕崔融討賊失利臺使劉審覈未訖會賊逼中山深乃令叔隆防境審馳驅還京云深擅相放縱城陽王徽與深有隙因此構之乃徵深爲吏部尚書兼中領軍及深至都明帝不欲使徽深相憾敕因宴會令相和解徽銜不已後河間王琛等爲鮮于脩禮所敗乃除深儀同三司大都督章武王融爲左都督裴衍爲右都督並受深節度徽因奏靈太后構深曰廣陽以愛子握兵在外不可測也乃敕章武王等潛相防備融遂以敕示深深懼事無大小不敢自決靈太后聞之乃使問深意狀乃具言曰往者元叉執權移天徙日而徽託附無翼而飛今大明反政任寄唯重以徽褊心銜臣次骨臣以疎滯遠離京輦被其構阻無所不爲然臣昔不在其後自此以來翻成陵谷徽遂一歲八遷位居宰相臣乃積年淹滯有功不錄自徽執政以來非但抑臣而已北征之勳皆被擁塞將士告捷終無片賞雖爲表請多不蒙遂前留元摽據乎盛樂後被重圍析骸易子

倒懸一隅嬰城二載賊散之後依階乞官徽乃盤退不允所請而徐州下邳戍
主買勳法僧叛後塹被圍逼固守之勳比之未重乃得立州郎授開國天下之
事其流一也功同賞異不平謂何又驃騎李崇北征之日啓募八州之人聽用
關西之格及臣在後依此科賞復言北道征者不得同於關西定襄陵廟之至
重平城守國之要鎭若計此而論功亦何負於秦楚但以嫉臣之故便欲望風
排抑然其當途以來何直退勳而已但是隨臣征者即便爲所嫉統軍袁叔和
曾經省訴徽初言有理又聞北征隸臣爲統應時變色復令臣兄子仲顯異端
訟臣緝緝翩翩謀相誹謗言臣惡者接以恩顏稱臣善者即被嫌責甄琛曾理
臣屈乃視之若仇讎徐紇頗言臣短即待之如親戚又驃騎長史祖瑩昔在軍
中妄增首級矯亂戎行蠹害軍府獲罪有司避命山澤直以謗臣之故徽乃還
雪其罪臣府司馬劉敬比送降人既到定州翻然背叛賊如決河豈其能擁且
以臣府參寮不免身首異處徽既怒遷捨其元惡及胥徒從臣行者莫不悚懼
頃恆州之人乞臣爲刺史徽乃斐然言不可測及降戶結謀臣頻表啓徽乃因

執言此事及向定州遠彼姦惡又復論臣將有異志翻覆如此欲相陷沒致令
國朝遽賜遷代賊起之由誰使然也徽既優幸任隆一世慕勢之徒於臣何有
是故餘人攝選車馬塡門及臣居邊賓遊罕至臣近比爲慮其爲梗是以孜孜
乞赴京闕屬流人舉斧元戎垂翅復從後命自安無所僶俛先驅不敢辭事及
臣出都行塵未滅已聞在後復生異議言臣將兒自隨證爲可疑之兆忽稱此
以構亂悠悠之人復傳音響言左軍臣融右軍臣衍皆受密敕伺察臣事徽既
用心如此臣將何以自安竊以天步未夷國難猶梗方伯之任於斯爲急徽昔
臨藩乃有人譽及居端右無聞焉爾今求出之爲州使得申其利用徽若外從
所長臣無內慮之功脫蒙公私幸甚深以兵士頻經退散人無鬭情連營轉柵
日行十里行達交津隔水而陣賊脩禮常與葛榮謀後稍信朔州人毛普賢榮
常銜之普賢昔爲深統軍及在交津深傳人諭之普賢乃有降意又使錄事參
軍元晏說賊程殺鬼果相猜貳葛榮遂殺普賢脩禮而自立榮以新得大衆上
下未安遂北度瀛州深便率衆北轉榮東攻章武王融戰敗於白牛邏深遂退

走趣定州聞刺史楊津疑其有異志乃止於州南佛寺停二日夜乃召都督毛謐等六七人臂肩爲約危難之際期相拯恤謐疑深意異乃密告津云深謀不軌津遣謐討深深走出謐叫譟追躡深與左右行至博陵郡界逢賊遊騎乃引詣葛榮賊徒見深頗有喜者榮新自立內惡之乃害深莊帝追復王爵贈司徒公謚曰忠武子湛字士淵少有風尚孝莊初襲封孝靜初累遷冀州刺史所在聚斂風政不立入爲侍中後行司州牧時齊神武作相以湛頗有器望啓超拜太尉公薨贈假黃鉞大司馬尚書令謚曰文獻初湛名位漸重留連聲色始以婢紫光遺尚書郎中宋遊道後乃私耽出爲冀州竊而攜去遊道大致紛紜乃云紫光湛父所寵湛母遺己將致公文久乃停息論者兩非之湛弟瑾尚書祠部郎後謀殺齊文襄事泄合門伏法湛子法輪紫光所生也齊王矜湛覆滅乃啓原之復其爵土

南安王余眞君三年封吳王後改封南安王太武暴崩中常侍宗愛矯皇太后令迎立之然後發喪大赦改年爲永平余自以非次而立厚遺羣下取悅於衆

爲長夜之飲聲樂不絕旬月之間帑藏空罄尤好弋獵出入無度邊方告難余不恤之百姓憤惋而余晏如也宗愛權恣日甚內外憚之余疑愛變謀奪其權愛因余祭廟夜殺余文成葬以王禮謚曰隱

論曰梟獍爲物天實生之觀夫元紹所懷蓋亦特鍾沴氣平陽以降並多夭促英才武略未顯高年蜻蛚二王爲時稱首鑒旣有聲渾亦見器胥繼荷遇太和之日名位豈妄及哉又階緣寵私遂亂天下殺身全祀固爲幸焉樂平樂安俱以將領自効竟以憂迫而逝驗克終之爲鮮莊王才力智謀一時之傑與夫建寧新興不同日也太武之子秦晉才賢而翰之遇酷倚伏豈可量矣臨淮之後或爲盛德廣陽之世嘉實爲美深之闕惡於元徽所謂盜憎之義余之見殺不其晚歟

北史卷十六

北史卷十六考證

京兆王豫傳又自知不法恐被廢黜○自知監本訛知自今改從南本

求出家於嵩山閑居寺○閑監本訛閉今改從南本

永昌王健傳復降沮渠無疾薨○沮渠下魏書有無諱二字

臨淮王譚傳請依舊置三正之名不改而百家爲於四閭○魏書無於字

蠕蠕主阿那瓌既得反國○瓌監本訛環今改從南本

廣陽王建傳銜臣次骨○次魏書作切應改從之

北史卷十六考證

北史卷十七

唐　李　延　壽　撰

列傳第五

景穆十二王上

景穆皇帝十四男恭皇后生文成皇帝袁椒房生陽平幽王新成尉椒房生京兆康王子推濟陰王小新成陽椒房生汝陰靈王天賜樂良厲王萬壽廣平殤王洛侯母並闕孟椒房生任城康王雲劉椒房生南安惠王楨城陽康王長壽慕容椒房生章武敬王太洛尉椒房生樂陵康王胡兒孟椒房生安定靖王休趙王深早薨無傳母闕魏舊太子後庭未有位號文成即位景穆宮人有子者並號爲椒房

陽平王新成太安三年封後爲內都大官薨諡曰幽長子安壽襲爵孝文後賜名頤累遷懷朔鎮大將都督三道諸軍事北討詔徵赴京勗以戰伐之事對曰當仰仗廟算使呼韓同渭橋之禮帝歎曰壯哉王言朕所望也未發遭母憂詔

遣侍臣以金華敦喻旣殯而發與陸叡集三道諸將議軍途所詣於是中道出
黑山東道趣士盧河西道向侯延河軍過大磧大破蠕蠕頤入朝詔曰王之前
言果不虛也後除朔州刺史及恆州刺史穆泰謀反遣使推頤爲主頤密以狀
聞泰等伏誅帝甚嘉之宣武景明年薨於青州刺史諡曰莊王傳國至孫宗胤
明帝時坐殺叔父賜死爵除頤弟衍字安樂賜爵廣陵侯位梁州刺史表請假
王以崇威重詔曰可謂無厭求也所請不合轉徐州刺史至州病重帝敕徐成
伯乘傳療疾差成伯還帝曰卿定名醫賚絹三千疋成伯辭請受一千帝曰詩
云人之云亡邦國殄瘁以是而言豈惟三千疋乎其爲帝所重如此後所生母
雷氏卒表請解州詔曰先君餘尊之所厭禮之明文季末陵遲斯典或廢侯旣
親王之子宜從餘尊之義便可大功後卒於雍州刺史諡曰康侯衍性清愼所
在廉潔又不營產業歷牧四州皆有稱績亡日無斂屍具子暢字叔暢從孝武
帝入關拜鴻臚封博陵王大統三年東討沒於陣子敏嗜酒多費家爲之貧其
壻柱國乙弗貴大將軍大利稽祐家貲皆千萬每營給之敏隨卽散盡而帝不

之責貴祐後遂絕之位儀同三司改封南武縣公暢弟融字叔融貌甚短陋驍武過人莊帝謀殺尒朱榮以融爲直閤將軍及尒朱兆入洛融逃人間後從孝武入關封魏興王位侍郎殿中尚書

衍弟欽字思若位中書監尚書右僕射儀同三司欽色尤黑故時人號爲黑面僕射欽淫從兄麗妻崔氏爲御史中尉封回劾奏遇赦免尋除司州牧欽少好學早有令譽時人語曰皇宗略略壽安思若及晚年貴重不能有所匡益論者輕之欽曾託青州人高僧壽爲子求師師至未幾逃去欽以讓僧壽僧壽性滑稽反謂欽曰凡人絕粒七日乃死始經五朝便爾逃遁去食就信實有所闕欽乃大慙於是待客稍厚後除司空公封鉅平縣公於河陰遇害贈假黃鉞太師太尉公子子孝字季業早有令譽年八歲司徒崔光見而異之曰後生領袖必此人也孝武帝入關不及從駕後赴長安封義陽王子孝美容儀善笑謔好酒愛士縉紳歸之賓客常滿終日無倦性又寬慈敦睦親族乃置學館於私第集羣從弟子晝夜講讀幷給衣食與諸子同後歷尚書令柱國大將軍子孝以國

運漸移深自貶晦日夜縱酒後例降爲公復姓拓拔氏未幾卒子寶襲
京兆王子推太安五年封位侍中征南大將軍長安鎮大將子推性沉雅善於
綏接秦雍之人服其威惠入爲中都大官察獄有稱獻文將禪位於子推以大
臣固諫乃傳孝文孝文即位拜侍中大將軍開府儀同三司青州刺史未至道
薨子太興襲拜長安鎮大將以贓貨削除官爵後除祕書監還復前爵改封西
河轉守衞尉卿初太興遇患請諸沙門行道所有資財一時布施乞求病愈名
曰散生齋及齋後僧皆四散有一沙門方云乞齋餘食太興戲之曰齋食既盡
唯有酒肉沙門曰亦能食之因出酒一斗羊脚一隻食盡猶言不飽及辭出後
酒肉俱在出門追之無所見太興遂佛前乞願向者之師當非俗人若此病得
差即捨王爵入道未幾便愈遂請爲沙門表十餘上乃見許時孝文南討在軍
詔皇太子於四月八日爲之下髮施帛二千疋既爲沙門名僧懿居嵩山太和
二十二年終子昂字伯暉襲薨昂子悰字魏慶襲孝靜時累遷太尉錄尚書事
司州牧青州刺史薨於州贈假黃鉞太傅司徒公謚曰文悰寬和有度量美容

貌風望儼然得喪之間不見於色性清儉不營產業身死之日家無餘財昴弟
仲景性嚴峭孝莊時兼御史中尉京師肅然每向臺恆駕赤牛時人號赤牛中
尉太昌初爲河南尹奉法無私時吏部尙書樊子鵠部下縱橫又爲盜竊仲景
密加收捕悉獲之咸卽行決於是豪貴寒心孝武帝將入關授仲景中軍大都
督留京師齊神武欲至洛陽仲景遂棄妻子追駕至長安仍除尙書右僕射封
順陽王仲景既失妻子乃娶故尒朱天光妻也列氏本倡女有美色仲景甚重
之經數年前妻叔袁紇氏自洛陽間行至也列遂徙居異宅久之有奸事露詔
仲景殺之仲景寵情愈至謬殺一婢蒙其屍而厚葬以代焉列徙於密處人莫
知其詐仲景三子濟鍾奉叔袁紇氏生也皆以宗室早歷清官仲景以列尙在
恐妻子漏之乃謀殺袁紇紇先覺復欲陰害列列謂從奴曰若袁紇殺我必投
我廁中我告丞相冀或不死若不理首愆猶埋我好地爾爲我告之奴遂告周
文帝周文依奏詔笞仲景一百免右僕射以王歸第也列以自告而逐之仲景
猶私不已又有告者詔重笞一百付宗正官爵盡除仲景仍通焉後周文帝以

其歷任有令名且杖策追駕乃奏復官爵也列袁紇於是同居大統五年除幽州刺史仲景多內亂後就州賜死仲景弟暹字叔照孝莊初除南兗州刺史在州猛暴多所殺害元顥入洛暹據州不屈莊帝還宮封汝陽王累遷秦州刺史先秦州城人屢爲反覆暹盡誅之存者十一二普泰元年除涼州刺史貪暴無極欲規府人及商胡富人財物詐一臺符誑諸豪等云欲加賞一時屠戮所有資財生口悉沒自入孝靜時位侍中錄尚書事薨贈太師錄尚書子沖襲無子國絕太興弟遙字太原有器望以左衞將軍從孝文南征賜爵饒陽男宣武初遭所生母憂表請解任詔以餘尊所厭不許明帝初累遷左光祿大夫仍領護軍時冀州沙門法慶既爲祆幻遂說渤海人李歸伯歸伯合家從之招率鄉人推法慶爲主法慶以歸伯爲十住菩薩平魔軍司定漢王自號大乘殺一人者爲一住菩薩殺十人者爲十住菩薩又合狂藥令人服之父子兄弟不相知識唯以殺害爲事刺史蕭寶夤遣兼長史崔伯驎討之敗於煑棗城伯驎戰沒凶衆遂盛所在屠滅寺舍斬戮僧尼焚燒經像云新佛出世除去衆魔詔以遙爲

使持節都督北征諸軍事討破之禽法慶幷其妻尼惠暉等斬法慶傳首京師

戮於都市初遙大功昆弟皆是景穆之孫至明帝而本服絕故除遙等屬籍遙

表曰竊聞聖人所以南面而聽天下其不可得變革者則親也尊也四世而緦

服窮五世而袒免六世而親屬竭矣去玆以往猶繫之以姓而弗別綴之以食

而弗殊又律云議親者非唯當世之屬親歷謂先帝之五世謹尋斯旨將以廣

帝宗重磐石先皇所以變玆事條爲此別制者太和之季方有意於吳蜀經始

之費慮深在初割減之起暫出當時也且臨淮王提分屬籍之始高祖賜帛三

千疋所以重分離樂良王長命亦賜縑二千疋所以存慈眷此皆先朝殷勤克

念不得已而然者也古人有言百足之蟲至死不僵者以其輔己者衆臣誠不

欲妄親太階苟求潤屋但傷大宗一分則天子屬籍不過十數人而已在漢諸

王之子不限多少皆列土而封謂之曰侯至於魏晉莫不廣胙河山稱之曰公

者蓋惡其大宗之不固骨肉之恩踈矣臣去皇上雖是五世之遠於先帝便是

天子之孫高祖所以國秩祿賦復給衣食后族唯給其賦不與衣食者欲以別

外內限異同也今諸廟之感在心未忘行道之悲儵然已及其諸封者身亡之日三年服終然後改奪今朝廷猶在遏密之中便議此事實用未安詔付尚書博議以聞尚書令任城王澄尚書左僕射元暉奏同遙表靈太后不從卒諡曰宣公遙弟恆字景安粗涉書史恆以春秋之義爲名不以山川表求改名芝歷位太常卿中書監侍中後於河陰遇害贈太傅司徒公諡曰宣穆公

濟陰王小新成和平二年封頗有武略庫莫奚侵擾詔新成討之新成乃多爲毒酒賊逼便棄營而去賊至競飲遂簡輕騎縱擊俘馘甚多後位外都大官薨贈大將軍諡曰惠公子鬱字伏生襲位開府爲徐州刺史以黷貨賜死國除長子弼字邕明剛正有文學位中散大夫以世嫡應襲先爵爲季父尚書僕射麗因于氏親寵遂奪弼王爵橫授同母兄子誕於是弼絕棄人事託疾還私第宣武徵爲侍中弼上表固讓入嵩山以穴爲室布衣蔬食卒建義元年子暉業訴復王爵永安三年追贈尚書令司徒公諡曰文獻初弼嘗夢人謂之曰君身不得傳世封其紹先爵者君長子紹遠也弼覺即語暉業終如其言暉業少險薄

多與寇盜交通長乃變節涉子史亦頗屬文而慷慨有志節歷位司空太尉加特進領中書監錄尚書事齊文襄嘗問之曰比何所披覽對曰數尋伊霍之傳不讀曹馬之書暉業以時運漸謝不復圖全唯事飲啗一日三羊三日一犢又嘗賦詩云昔居王道泰濟濟富羣英今逢世路阻狐兎鬱縱橫齊初降封美陽縣公開府儀同三司特進暉業之在晉陽也無所交通居常閑暇乃撰魏藩王家世號爲辨宗錄四十卷行於世位望隆重又以性氣不倫每被猜忌天保二年從駕至晉陽於宮門外罵元韶曰爾不及一老嫗背負璽與人何不打碎之我出此言知卽死然爾亦詎得幾時文宣聞而殺之并斬臨淮公孝友孝友臨刑驚惶失措暉業神色自若仍鑿冰沉其屍暉業弟昭業頗有學尚位諫議大夫莊帝將幸洛南昭業立於閶闔門外叩馬諫帝避之而過後勞勉之位給事黃門侍郎衞將軍右光祿大夫卒諡曰文侯鬱弟偃位大中大夫子誕字曇首初誕伯父鬱以貪汙賜死爵除詔以誕偃正妃子立爲嫡孫特聽紹封累遷齊州刺史在州貪暴大爲人患牛馬騾驢無不逼奪家之奴隸悉迫取良人爲婦

有沙門爲誕採藥還見誕問外消息對曰唯聞王貪願王早代誕曰齊州七萬家吾至來一家未得三十錢何得言貪後爲御史中尉元纂所糾會赦免薨諡靜王子撫字伯懿襲莊帝初爲從兄暉業訴奪王爵偃弟麗字寶掌位兼宗正卿右衛將軍遷光祿勳宗正右衛如故時秦州屠各王法智推州主簿呂苟兒爲主號建明元年置立百官攻逼州郡涇州人陳瞻亦聚衆自稱王號聖明元年以麗爲使持節都督與楊椿討之苟兒率衆十餘萬屯孤山別據諸險圍逼州城麗出擊大破之便進軍永洛賊徒逆戰麗夜擊走之行秦州事李韶破苟兒于孤山乘勝追掩獲其父母妻子諸城之圍亦悉奔散苟兒率其王公三十餘人詣麗請罪麗因平賊之勢枉掠良善七百餘人宣武嘉其功詔有司不聽追檢拜雍州刺史爲政嚴酷吏人患之其妻崔氏誕一男麗遂出州獄囚死及徒流案未申臺者一時放免遷冀州刺史入爲尚書左僕射帝問曰聞公在州殺戮無理枉濫非一又大殺道人對曰臣在冀州可殺道人二百許人亦復何多帝曰一物不得其所若納諸隍況殺道人二百而言不多麗脫冠謝賜坐卒

謚曰威子顯和少有節操歷司徒記室參軍司徒崔光每見之曰元參軍風流清秀容止閑雅乃宰相之器除徐州安東府長史刺史元法僧叛顯和與戰被禽執手命與連坐顯和曰顯和與阿翁同源別派皆是磐石之宗一朝以地外叛若遇董狐能無慚德遂不肯坐法僧猶欲慰喻顯和曰乃可死作惡鬼不能生爲叛臣及將殺之神色自若建義初贈秦州刺史

汝陰王天賜和平三年封後爲內都大官孝文初殿中尚書胡莫寒簡西部敕勤豪富兼丁者爲殿中武士而大治財貨衆怒殺莫寒及高平假鎮將奚陵於是諸部敕勤悉叛詔天賜與給事中羅雲討之前鋒敕勤詐降雲信之副將元伏曰敕勤色動恐有變今不設備將爲所圖雲不從敕勤襲殺雲天賜僅得自全累遷懷朔鎮大將坐貪殘恕死削除官爵卒孝文哭於思政觀贈本爵葬從王禮謚曰靈王子逞字萬安卒於齊州刺史謚曰威逞子慶和東豫州刺史爲梁將所攻舉城降之梁武以爲北道總督魏王至項城朝廷出師討之望風退走梁武責之曰言同百舌膽若鼷鼠遂徙合浦逞弟汎字普安自元士稍遷營

州刺史性貪殘人不堪命相率逐之汎走平州後除光祿大夫宗正卿封東燕縣男於河陰遇害汎弟修義字壽安頗有文才自元士稍遷齊州刺史修義以齊州頻喪刺史累表固辭詔不許聽隨便立解宇修義乃移東城爲政寬和還秦州刺史明帝初表陳庶人禧庶人愉等請宥前愆賜葬陵域靈太后詔曰收葬之恩事由上旨藩岳何得越職干陳在州多受納累遷吏部尚書及在銓衡唯事貨賄授官大小皆有定價時中散大夫高居者有旨先敘上黨郡缺居遂求之修義私已許人抑居不與居大言不遜修義命左右牽曳之居對大衆呼天唱賊人問居曰白日公庭安得有賊居指修義曰此坐上者違天子明詔物多者得官京師白劫此非大賊乎修義失色居行罵而出後欲邀車駕論修義罪狀左僕射蕭寶寅喻之乃止二秦反假修義兼尚書右僕射西道行臺行秦州事爲諸軍節度修義性好酒每飲連日遂遇風病神明昏喪雖至長安竟無部分之益元志敗沒賊東至黑水更遣蕭寶寅討之以修義爲雍州刺史卒於州贈司空謚曰文子均位給事黃門侍郎後入西魏封安昌王位開府儀同三

司甍贈司空諡曰平子則字孝規襲爵位義州刺史仕周爲少冢宰江陵總管

子文都性梗直仕周爲右侍上士隋開皇初授內史舍人煬帝卽位累遷御史

大夫坐事免未幾授太府卿甚有當時譽大業十三年帝幸江都宮詔文都與

段達皇甫無逸韋津等同爲東都留守帝崩文都與達津等共推越王侗爲帝

侗署文都爲內史令開府儀同三司光祿大夫左驍衞大將軍攝右翊衞將軍

魯國公旣而宇文化及立秦王浩爲帝擁兵至彭城所在響震文都諷侗遣使

通於李密密乃請降因授官爵禮其使甚厚王世充不悅文都知之陰有誅世

充計侗以文都領御史大夫世充固執而止盧楚說文都誅之文都遂懷奏入

殿有人以告世充世充馳還含嘉城至夜難作攻東太陽門而入拜於紫微觀

下曰請斬文都歸罪司寇侗見兵勢盛遣其所署將軍黃桃樹執文都以出文

都顧謂侗曰臣今朝亡陛下亦當夕及侗慟哭遣之左右莫不憫默出至與教

門世充令左右亂斬之諸子並見害則弟矩字孝矩西魏時襲祖爵始平縣公

拜南豐州刺史時見元氏將危陰謂昆季曰宇文之心路人所見顛而不扶焉

用宗子爲兄則所遏乃止後周文爲兄子晉公護娶其妹爲妻情好甚密及護誅坐徙蜀後拜司憲大夫隋文帝重其門地娶其女爲房陵王妃及爲丞相拜少冢宰位柱國賜爵洵陽郡公及房陵立爲皇太子立其女爲皇太子妃親禮彌厚拜壽州總管時陳將任蠻奴等屢寇江北復以孝矩領行軍總管屯兵江上後以年老上表乞骸骨轉涇州刺史卒于官諡曰簡子無竭嗣矩次弟雅字孝方有文武幹用開皇中歷左領左右將軍集沁二州刺史封順陽郡公雅弟褒字孝整少有成人量年十歲而孤爲諸兄所愛養善事諸兄諸兄議欲別居褒泣諫不從家素富多金寶褒一無所受脫身而出仕周位開府北平縣公趙州刺史從韋孝寬平尉遲迥以功拜柱國進封河間郡公隋開皇中拜原州總管有商人爲賊劫其人疑同宿者而執之褒察其色寃而辭正遂捨之商人詣闕訟褒受金縱賊隋文帝遣窮之使者薄責褒何故利金而捨盜褒引咎無異辭使者與褒俱詣京師遂坐免官其盜尋發他所上謂曰何至自誣褒曰臣受委一州不能息盜臣罪一也百姓爲人所謗不付法司懸卽放免臣罪二也無

顧形迹至今爲物所疑臣罪三也臣有三罪何所逃責臣又不言受賂使者復
將有所窮究然則縲紲横及良善重臣之罪是以自誣上歎異之稱爲長者煬
帝卽位拜齊郡太守及遼東之役郡官督事者前後相屬有西曹掾當行詐疾
褒杖之掾大言曰我將詣行在所欲有所告褒大怒因杖百餘數日死坐免官
卒於家樂良王萬壽和平三年封拜征東大將軍鎭和龍性貪暴徵還道憂薨
諡曰厲王子康王樂平襲薨子長命襲坐殺人賜死國除子忠明帝時復前爵
位太常少卿孝武帝汎舟天泉池命宗室諸王陪宴忠愚而無智性好衣服遂
著紅羅襦繡作領碧紬袴錦爲緣帝謂曰朝廷衣冠應有常式何爲著百戲衣
忠曰臣少來所愛情存綺羅歌衣儛服是臣所願帝曰人之無良乃至此乎
廣平王洛侯和平二年封薨諡曰殤無子後以陽平幽王第五子匡後之匡字
建扶性耿介有氣節孝文器之謂曰叔父必能儀形社稷匡輔朕躬今可改名
爲匡以成克終之美宣武卽位累遷給事黃門侍郎茹皓始有寵百僚微憚之
帝曾於山陵還詔匡陪乘又命皓登車皓褰裳將上匡諫帝推之令下皓恨匡

失色當時壯其忠謇宣武親政除肆州刺史匡既忤皓懼爲所害廉愼自修甚
有聲績遷恆州刺史徵爲大宗正卿河南邑中正匡奏親王及始蕃二藩王妻
悉有妃號而三藩以下皆謂之妻上不得同爲妃名而下不及五品以上有命
婦之號竊以爲疑詔曰夫貴於朝妻榮於室婦女無定升從其夫三藩既啓王
封妃名亦宜同等妻者齊也理與己齊可從妃例自是三藩王妻名號始定後
除度支尙書匡表引樂陵章武之例求紹洛侯封詔付尙書議尙書奏聽襲封
以明與絕之義時宣武委政於高肇宗室傾憚唯匡與肇抗衡先自造棺置於
聽事意欲輿棺詣闕論肇罪惡自殺切諫肇聞而惡之後因與大常卿劉芳議
爭權量遂與肇聲色御史中尉王顯奏匡曰自金行失御羣僞競興禮壞樂崩
彝倫攸斁高祖孝文皇帝以睿聖統天克復舊典乃命故中書監高閭廣旌儒
林推尋樂府以黍裁寸將均周漢舊章屬雲構中遷尙未云就高祖睿思玄深
參考經記以一黍之大用成分體準之爲尺宣布施行暨正始中故太樂令公
孫崇輒自立意以黍十二爲寸別造尺度定律刊鍾皆向成訖表求觀試時敕

太常卿臣芳以崇造旣成請集朝英議其得否芳疑崇尺度與先朝不同察其作者於經史復異推造鮮據非所宜行時尚書令臣肇清河王懌等以崇造乖謬與周禮不同遂奏臣芳依周禮更造成訖量校從其善者而芳以先朝尺度事合古典乃依前詔書以黍刊寸並呈朝廷用裁金石於時議者多云芳是唯黃門侍郎臣孫惠蔚與崇扶同二途參差頻經考議而尚書令臣肇以芳造崇物故之後而惠蔚亦造一尺仍云扶以比崇尺自相乖背量省二三謂芳一尺爲得而尚書臣匡表云劉孫二尺長短相傾稽考兩律所容殊異言取中黍校彼二家云並參差抑中無所自立一途請求議判當時議者或是於匡兩途舛駮未卽時定肇又云權斛斗尺班行已久今者所論豈踰先旨宜仰依先朝故尺爲定自爾以後而匡與肇厲言都坐聲色相加高下失其常倫噂競無復彝序匡更表列據已十是云芳十非又云肇前被敕旨共芳營督規立鍾石之名希播制作之譽乃憑樞衡之尊藉舅氏之勢與奪任心臧否自己阿黨劉芳遏絶臣事望勢雷同者接以恩言依經案古者卽被怒責雖未指鹿化馬移天徙

日實使蘊藉之士聳氣坐端懷道之夫結舌筵次又言芳昔與崇競恆言自作
今共臣論忽稱先朝豈不前謂可行輒欲自取後知錯謬便推先朝殊非大臣
之體深失爲下之義復考校勢臣之前量度偏頗之手臣必刖足內朝抱璞人
外囂言肆意彰於朝野然臣職當出納獻替所在斗尺權度正是所司若己有
所見能練臧否宜應首唱義端早辨諸惑何故嘿心隨從不關一言見芳成事
方出此語計芳才學與臣殊懸所見淺深不應相匹今乃始發恐此由心借智
於人規成虛譽況臣表云所據銅權形如古誌明是漢作非莽別造及案權銘
黃帝始祖德布於虞虞帝始祖德布於新若莽佐漢時事寧有銘僞新之號哉
又尋莽傳云莽居攝卽變漢制度考校二證非漢權明矣復云芳之所造又短
先朝之尺臣既比之權然相合更云芳尺與千金堰不同臣復量比因見其異
二三浮濫難可據準又云共構虛端妄爲疑似託以先朝云非己製臣案此欺
詐乃在於臣不在於芳何以言之芳先被敕專造鐘律管籥優劣是其所裁權
斛尺度本非其事比前門下索芳尺度而芳牒報云依先朝所班新尺復應下

黍更不增損爲造鐘律調正分寸而已檢匡造時在牒後一歲芳於爾日匡未共爭已有此牒豈爲詐也計崇造寸積黍十二羣情共知而芳造寸唯止十黍亦俱見先朝詔書以黍成寸首尾歷然寧有輒欲自取之理肇任居端右百寮是望言行動靜必副具瞻若恃權阿黨詐託先詔將指鹿化馬徙日移天卽是魏之趙高何以宰物肇若無此匡旣誣毀宰相訕謗時政阻惑朝聽不敬至甚請以肇匡並禁尚書推窮其原付廷尉定罪詔曰可有司奏匡誣肇處匡死刑宣武恕死降爲光祿大夫又兼宗正卿出爲兗州刺史匡臨發帝引見於東堂勞勉之匡猶以尺度金石之事國之大經前雖爲南臺所彈然猶許更議若議之日願聽臣蹔赴帝曰劉芳學高一時深明典故其所據者與先朝尺乃寸過一黍何得復云先朝之意也兗州旣所執不經後議之日何待赴都也明帝初入爲御史中尉匡嚴於彈糾始奏于忠次彈高聰等免官靈太后並不許違其糾惡之心又慮匡辭解欲奬安之進號安南將軍後加鎮東將軍匡屢請更權衡不已於是詔曰謹權審度自昔令典定章革曆往代良規匡宗室賢亮留心

珍倣宋版印

既入可令更集儒貴以時驗決必務權衡得衷令寸籥不舛又詔曰故廣平殤王洛侯體自恭宗茂年薨殞國除祀廢不祀忽諸匡親同若子私繼久歲宜樹維城永茲磐石可特襲王爵封東平郡王匡所制尺度訖請集朝士議定是非詔付門下尚書三府九列議定以聞太師高陽王雍等議以爲晉中書監荀勗所造之尺與高祖所定毫釐略同侍中崔光得古象尺於時亦準議令施用仰惟孝文皇帝德邁前王叡明下燭不刊之式事難變改臣等參論請停匡議永遵先皇之制詔從之匡每有奏請尚書令任城王澄時致執奪匡剛隘內遂不平先所造棺猶在僧寺乃復修事將與澄相攻澄頗知之後將赴省與匡逢遇騶卒相撾朝野駭愕澄因是奏匡罪狀三十餘條廷尉處以死刑詔付八議特加原宥削爵除官三公郎中辛雄奏理之後特除平州刺史徙青州刺史尋爲關右都督兼尚書行臺遇疾還京孝昌初卒諡曰文貞後追復本爵改封濟南王第四子獻襲薨子祖育襲武定初墜馬薨子勤又襲齊受禪爵例降

北史卷十七考證

陽平王新成傳季末陵遲斯典或廢○末監本訛宋今改從魏書

衍弟欽傳時人語曰皇宗略略壽安思若○監本略略下衍略字今從魏書刪
去

京兆王子推傳入爲中都大官○官監本訛宜今改從南本

其不可得變革者則親也尊也○可監本訛有今改從魏書

濟陰王小新成傳苟兒率衆十餘萬屯孤山○孤監本訛狐今從魏書及下文
李詔破苟兒于孤山句改正之

汝陰王天賜傳附開皇初○隋監本訛隨今改正

廣平王洛侯傳始奏于忠次彈高聰等○于監本訛於今改正

北史卷十七考證

北史卷十八

唐 李延壽 撰

列傳第六

景穆十二王下

任城王雲和平五年封少聰慧年五歲景穆崩號哭不絕聲太武抱之泣曰汝何知而有成人意也獻文時拜都督中外諸軍事中都大官聽訟甚收時譽及獻文欲禪位於京兆王子推王公卿士莫敢先言雲進曰父子相傳久矣皇魏未之有革太尉源賀又進以爲不可願思任城之言東陽公元丕等進曰皇太子雖聖德夙彰然實沖幼陛下欲隆獨善其若宗廟何帝曰儲宮正統羣公相之有何不可於是傳位孝文後蠕蠕犯塞雲爲中軍大都督從獻文討之過大磧雲曰夷狄之馬初不見武頭楯若令此楯在前破之必矣帝從之命敕勒首領執手勞遣之於是相率而歌方駕而前大破之獲其兇首後仇池氏反又命雲討平之除開府徐州刺史雲以太妃蓋氏薨表求解任獻文不許雲悲號動

疾乃許之性善撫接深得徐方之心爲百姓所追戀送遺錢貨一無所受再遷
冀州刺史甚得下情於是合州請戸輸絹五尺粟五升以報雲恩孝文嘉之詔
宣告天下使知勸勵遷長安鎭都大將雍州刺史雲廉謹自修留心庶獄挫抑
豪強劫盜止息州人頌之者千餘人太和五年薨於州遺令薄葬勿受贈襚諸
子奉遵其旨諡曰康陪葬雲中之金陵長子澄字道鏡少好學美鬚髮善舉止
言辭清辯響若縣鍾康王薨居喪以孝聞襲封加征北大將軍以氐羌反叛除
征南大將軍梁州刺史文明太后引見誡厲之顧謂中書令李沖曰此兒風神
吐發當爲宗室領袖是行當不辱命我不妄談也澄至州誘導懷附西南款順
加侍中賜衣一襲乘黃馬一匹以旌其能轉開府徐州刺史甚著聲績朝京師
引見於皇信堂孝文詔澄曰昔鄭子產鑄刑書而晉叔向非之此二人皆賢士
得失竟誰對曰鄭國寡弱攝於強隣人情去就非刑莫制故鑄刑書以示威雖
乖古式合今權道帝方革變深善其對笑曰任城當欲爲魏子產也朕方創改
朝制當與任城共萬世之功後徵爲中書令改授尚書令齊庾蓽來朝見澄音

珍倣宋版印

韻適雅風儀秀逸謂主客郎張彝曰往魏任城以武著稱今魏任城乃以文見美也時詔延四廟之子下逮玄孫之冑申宗宴於皇信堂不以爵秩爲列悉序昭穆爲次用家人之禮帝曰行禮已畢欲令宗室各言其志可率賦詩特命澄爲七言連韻與孝文往復賭賽遂至極歡際夜乃罷後帝外示南討意在謀遷齊於明堂左个詔太常卿王諶親令龜卜易筮南伐之事其兆遇革澄進曰易言革者更也將欲革君臣之命湯武得之爲吉陛下帝有天下今日卜征不得云革命未可全爲吉也帝厲聲曰此象云大人武變何言不吉也車駕還宮便召澄未及升階遙謂曰向者之革今更欲論之明堂之忿懼衆人競言沮我大計故厲色怖文武耳乃獨謂澄曰國家興自北土徙居平城雖富有四海文軌未一此間用武之地非可興文崤函帝宅河洛王里因茲大舉光宅中原任城意以爲何如澄深贊成其事帝曰任城便是我之子房加撫軍大將軍太子少保又兼尚書左僕射及車駕幸洛陽定遷都之策詔澄馳驛向北問彼百司論擇可否曰近論革今真所謂革也澄既至代都衆聞遷詔莫不驚駭澄援引今

古徐以曉之衆乃開伏遂南馳還報會車駕於滑臺帝大悅曰若非任城朕事業不得就也從幸鄴宮除吏部尚書及車駕自代北巡留澄銓簡舊臣初魏自公侯以下動有萬數冗散無事澄品爲三等量其優劣盡其能否之用咸無怨者駕還洛陽復兼右僕射帝至北芒遂幸洪池命澄侍升龍舟帝曰朕昨夜夢一老公拜立路左云晉侍中嵇紹故此奉迎神爽卑懼似有求焉澄曰陛下經殷墟而弔比干至洛陽而遺嵇紹當是希恩而感夢帝曰朕既有此夢或如任城所言於是求其兆域遣使弔祭焉齊明帝既廢弑自立其雍州刺史曹武請以襄陽內附車駕將自赴之引澄及咸陽王禧彭城王勰司徒馮誕司空穆亮鎮南李沖等議之禧等或云宜行或言宜止帝曰衆人意見不等宜有客主共相起發任城與鎮南爲應留之議朕當爲宜行之論諸公坐聽長者從之於是帝往復數交駕遂南征不從澄及李沖等言後從征至縣瓠以疾篤還京車駕還洛引見王公侍臣於清徽堂帝曰此堂成來未與王公行宴樂之禮今與諸賢欲無高而不升無小而不入因之流化渠帝曰此曲水者取乾道曲成萬物

無滯次之洗煩池帝曰此池亦有嘉魚澄曰所謂魚在在藻有頒其首帝曰且取王在靈沼於牣魚躍次之觀德殿帝曰射以觀德故遂命之次之凝閑堂帝曰此堂取夫子閑居之義不可縱奢以忘儉自安以忘危故此堂後作茅茨堂謂李沖曰此東曰步元廡西曰遊凱廡此坐雖無唐堯之君卿等當無愧於元凱沖對曰臣既遭唐堯之君敢辭元凱之譽帝曰光景垂落朕同宗有載考之義卿等將出何得默爾德音卽命黃門侍郎崔光郭祚通直郎邢巒崔休等賦詩言志燭至公卿辭退李沖再拜上千萬歲壽帝曰卿等以燭至致辭復獻於萬壽朕報卿以南山之詩乃曰燭至辭退庶姓之禮在夜載考宗族之義卿等且還朕與諸王宗室欲成此夜飲後坐公事免官尋兼吏部尚書恆州刺史穆泰在州謀反授澄節銅武竹使符御仗左右仍行恆州事行達鴈門遣書侍御史李煥先赴至卽禽泰窮其黨與罪人皆得鉅鹿公陸叡安樂侯元隆等百餘人並獄禁具狀表聞帝覽表乃大悅曰我任城可謂社稷臣正復臯陶斷獄豈能過之顧咸陽王等曰汝等脫當其處不能辦此也車駕尋幸平城勞澄引見

逆徒無一人稱枉時人莫不歎之帝謂左右曰必也無訟今日見之以澄正尚書車駕南伐留澄居守復兼右僕射澄表請以國秩一歲租帛助供軍資詔受其半帝復幸鄴見公卿曰朕昨入城見車上婦人冠帽而著小襦襖者尚書何爲不察澄曰著者猶少帝曰任城欲令全著乎一言可以喪邦其斯之謂可命史官書之又曰王者不降佐於蒼昊拔才而用之朕失於舉人任一羣婦女輩當更銓簡耳任城在省爲舉天下綱維爲當署事而已澄曰臣實署事而已帝曰如此便一令史足矣何待任城尋除尚書左僕射從駕南伐孝文崩受顧命宣武初有降人嚴叔懋告尚書令王肅遣孔思達潛通齊國爲叛逆澄信之乃表肅將叛輒下禁止咸陽北海二王奏澄擅禁宰輔免官還第尋除開府揚州刺史下車封孫叔敖之墓毀蔣子文之廟上表請修復皇宗之學開四門之教詔從之先是朝議有南伐之計以蕭寶寅爲東揚州刺史據東城陳伯之爲江州刺史戍陽石以澄總督二鎮授之節度澄於是遣統軍傅豎眼王神念等進次大峴東關九山淮陵皆分部諸將倍道據之澄總勒大衆駱驛相接所在克

捷詔書褒美既而遇兩淮水暴長澄引歸壽春還既狼狽失兵四千餘人澄頻表解州帝不許有司奏奪其開府又降三階轉鎮北大將軍定州刺史初百姓每有橫調恆煩苦之前後牧守未能觸除澄多所省減又明黜陟賞罰之法表減公園之地以給無業貧人布絹不任衣者禁不聽造百姓欣賴焉母孟太妃薨居喪過毀當世稱之服闋除太子太保時高肇當朝猜忌賢戚澄爲肇間構常恐不全乃終日昏飲以示荒敗所作詭越時謂爲狂宣武夜崩時事倉卒高肇擁兵於外明帝沖幼朝野不安澄雖踈斥而朝望所屬領軍于忠侍中崔光等奏澄爲尚書令於是衆心欣服尋遷司空加侍中俄詔領尚書令澄表上皇誥宗制并訓詁各一卷欲太后覽之思勸誡之益又奏利國濟人所宜振舉者十條一曰律度量衡公私不同所宜一之二曰宜興學校以明黜陟之法三曰宜興滅繼絕各舉所知四曰五調之外一不煩人任人之力不過三日五曰臨人之官皆須黜陟以旌賞罰六曰逃亡代輸去來年久者若非伎作任聽即往七曰邊兵逃走或實陷沒皆須精檢三長及近親若實隱之徵其代輸不隱勿

論八曰工商世業之戶復徵租調無以堪濟今請免之使專其業九曰三長禁姦不得隔越相領戶不滿者隨近幷合十曰羽林武賁邊方有事暫可赴戰常戍宜遣番兵代之靈太后下其奏百寮議之事有同否時四中郎將兵數寡弱不足以襟帶京師澄奏宜以東中帶滎陽郡南中帶魯陽郡西中帶恆農郡北中帶河內郡選二品三品親賢兼稱者居之省非急之作配以強兵如此則深根固本強幹弱枝之義也靈太后將從之後議者不同乃止尋以疾患表求解任不許澄以北邊鎮將選舉彌輕恐賊虜闚邊山陵危迫奏求重鎮將之選修警備之嚴詔不從後賊虜入寇至於舊都鎮將多非其人所在叛亂犯逼山陵如澄所慮澄奏都城府寺猶未周悉今軍旅初寧無宜發眾請取諸職人及司州郡縣犯十杖以上百鞭以下收贖之物絹一匹輸塼二百以漸修造詔從之太傅清河王懌表駮其事遂寢不行澄又奏司州牧高陽王臣雍拷殺奉朝請韓元昭前門下錄事姚敬賢雖因公事理實未盡何者若昭等狀彰死罪以定應刑於都市與衆棄之如其疑似不分情理未究不宜以三清九流之官杖下

便死輕絶人命傷理敗法往年在州於大市鞭殺五人及檢贓狀全無寸尺今
復酷害一至於此朝野云云咸驚懷愕若生殺在下虐專於臣人君之權安所
復用請以見事付廷尉推究驗其爲劫之狀察其拷殺之理詔從之澄當官無
所回避又奏墾田授受之制八條甚有綱貫西域厭達波斯諸國各因公使並
遺澄駿馬一匹澄請付太僕以充國閑詔曰王廉貞之德有過楚相可敕付廐
以成君子大哉之美御史中尉東平王匡奏請取景明元年以來內外考簿吏
部除書中兵勳案并諸殿最欲以案校竊階盜官之人靈太后許之澄表以爲
御史之體風聞是司至於冒勳妄階皆有處別若一處有風謠卽應攝其一簿
研檢虛實若差殊不同僞情自露然後繩以典刑人誰不服豈有移一省之事
窮革世之尤如此求過誰堪其罪斯實聖朝所宜重愼也靈太后納之乃止後
遷司徒公侍中尚書令如故神龜元年詔加女侍中貂蟬同外侍中之飾澄上
表諫曰高祖世宗皆有女侍中官未見綴金蟬於象珥極鼲貂於鬢髮江南僞
晉穆何后有女尚書而加貂璫此乃衰亂之世祅妄之服且婦人而服男子之

服至陰而陽故自穆哀以降國統二絶因是劉裕所以篡逆禮容舉措風化之本請依常儀追還前詔帝從之時太后銳於興繕在京師則起永寧太上公等佛寺工費不少外州各造五級佛圖又數爲一切齋會施物動至萬計百姓疲於土木之功金銀之價爲之踊上削奪百官祿力費損庫藏兼曲賚左右日有數千澄上表極言得失雖卒不從常優答禮之政無大小皆引參預澄亦盡心匡輔事有不便於人者必於諫諍殷勤不已內外咸敬憚之二年薨贈假黃鉞使持節都督中外諸軍事太傅領太尉公加以殊禮備九錫依晉大司馬齊王攸故事諡曰文宣王澄之葬也凶飾甚盛靈太后親送郊外停輿悲哭哀動左右百官會赴千餘人莫不歔欷當時以爲哀榮之極第四子彝襲彝字子倫繼室馮氏所生頗有父風拜通直散騎常侍及元乂專權而彝恥於託附故不得顯職莊帝初河陰遇害贈儀同三司青州刺史諡曰文彝庶長兄順字子和年九歲師事樂安陳豐初書王羲之小學篇數千言晝夜誦之旬有五日一皆通徹豐奇之白澄曰豐十五從師迄于白首耳目所經未見此比江夏黃童不得

無雙也澄笑曰藍田生玉何容不爾十六通杜氏春秋下帷讀書篤志愛古性謇愕淡於榮利好飲酒解鼓琴每長吟永歎吒詠虛室宣武時上魏道頌文多不載起家爲給事中時高肇權重天下人士望塵拜伏順曾懷刺詣肇門門者以其年少答云在坐大有貴客不肯爲通順叱之曰任城王兒可是賤也及見直往登牀捧手抗禮王公先達莫不怪慴而順辭吐傲然若無所覩肇謂衆賓曰此兒豪氣尙爾況其父乎及去肇加敬送之澄聞之大怒杖之數十後拜太常少卿以父憂去職哭泣嘔血身自負土時年二十五便有白髮免喪抽去不復更生世人以爲孝思所致尋除給事黃門侍郎時領軍元叉威勢尤盛凡有遷授莫不造門謝謁順拜表而已曾不詣叉叉謂順曰卿何得聊不見我順正色曰天子富於春秋委政宗輔叔父宜以至公爲心舉士報國如何賣恩責人私謝豈所望也至於朝論得失順常鯁言正議曾不阿旨由此見憚出除恆州刺史順謂叉曰北鎮紛紜方爲國梗請假都督爲國屏捍叉心疑難不欲授以兵官謂順曰此朝廷之事非我所裁順曰叔父既殺生由己自言天歷應在我

躬何得復有朝廷叉彌忿憚之轉齊州刺史順自負有才不得居內每懷鬱快形於言色遂縱酒自娛不親政事叉解領軍徵爲給事黃門侍郎親友郊迎賀其得入順曰不患不入正恐入而復出耳俄兼殿中尚書轉侍中初中山王熙起兵討元叉不果而誅及靈太后反政方得改葬順侍坐西遊園因奏太后曰臣昨往看中山家葬非唯宗親哀其冤酷行路士庶見一家十喪皆爲青旄莫不酸泣叉妻時在太后側順指之曰陛下奈何以一妹之故不伏元叉之罪使天下懷冤太后嘿然不語就德與於營州反使尚書盧同往討之大敗而還屬侍中穆紹與順侍坐因論同之罪同先有近宅借紹紹頗欲爲言順勃然曰盧同終將無罪太后曰何得如侍中之言順曰同有好宅與要勢侍中豈慮罪也紹慚不敢復言靈太后頗事妝飾數出遊幸順面諍之曰禮婦人喪夫自稱未亡人首去珠玥衣不被綵陛下母臨天下年垂不惑過修容飾何以示後世靈太后慚而還入召順責之曰千里相徵豈欲衆中見辱也順曰陛下盛服炫容不畏天下所笑何恥臣之一言乎初城陽王徽慕順才名偏相賞納而廣陽王

深通徽妻于氏大爲嬖隙及深自定州被徵入爲吏部尚書兼中領軍順爲詔書辭頗優美徽疑順爲深左右由是與徐紇間順於靈太后出順爲護軍將軍太常卿順奉辭於西遊園徽紇侍側順指謂靈太后曰此人魏之宰嚭魏國不滅終不死亡紇脅肩而出順因抗聲叱之曰一介刀筆小人正堪爲机案之吏寧應忝茲執戟虧我彝倫遂振衣而起靈太后嘿而不言時追論順父顧託之功增任城王彝邑二千戶又析彝邑五百以封順爲東阿縣公順疾徽等閒之遂爲蒼蠅賦屬疾在家杜絶慶弔後除吏部尚書兼右僕射與城陽王徽同日拜職舍人鄭儼於止車門外先謁徽後拜順順怒曰卿是佞人當拜佞王我是直人不受曲拜儼深懷謝順曰卿是高門子弟而爲北宮幸臣僕射李思沖尚與王洛誠同傳以此度之卿亦應繼其卷下見者爲之震動而順安然自得及上省登階向榻見榻甚故問都令史徐仵起仵起曰此榻曾經先王坐順卽哽塞涕泗交流久而不能言遂令換之時三公曹令史朱暉素事錄尚書高陽王雍雍欲以爲廷尉評頻煩託順順不爲用雍遂下命用之順投之於地雍聞之

大怒昧爽坐都聽召尚書及丞郎畢集欲待順至於衆挫之順曰高方至雍攘袂撫几而言曰身天子之子天子之弟天子之叔天子之相四海之內親尊莫二元順何人以身成命投棄於地順鬚鬢俱張仰面看屋憤氣奔湧長歔而不言久之搖一白羽扇徐而謂雍曰高祖遷宅中土創定九流官方清濁軌儀萬古而朱暉小人身爲省吏何合爲廷尉清官殿下既先皇同氣誠宜遵旨自有恆規而復踰之也雍曰身爲丞相錄尚書如何不得用一人爲官順曰庖人雖不理庖尸祝不越樽俎而代之未聞有別旨令殿下參選事順又厲聲曰殿下必如是順當依事奏聞雍遂笑而言曰豈可以朱暉小人便相忿恨遂起呼順入室與之極飲順之亢毅不撓皆此類也後兼左僕射尒朱榮之奉莊帝召百官悉至河陰素聞順數諫諍惜其亮直謂朱瑞曰可語元僕射但在省不須來順不達其旨聞害衣冠遂便出走爲陵戶鮮于康奴所害家徒四壁無物斂止有書數千卷而已門下通事令史王才達裂裳覆之莊帝還宮遣黃門侍郎山偉巡喻京邑偉臨順喪悲慟無已既還莊帝怪其聲散偉以狀對莊帝敕侍中

珍倣宋版印

元祉曰宗室喪亡非一不可周贍元僕射清苦之節死乃益彰特贈絹百匹餘不得爲例贈尙書令司徒公諡曰文烈初帝在藩順夢一段黑雲從西北直來觸東南上日月俱破復翳諸星天地盡闇俄而雲消霧散便有日出自西南隅甚明淨云長樂王日尋見莊帝從閶闔門入登太極殿唱萬歲者三百官咸加朝服謁帝唯順集書省步廊西槐樹下脫衣冠臥既寤告元暉業曰吾昨夜夢於我殊自不佳說夢因解之曰黑雲氣之惡者是北方之色終當必有北敵以亂京師害二宮殘毀百寮何者日君象也月后象也衆星百官象也以此言之京邑其當禍乎昔劉曜破晉室以爲髑髏臺前途之事得無此乎雖然彭城王緦有文德於天下今夢其兒爲天子積德必報此必然矣但恨其得之不久所以然者出自西南以時易年不過三載但恨我不見之何者我夢臥槐樹下槐字木傍鬼身與鬼并復解冠冕此寧不死乎然亡後乃得三公贈耳皆如其夢順撰帝錄二十卷詩賦表頌數十篇並多亡失長子朗時年十七枕戈潛伏積年乃手刃康奴以首祭順墓然後詣闕請罪朝廷嘉而不問朗位司徒屬天平

中爲奴所害贈尚書右僕射順弟紀字子綱隨孝武入關中位尚書左僕射華山郡王澄弟嵩字道岳孝文時位步兵校尉大司馬安定王休薨未及卒哭嵩便遊田帝聞而大怒詔曰嵩大司馬薨殂甫爾便以鷹鷂自娛有如父之痛無猶子之情捐心棄禮何其太速便可免官後兼武衛將軍孝文南伐齊將陳顯達率衆拒戰嵩身備三仗免冑直前勇冠三軍將士從之顯達奔潰帝大悅曰任城康王大有福德文武頓出其門以功賜爵高平縣侯初孝文之發洛也馮皇后以罪幽於宮內既平顯達回次穀唐原帝疾甚將賜后死曰使人不易可得顧謂任城王澄曰任城必不負我嵩亦當不負任城可使嵩也於是引嵩入內親詔遣之宣武卽位爲揚州刺史威名大振後幷妻穆氏爲蒼頭李太伯等所害諡曰剛侯第二子世儁頗有幹用而無行業襲爵孝莊時遷吏部尚書尒朱兆寇京師詔世儁以本官爲都督守河橋及兆至河世儁初無拒守意便隔岸遙拜遂將船五艘迎兆軍兆因得入京都破殘皆世儁之罪時論疾之尤爲尒朱世隆所昵孝武初改封武陽縣子世儁居選曹不能厲心多所受納爲中

尉彈糾坐免官孝靜時位尚書令世儁輕薄好去就與和中薨贈太尉諡曰躁戾

南安王楨皇興二年封孝文時累遷長安鎭都大將雍州刺史楨性忠謹其母疾篤憂毀異常遂有白雉遊其庭前帝聞其致感賜帛千匹以褒美之徵赴講武引見於皇信堂戒之曰公孝行著於私庭令聞彰於邦國旣國之懿親終無貧賤之慮所宜愼者略有三事一者恃親驕矜違禮僭度二者傲慢貪奢不恤政事三者飲酒遊逸不擇交友三者不去患禍將生而楨不能遵奉後乃聚斂肆情孝文以楨孝養聞名內外特加原恕削除封爵以庶人歸第禁錮終身以議定遷都復封南安王爲鎭北大將軍相州刺史帝餞楨於華林都亭詔並賦詩不能者並可聽射當使武士彎弓文人下筆帝送楨下階流涕而別太和二十年五月至鄴上日暴雨大風凍死者數十人楨又以旱祈雨于羣神鄴城有石季龍廟人奉祀之楨告神像云三日不雨當加鞭罰請雨不驗遂鞭像一百是月疽發背薨諡曰惠及恆州刺史穆泰謀反楨知而不告雖薨猶追奪爵封

國除子英性識聰敏善騎射解音律微曉醫術孝文時爲梁州刺史帝南伐爲
漢中別道都將後大駕臨鍾離英以大駕親動勢傾東南漢中有可乘之會表
求追討帝許之以功遷安南大將軍賜爵廣武伯宣武卽位拜吏部尚書以前
後軍功進爵常山侯尋詔英率衆南討大破梁曹景宗軍梁司州刺史蔡道恭
憂死三關戍棄城而走初孝文平漢陽英有戰功許復其封及爲陳顯達所敗
遂寢是役也宣武大悅乃復之改封中山王旣而梁入寇肥梁詔英率衆十萬
討之所在皆以便宜從事英表陳事機乃擊破陰陵斬梁將二十五人及虜首
五千餘級又頻破梁軍於梁城斬其支將四十二人殺獲及溺死者將五萬梁
中軍大將軍臨川王蕭宏尚書左僕射柳惔等大將五人沿淮東走凡收米四
十萬石英追奔至馬頭梁馬頭戍主委城遁走遂圍鍾離詔以師行已久命英
爲振旅之意英表期至二月將來三月之初理在必剋但自此月一日已來霖
雨連并可謂天違人願然王者行師舉動不易不可以少致睽淹便生異議願
聞朝廷特開遠略少復賜寬假以日月無使爲山之功中途而廢及四月水盛

破橋英及諸將狼狽奔退士衆沒者十有五六英至揚州遣使送節及衣冠貂蟬章綬詔以付典有司奏英經算失圖案劾處死詔恕死爲百姓後京兆王愉反復英王封除使持節假征東將軍都督冀州諸軍事英未發而冀州已平時郢州中從事督榮祖潛引梁軍以義陽應之三關之戍並據城降梁郢州刺史婁悅嬰城自守縣瓠人白早生等殺豫州刺史司馬悅據城南叛梁將齊苟兒率衆守縣瓠悅子尙華陽公主弁爲所劫詔英使持節都督南征諸軍事假征南將軍出自汝南帝以邢巒頻破早生詔英南赴義陽英以衆少累表請軍帝不許而英輒與邢巒分兵共攻縣瓠剋之乃引軍而南既次義陽將取三關英策之曰三關相須如左右手若剋一關而二關不待攻而定攻難不如攻易東關易攻宜須先取卽黃石公所謂戰如風發攻如河決也英恐其弁力於東乃使長史李華率五統向西關分其兵勢身督諸軍向東關果如英策凡禽其大將六人支將二十人卒七千米四十萬石軍資稱是還朝除尙書僕射薨贈司徒公諡獻武王英子熙字貞興好學俊爽有文才聲著於世然輕躁浮動英深

珍倣宋版印

慮非保家之主常欲廢之立第四子略略固請乃止累遷光祿勳時領軍于忠執政熙忠之壻也故歲中驟遷後授相州刺史熙以七月上其日大風寒雨凍死者二十餘人驢馬數十匹熙聞其祖父前事心惡之又有蛆生其庭初熙兄弟並爲清河王懌所昵及劉騰元叉隔絕二宮矯詔殺懌熙乃起兵討之熙起兵甫十日爲其長史柳元章別駕游荊魏郡太守李孝怡執熙置之高樓幷其子弟叉遣尚書左丞盧同斬之於鄴街傳首京師始熙妃于氏知熙必敗不從其謀自初哭泣不絕至於熙死熙既蕃王加有文學風氣甚高始鎮鄴知友才學之士袁翻李琰之李神儁王誦兄弟裴敬憲等咸餞於河梁賦詩告別及將死復與知故書恨志意不遂時人矜之又熙於任城王澄薨前夢有人告之曰任城當死死後二百日外君亦不免若其不信試看任城家熙夢中顧瞻任城第舍四面牆崩無遺堵焉熙惡之覺而以告所親及熙之死也果如所夢熙兄弟三人每從英征伐在軍貪暴或因迎降逐北至有斬殺無辜多增首級以爲功狀又于忠誣郭祚裴植也忠意未決害之由熙勸獎遂至極法世以爲寃及

熙之禍識者以爲有報應焉靈太后反政贈太尉公謚曰文莊王熙弟略字儁興位給事黃門侍郎熙敗略潛行自託舊識河內司馬始賓始賓便爲荻筏夜與略俱渡盟津詣上黨屯留縣栗法光家法光素敦信義忻而納之略舊識刁雙時爲西河太守略復歸之停止經年雙乃令從子昌送略潛遁江左梁武甚禮敬之封中山王宣城太守俄而徐州刺史元法僧據城南叛梁乃以略爲大都督令詣彭城接誘初附尋徵略與法僧同還略雖在江南自以家禍晨夜哭泣身若居喪又惡法僧爲人與法僧言未嘗一笑梁復除略衡州刺史未行會其豫章王綜以城歸國綜長史江革司馬祖暅將士五千人悉見禽虜明帝敕有司悉遣革等還南因以徵略梁乃備禮遣之明帝詔光祿大夫刁雙境首勞問除略侍中義陽王還達石人驛亭詔宗室親黨內外百官先相識者迎之近郊其司馬始賓除給事中領直候栗法光本縣令刁昌東平太守刁雙西兗州刺史略所經一食一宿處無不霑賞尋改封東平王後爲尚書令靈太后甚寵任之其見委信殆與元徽相埒於時天下多事軍國萬端略守常自保無他裨

益唯具臣而已尒朱榮略之姑夫略素所輕忽略又黨於鄭儼徐紇榮兼銜之
榮入洛也見害於河陰加贈太保司空公謚曰文貞英弟怡位鄴善鎮將在鎮
貪暴爲有司所糾逃免卒莊帝初以尒朱榮婦兄贈太尉扶風王子肅封魯郡
王肅弟曄字華興小字盆子性輕躁有膂力莊帝初封長廣王尒朱榮死世隆
等推曄爲主年號建明尋爲世隆廢節閔立封爲東海王孝武初被殺城陽王
長壽皇興二年封位沃野鎮都大將甚有威名薨謚康王子鸞襲鸞字宣明身
長八尺腰帶十圍以武藝稱頻爲北都大將孝文初除使持節征南大將軍與
安南將軍盧陽烏李佐攻赭陽不剋敗退降爲定襄縣王後以留守功還復本
封宣武時爲定州刺史鸞愛樂佛道繕起佛寺勸率百姓大爲土木之勞公私
費擾頗爲人患宣武聞之詔奪祿一周薨謚懷王子徽字顯順粗涉文史頗有
吏才宣武時襲封爲河內太守在郡清整有時譽明帝時爲幷州刺史先是州
界夏霜安業者少徽輒開倉振之文武咸共諫止徽曰昔汲長孺郡守耳尚輒
開倉救人災弊況我皇家親近受委大藩豈可拘法而不救人困也先給後奏

明帝嘉之加安北將軍汾州山胡舊多刦掠自徽爲郡羣胡自相戒勿得侵擾
隣州汾肆之人多來詣徽投訴願得口判除秦州刺史還都吏人泣涕攀車不
能自已徽車馬羸弊皆京來舊物見者莫不歎其清儉改授度支尚書兼吏部
尚書尋爲正徽以選舉法期在得人限以停年有乖舊體但行之日久難以頓
革以德同者盡年勞等者進德于時稱爲中平除侍中餘官如故徽表乞守一
官天下士子莫不歎息咸曰城陽離選貧者復何所希怨嗟之聲俄然上徹還
令兼吏部尚書累遷尚書令時靈太后專制朝綱頹褫徽既居寵任無所匡弼
與鄭儼之徒更相阿黨外似柔謹內多猜忌睚眦之忿必思報復識者疾之又
不能防閑其妻于氏遂與廣陽王深姦通及深受任軍府每有表啓論徽罪過
雖涉誣毀頗亦實焉莊帝踐阼拜司州牧尋除司徒仍領牧元顥之入洛徽從
莊帝北巡及車駕還宮以與謀之功除侍中大司馬太尉公加羽葆鼓吹增邑
通前二萬戶徽表辭官封前後屢上徽爲莊帝親待內懼尒朱榮等故有此辭
莊帝識其意聽其辭封不許讓官徽後妻莊帝舅女侍中李彧帝之姊壻徽性

佞媚善自取容挾內外之意宗室親寵莫與比焉遂與彧等勸帝圖榮莊帝亦
先有意榮死世隆等屯據不解除徽太保仍大司馬宗室錄尚書事總統內外
徽本意謂榮死後枝葉散亡及尒朱宗族聚結謀難徽算略無出憂怖而已性
多嫉妬不欲人居其前每入參謀議獨與帝決朝臣有上軍國籌策者並勸帝
不納乃云小賊何慮不除又惜財用於時有所賞錫咸出薄少或多而中減與
而復追莊帝雅自約狹尤亦徽所贊成太府少卿李苗徽司徒時司馬也徽待
之頗厚苗每致忠言徽多不採納苗謂人曰城陽本自蜂目而豺聲復將露也
及尒朱兆之入禁衞奔散莊帝步出雲龍門徽乘馬奔度帝頻呼之徽不顧而
去遂走山南至故吏寇彌宅彌外雖容納內不自安乃怖徽云官捕將至令其
避他所使人於路邀害送屍於尒朱兆孝武初贈使持節侍中太師錄尚書事
司州牧諡曰文獻子延襲爵齊受禪例降
章武王太洛皇興二年薨追贈征北大將軍章武郡王諡曰敬無子孝文初以
南安惠王第二子彬爲後彬字豹兒勇健有將用爲夏州刺史以貪惏削封後

除汾州刺史胡六百餘人保險謀反彬請兵二萬帝大怒曰必須大衆者則先斬刺史然後發兵彬奉詔大懼身先將士討胡平之卒贈散騎常侍子融字永興儀貌壯麗性通率有豪氣宣武初復先爵累遷河南尹融性尤貪欲恣情聚歛爲中尉糾彈削除官爵汾夏山胡叛逆連結正平平陽詔復融前封征東將軍持節都督以討之融寡於經略爲胡所敗後賊帥鮮于修禮寇暴瀛定二州長孫承業等討之失利除融車騎將軍爲前驅左軍都督與廣陽王深等共討修禮師度交津葛榮殺修禮而自立轉營至白牛邏輕騎擊融於陣見殺贈司空公尋以融死王事進贈司徒公加前後部鼓吹謚莊武子景哲襲景哲弟朗卽廢帝也

樂陵王胡兒和平四年薨追封樂陵王謚曰康無子獻文詔胡兒兄汝陰王天賜之第二子永全後之襲封後改名思譽孝文時爲鎮北大將軍穆泰陰謀不軌思譽知而不告削封爲庶人太和末復王封薨謚密王子景略襲位幽州刺史薨謚惠王

安定王休皇興二年封少聰敏爲外都大官斷獄有稱車駕南伐領大司馬孝文親行諸軍遇休以三盜人徇六軍將斬之有詔赦之休執曰不斬何以息盜詔曰王者之體亦時有非常之澤雖違軍法可特原之休乃奉詔帝謂司徒馮誕曰大司馬嚴而執法諸軍不可不慎於是六軍肅然定都洛邑休從駕幸鄴命休率從駕文武迎家于平城帝親餞休於漳水之北十八年休寢疾帝幸其第流涕問疾中使醫藥相望于路及薨至殯車駕三臨帝至其門改服褐衰素弁加絰皇太子百官皆從行弔禮謚曰靖王詔贈假黃鉞加羽葆鼓吹悉準三老尉元之儀帝親送出郭慟哭而返諸王恩禮莫比宣武世配饗廟庭次子燮襲拜太中大夫除華州刺史燮表曰謹惟州居李潤堡雖是少梁舊地晉芮錫壤然胡夷內附遂爲戎落𩦎以馮翊古城實惟西藩奧府面華渭包原澤井淺地平樵牧饒廣採材華陰陸運七十伐木龍門順流而下陪削舊雉功省力易丁不十錢之費人無八旬之勤損輕益重乞垂昭鑒遂詔曰一勞永逸便可聽移甍於州贈朔州刺史子超字化生襲時以胡國珍封安定公改封北平王後

復本封尒朱榮入洛避難見害超弟琰字伏寶大統中封宋安王薨謚曰懿子

景山

景山字寶岳少有器局幹略過人周閔帝時以軍功累遷開府儀同三司從武帝平齊以功拜大將軍平原郡公亳州總管法令明肅賊盜屏迹部內大清徵爲候正宣帝嗣位從上柱國韋孝寬經略淮南鄖州總管宇文亮反以輕兵襲孝寬寬爲亮所薄景山擊破之以功拜亳州總管隋文帝爲丞相尉遲迥作亂榮州刺史宇文胄與迥通謀陰以書諷景山景山執使封書詣相府進位上大將軍以軍功遷安州總管進柱國隋文帝受禪拜上柱國明年大舉伐陳以景山爲行軍元帥出漢口將濟江會陳宣帝殂有詔班師景山大著威名甚爲敵人所憚後數載坐事免卒于家贈梁州總管謚曰襄子成壽嗣成壽便弓馬爲秦王庫直大業中爲西平郡通守燮弟願平清狂無行宣武初爲給事中悖惡日甚殺人劫盜公私咸患帝以戚近不忍致之法免官禁之別館館名愁思堂冀其克念帝崩乃得出靈太后臨朝以其不悛還於別館依前禁錮久之離禁

還家付宗師嚴加誨獎後拜通直散騎常侍前將軍坐倮其妻王氏於其男女
前又強姦妻妹於妻母之側御史中尉侯剛案以不道處絞刑會赦免黜爲員
外常侍卒
論曰平陽諸子熙乃忠壯京兆之胤悰實有聲匡之謇亶有足稱矣當獻文將
禪可謂國之大節康王毅然廷諍德音孔昭一言興邦斯之謂歟文宣貞固俊
遠鬱爲宗傑身用累朝寧濟夷險社稷是任其梁棟之望乎順蹇諤俶儻有汲
黯之風不用於時橫招非命惜矣蒿有行陣之氣儁乃裂冠之徒南安原始要
終善不掩惡英將帥之用著聲於時熙略兄弟早播人譽或才疎志大或器狹
任廣咸不能就其功名俱至非命惜也康王不永鸞起家聲徽飾智矯情外詔
內忌永安之禍誰任其責宛其死也固其宜哉章武樂陵蓋不足數靖王聽斷
威重見稱於太和美矣

珍倣宋版印

北史卷十八考證

任城王雲傳康王㦥居喪以孝聞○監本缺康王㦥居四字今從魏書增入

賜衣一襲乘黃馬一匹以旌其能○魏書無黃字

不能辦此也○辦監本訛辨今改從魏書

哀慟左右○慟監本訛慟今改從魏書

皆爲青旄莫不酸泣○青旄魏書作潸然

南安王楨傳至鄴上日暴雨大風○至鄴上日魏書作至郡之治日

梁將齊苟兒率衆守縣瓠○兒一本作仁

後授相州刺史熙以七月上○上魏書亦作入治殆避治字而然也

哀翻李琰之李神儁○魏書無之字

綜長史江革司馬祖暅○革監本訛草今改正

徽爲莊帝親待內懼尒朱榮等○內懼尒朱榮等魏書作內懼榮寵

北史卷十八考證

北史卷十九

唐　李　延　壽　撰

列傳第七

文成五王　獻文六王　孝文六王

文成皇帝七男孝元皇后生獻文皇帝李夫人生安樂厲王長樂曹夫人生廣川莊王略沮渠夫人生齊郡順王簡乙夫人生河間孝王若悅夫人生安豐匡王猛玄夫人生韓哀王安平早薨無傳

安樂王長樂皇興四年封建昌王後改封安樂王長樂性凝重獻文器愛之承明元年拜太尉出爲定州刺史頻辱衣冠多不奉法百姓詣闕訟之孝文罰杖三十貪暴彌甚以罪徵詣京師後謀不軌事發賜死於家葬以王禮謚曰厲子詮字搜賢襲宣武初爲涼州刺史在州貪穢政以賄成後除定州刺史及京兆王愉之反詐言國變在北州鎮咸疑朝廷有釁遣使覘詮動靜詮具以狀告州鎮帖然愉奔信都詮以李平高殖等四面攻燒愉突門而出尋除侍中兼以首

告之功除尚書左僕射薨諡曰武康子鑒字長文襲後除相州刺史北討大都
督討葛榮仍兼尚書左僕射北道行臺尚書令與都督裴衍共攻信都鑒既庸
才見天下多事遂謀反降附葛榮都督源子邕與裴衍合圍鑒斬首傳洛詔改
姓元氏莊帝初許復本族又特復鑒王爵贈司空鑒弟斌之字子爽性險無行
及與鑒反敗遂奔葛榮榮滅得還孝武帝時封頴川郡王委以腹心之任帝入
關斌之奔梁大統二年還長安位尚書令薨贈太尉諡武襄
廣川王略延興二年封位中都大官性明敏鞫獄稱平太和四年薨諡曰莊子
諧字仲和襲十九年薨詔曰古者大臣之喪有三臨之禮此蓋三公已上自漢
已降多無此禮庶仰遵古典哀感從情雖以尊降伏私痛寧爽欲令親王有期
親者爲之三臨大功親者爲之再臨小功緦麻爲之一臨廣川王於朕大功必
欲再臨者欲於大斂日親臨盡哀成服之後緦衰而弔既殯之緦麻理在無疑
大斂之臨當否何如爲須撫柩於始喪爲應盡哀於闔柩黃門侍郎崔光宋弁
通直常侍劉芳典命下大夫李元凱中書侍郎高聰等議曰三臨之事乃自古

禮爰及漢魏行之者稀陛下方遵前軌臣等以爲若期親三臨大功宜再始喪之初哀之至極旣以情降宜從始喪大斂之臨伏如聖旨詔曰魏晉已來親臨多闕至於戚臣必於東堂哭之頃大司馬安定王薨朕旣臨之後受慰東堂今日之事應更哭不光等議曰東堂之哭蓋以不臨之故今陛下躬親撫視羣臣從駕臣等議以爲不宜復哭詔曰若大司馬戚尊位重必哭於東堂而廣川旣是諸王之子又年位尙幼卿等議之朕無異焉諧將大斂帝素委貌深衣哭之入室哀慟撫尸而出有司奏廣川王妃薨於代京未審以新尊從於卑舊爲宜卑舊來就新尊詔曰遷洛之人自兹厥後悉可歸骸芒嶺皆不得就塋恆代其有夫先葬北婦今喪在南婦人從夫宜還代葬若欲移父就母亦得任之其有妻墳於恆代夫死於洛不得以尊就卑欲移母就父宜亦從之若異葬亦從之若不在葬限身在代喪葬之彼此皆得任之其戶屬恆燕身官京洛去留之宜亦從所擇其屬諸州者各得任意詔贈諧武衞將軍謚曰剛及葬帝親臨送之子靈道襲卒謚悼王

齊郡王簡字叔亮太和五年封位中都大官簡母沮渠牧犍女也簡性貌特類
外祖後爲內都大官孝文嘗與簡俱朝文明太后皇信堂簡居帝之右行家人
禮遷太保孝文仁孝以諸父零落存者唯簡每見立以待之俟坐致敬問起居
停簡拜伏簡性好酒不能理公私之事妻常氏燕郡公喜女也文明太后以賜
簡幹綜家事頗節簡酒乃至盜竊求乞婢侍卒不能禁薨時孝文不豫詔曰叔
父薨背痛慕摧絕不自勝任但虛頓牀枕未堪奉赴當力疾發哀諡曰靈王宣
武時改諡曰順子祐字伯授母常氏孝文以納不以禮不許其爲妃宣武以母
從子貴詔特拜爲齊國太妃祐位涇州刺史薨諡曰敬
河間王若字叔儒未封而薨追封河間諡曰孝詔京兆康王子太安爲後太安
於若爲從弟非相後之義廢之以齊郡王子琛繼琛字曇寶幼敏慧孝文愛之
宣武時拜定州刺史琛妃宣武舅女高皇后妹琛憑恃內外在州貪惏及還朝
靈太后詔曰琛在定州唯不將中山宮來自餘無所不致何可敘用由是廢于
家琛以明帝始學獻金字孝經又無方自達乃與劉騰爲養息賂騰金寶巨萬

珍做宋版印

計騰爲言乃得兼都官尚書出爲秦州刺史在州聚斂百姓吁嗟東益南秦二州氐反詔琛爲行臺仍充都督還攝州事旣總軍省求欲無厭進討氐羌大被摧破內恃劉騰無所畏憚爲中尉彈糾會赦除名尋復王爵後討鮮于脩禮敗免官爵後討汾晉胡蜀卒於軍追復王爵

安豐王猛字季烈太和五年封加侍中出爲鎮都大將營州刺史猛寬仁雄毅甚有威略戎夷畏愛之薨于州贈太尉謚曰匡子延明襲宣武時授太中大夫延昌初歲大饑延明乃減家財以拯賓客數十人幷贍其家至明帝初爲豫州刺史甚有政績累遷給事黃門侍郎延明旣博極羣書兼有文藻鳩集圖籍萬有餘卷性清儉不營產業與中山王熙及弟臨淮王彧等並以文學令望有名於世雖風流造次不及熙彧而稽古淳篤過之遷侍中詔與侍中崔光撰定服制後兼尚書右僕射以延明博識多聞敕監金石事及元法僧反詔爲東道行臺徐州大都督節度諸軍事與都督臨淮王彧尚書李憲等討法僧梁遣其豫章王綜鎮徐州延明先牧徐方甚得人譽招懷舊士遠近歸之綜旣降延明因

以軍乘之復東南之境至宿豫而還遷都督徐州刺史頻經師旅人物彫弊延
明招攜新故人悉安業百姓咸附莊帝時兼大司馬元顥入洛延明受顥委寄
顥敗奔梁死於江南莊帝末喪還孝武初贈太保王如故謚曰文宣所著詩賦
讚頌銘誄三百餘篇又撰五經宗略詩禮別義注帝王世紀及列仙傳又以河
間人信都芳工算圖又集器準九篇別爲之注皆行於世矣孫長孫儒孝靜時
襲祖爵
獻文皇帝七男思皇后生孝文皇帝封昭儀生咸陽王禧韓貴人生趙郡靈王
幹高陽文穆王雍孟椒房生廣陵慧王羽潘貴人生彭城武宣王勰高椒房生
北海王詳
咸陽王禧字思永太和九年封加侍中驃騎大將軍中都大官文明太后令皇
子皇孫於靜所別置學選忠信博聞之士爲之師傅以匠成之孝文以諸弟典
三都職謂禧曰弟等皆幼年任重三都折獄特宜用心夫未能操刀而使劙錦
非傷錦之尤寔授刀之責文明太后亦致誠勗出爲使持節開府冀州刺史孝

文餞於南郊又以濟陽王鬱枉法賜死之事遣告禧因以誡之後禧朝京師詔以廷尉卿李沖爲禧師時王國舍人應取八族及清脩之門禧取任城王隸戶爲之深爲帝責帝以諸王婚多猥濫於是爲禧娉故潁川太守隴西李輔女河南王幹娉故中散代郡穆明樂女廣陵王羽娉驃騎諮議參軍滎陽鄭平城女潁川王雍娉故中書博士范陽盧神寶女始平王勰娉廷尉卿隴西李沖女北海王詳娉吏部郎中滎陽鄭懿女有司奏冀州人蘇僧瓘等三千人稱禧清明有惠政請世胙冀州詔曰畫野由君理非下請入除司州牧詔以禧元弟之重食邑三千戶自餘五王皆邑食二千孝文引見朝臣詔斷北語一從正音禧贊成其事於是詔年三十已上習性已久容或不可卒革三十已下見在朝廷之人語音不聽仍舊若有故爲當降爵黜官若仍舊俗恐數世之後伊洛之下復成被髮之人朕嘗與李沖論此沖言四方之語竟知誰是帝者言之卽爲正矣何必改舊從新沖之此言應合死罪乃謂沖曰卿實負社稷沖免冠陳謝又責留京之官曰昨望見婦女之服仍爲夾領小袖何爲而違前詔禧對曰陛下聖

過堯舜光化中原舛違之罪實合處刑孝文曰若朕言非卿等當奮臂廷論如何入則順旨退有不從昔舜語禹汝無面從退有後言卿等之謂乎尋以禧長兼太尉公後帝幸禧第謂司空穆亮僕射李冲曰元弟禧戚連皇極且長兼太尉以和飪鼎朕恆恐君有空授之名臣貽彼己之刺今幸其宅徒屈二賓良以爲愧帝篤於兄弟以禧次長禮遇優隆然亦知其性貪每加切誡而終不改操後加侍中正太尉及帝崩禧受遺輔政雖爲宰輔之首而潛受賄賂姬妾數十意尚未已猶欲遠有簡娉以恣其情宣武頗惡之景明二年春召禧等入光極殿詔曰恪比纏尫疾實憑諸父今便親攝百揆且還府司當別處分尋詔進位太保領太尉帝既覽政禧意不安遂與其妃兄兼給事黃門侍郎李伯尚謀反帝時幸小平津禧在城西小宅初欲勒兵直入金墉衆懷沮異禧心因緩自旦達晡計不能決遂約不洩而散直寢符承祖薛魏孫與禧將害帝是日帝息於芒山止浮圖陰下少時睡臥魏孫便欲赴廷承祖私言於魏孫曰吾聞殺天子者身當癩魏孫且止帝尋覺悟俄有武興王楊集始出便馳告而禧意不疑乃

珍倣宋版印

與臣妾向洪池別墅遣其齋帥劉小苟奉啓云檢行田牧小苟至芒嶺已逢軍人怪小苟赤衣將欲殺害小苟言欲告反乃緩之禧是夜宿於洪池不知事露其夜將士所在追禧禧自洪池東南走左右從禧者唯兼防閤尹龍武禧憂迫謂曰試作一謎當思解之以釋毒悶龍武欻憶舊謎云眠則同眠起則同起貪如豺狼贓不入己都不有心於規刺也禧亦不以爲諷己因解之曰此是眼也而龍武謂之是箸渡洛水至柏塢顧謂龍武曰汝可勉心作與太尉公同死計龍武曰若與殿下同命雖死猶生俄而禧被禽送華林都亭著千斤鎖格龍武羽林掌衞之時熱甚禧渴悶垂死敕斷水漿侍中崔光令左右送酪漿升餘禧一飲而盡初孝文觀台宿有逆謀氣言於禧曰玄象變汝終爲逆謀會無所成但受惡而已至此果如言禧臨盡畏迫喪志乃與諸妹公主等訣言及一二愛妾公主哭且罵之言坐多取此婢輩貪逐財物致今日之事何復囑問此等禧愧而無言遂賜死私第絕其諸子屬籍禧之諸女微給資產奴婢自餘家財悉以賚高肇趙脩二家其餘賜內外百官逮于流外多百匹下至十匹其積聚若

此其宮人爲之歌曰可憐咸陽王奈何作事誤金床玉几不能眠夜蹋霜與露
洛水湛湛彌岸長行人那得度其歌遂流至江表北人之在南者雖富貴聞弦
管奏之莫不灑泣禧八子長子通字曇和竊入河內太守陸琇家初與通情既
聞禧敗乃殺之通弟翼字仲和後會赦詣闕上書求葬父不許乃與二弟昌曄
奔梁正光中詔咸陽京兆二王諸子並聽附屬籍後復禧王爵葬以王禮詔曄
弟坦襲翼與昌申屠氏出曄李妃所出也翼容貌魁壯風制可觀梁武甚重之
封爲咸陽王翼讓其嫡弟曄梁武不許後爲青冀二州刺史鎭郁州翼謀舉州
入國爲梁武所殺翼弟樹字秀和一家獨立美姿貌善吐納兼有將略位宗正
卿後亦奔梁梁武尤器之封爲魏郡王後改封鄴王數爲將領窺覦邊服尒朱
榮之害百官也樹時爲郢州刺史請討榮梁武資其士馬侵擾境上孝武初御
史中尉樊子鵠爲行臺率徐州刺史杜德舍人李昭等討之樹城守不下子鵠
使金紫光祿大夫張安期說之樹請委城還南子鵠許之殺白馬爲盟樹恃誓
不爲戰備與杜德別還南德不許送洛陽置在景明寺樹年十五奔南未及富

貴每見嵩山雲向南未嘗不引領歔欷初發梁覩其愛姝玉兒以金指環與別
樹常著之寄以還梁表必還之意朝廷知之俄而賜死未幾杜德忽得狂病云
元樹打我不已至死此驚不絕舍人李昭尋奉使向秦州至潼關驛夜夢樹云
我已訴天帝待卿至隴終不相放昭覺惡之及至隴口爲賀拔岳所殺子鵠尋
爲達野拔所殺孝靜時其子貞自建業求隨聘使崔長謙赴鄴葬樹梁武許之
詔贈樹太師司徒尚書令貞旣葬還江南位太子舍人及侯景南奔梁武以貞
爲咸陽王送景使爲魏主未幾景反曄字世茂梁封爲桑乾王卒於南坦一名
穆字延和傲佷凶麤因飲醉之際於洛橋左右頓辱行人爲道路所患從叔安
豐王延明每切責之曰汝兇悖性與身而長昔宋有東海王褘志性凡劣時人
號曰驢王我熟觀汝所作亦恐不免驢號當時聞者號爲驢王禧誅後坦兄翼
樹等五人相繼南奔故坦得承襲改封敷城王永安初復本封咸陽郡王累遷
侍中莊帝從容謂曰王才非荀蔡中歲屢遷當由少長朕家故有超授初禧死
後諸子貧乏坦兄弟爲彭城王勰所收養故有此言孝武初其兄樹見禽坦見

樹既長且賢慮其代己密勸朝廷以法除之樹知之泣謂坦曰我往因家難不能死亡寄食江湖受其爵命今者之來非由義至求活而已豈望榮華汝何肆其猜忌忘在原之義腰背雖偉善無可稱坦作色而去樹死竟不臨哭後歷司徒太尉太傅加侍中太師錄尚書事宗師司州牧雖祿厚位尊貪求滋甚賣獄鬻官不知紀極爲御史劾奏免官以王歸第尋起爲特進出爲冀州刺史專復聚斂每百姓納賦除常別先責絹五匹然後爲受性好畋漁無日不出秋冬獵雉兔春夏捕魚蟹鷹犬常數百頭自言寧三日不食不能一日不獵入爲太傅齊天保初準例降爵封新豐縣公除特進開府儀同三司坐子世寶與通直散騎侍郎彭貴平因酒醉誹謗妄說圖讖有司奏當死詔並宥之坦配北營州死配所

趙郡王幹字思直太和九年封河南王位大將軍孝文篤愛諸弟以幹總戎別道誡之曰司空穆亮年器可師散騎常侍盧陽烏才堪詢訪汝其師之還洛改封趙郡王除都督冀州刺史帝親餞於郊誡曰刑獄之理先哲所難然既有邦

國得不自勵也詔以李憑爲長史唐茂爲司馬盧尙之爲諮議參軍以匡弼之而憑等諫幹殊不納州表斬盜馬人於律過重而尙書以幹初臨縱而不劾詔曰尙書曲阿朕意實傷皇度幹闇於政理律外重刑並可推聞後轉特進司州牧車駕南討詔幹都督中外諸軍事給鼓吹一部甲士三百人出入殿門幹貪淫不遵政典御史中尉李彪將糾劾之會遇幹於尙書下舍屏左右誡之而幹悠然不以爲意彪表彈之詔幹與北海王詳俱隨太子詣行在所及至密使左右察其意色無有憂悔乃親數其過杖之一百免所居官以王還第薨諡曰靈王陪葬長陵子謐襲封幹妃穆氏表謐及謐母趙等悖禮僭常詔曰妾於女君猶婦人事姑舅妾子於君母禮加如子之恭何得黷我風猷可付宗正依禮正罪謐在母喪聽聲飲戲爲御史中尉李平所彈遇赦復封後爲岐州刺史謐性暴虐明帝初臺使元延到其州界以驛邏無兵攝帥檢覈隊主高保願列言所有之兵王皆私役謐聞大怒鞭保願等五人各二百數日間謐召近州人夫閉四門內外嚴固搜掩城人楚掠備至又無事而斬六人合城兇懼衆遂大呼屯

門謚怖登樓毀梯以自固士人散走城人分守四門靈太后遣游擊將軍王竫馳驛喻之城人既見竫至開門謝罪乃罷謚州除大司農卿遷幽州刺史謚妃胡氏靈太后從女也未發坐毆其妃免官後除都官尚書車駕出拜圜丘謚與妃乘赤馬犯鹵簿爲御史所彈靈太后特不問薨高陽王雍幹之母弟啓論謚贈假侍中司州牧謚貞景謚兄諶字興伯性平和位都官尚書尒朱榮之入洛陽啓莊帝欲遷都晉陽帝以問諶爭之以爲不可榮怒曰何關君而固執也且河陰之役君應之諶曰天下事天下論之何以河陰之酷而恐元諶宗室戚屬位居常伯生既無益死復何損正使今日碎首流腸亦無所懼榮大怒欲罪諶其從弟世隆固諫乃止見者莫不震悚諶顏色自若後數日帝與榮見宮闕壯麗列樹成行乃歎曰臣一昨愚志有還京之意今見皇居壯觀亦何用去河洛而就晉陽臣熟思元尚書言深不可奪是以還都議因罷永安元年拜尚書左僕射封魏郡王諶本年長應襲王封爲其父靈王愛其弟謚以爲世子莊帝詔復諶封趙郡王歷位司空太保太尉錄尚書事孝靜初拜大司馬薨謚孝懿諶

珍倣宋版印

無他才識歷位雖重時人忽之謚曰恭弟譚頗強立少爲宗室推敬卒於秦州刺史
譚弟讞貪暴無禮位大中大夫封平鄉男河陰遇害
廣陵王羽字叔翻太和九年封加侍中爲外都大官羽少聰慧有斷獄之稱後
罷三都以羽爲大理典決京師獄訟遷特進尚書右僕射又爲太子太保錄尚
書事孝文將南討遣羽持節安撫六鎮發其突騎夷夏寧悅還領廷尉卿及車
駕發羽與太尉元丕留守帝友愛諸弟及將別不忍早分詔羽從至雁門及令
羽歸望其稱効故賜如意以表心十八年羽表辭廷尉不許羽奏外考令文每
歲終州鎮列牧守績狀及至再考隨其品第以彰黜陟雖外有成令而內令未
班內外考察理應同等臣輒推準外考以定京官績行詔曰論考之事理在不
輕問績之方應關朕聽輒爾輕發殊爲躁也今始維夏且待至秋後孝文臨朝
堂考羣臣顧謂羽曰上下二等可爲三品中等但爲一品所以然者上下是黜
陟之科故旌絲髮之美中等守本事可大通帝又謂羽曰汝功勤之績不聞於
朝阿黨之音頻干朕聽今黜汝錄尚書廷尉但居特進太保又謂尚書令陸叡

曰叔翻在省之初甚著善稱自近以來偏頗懈怠豈不由卿等隨其邪僞之心
今奪卿尙書令祿一周謂左僕射元贊曰計叔翻之黜卿應大辟但以咎歸一
人不復相罪令解卿少師之任削祿一周詔吏部尙書澄曰觀叔父神志驕慠
可解少保又謂長兼尙書于果曰卿不能勤謹夙夜數辭以疾今解卿長兼可
光祿大夫守尙書削祿一周又謂守尙書尉羽曰卿恭勤在集書殊無憂存左
史之事今降爲長兼常侍亦削祿一周又謂守尙書盧陽烏曰卿在集書雖非
高功爲一省文學之士常不以左史在意今降卿長兼王師守常侍尙書如故
奪常侍祿一周謂左丞公孫良右丞乞伏義受曰卿等不能正心直言罪應大
辟但以事鍾叔翻故不能別致貶二丞可以白衣守本官冠服祿恤盡皆削奪
若三年有成還復本任如其無成則永歸南畝謂散騎常侍元景曰卿等自任
集書合省逋墮致使王言遺滯起居不脩今降爲中大夫守常侍奪祿一周又
謂諫議大夫李彥卿實不稱職可去諫議退爲元士又謂中庶子游肇及中書
舍人李平識學可觀可爲中第初孝文引陸叡元贊等前曰朕爲天子何假中

原欲令卿等子孫博見多知若永居恆北遇不好文主卿等子弟不免面牆也陸叡對曰實如明詔金氏若不入仕漢朝七葉知名亦不可得也帝大悅帝幸羽第與諸弟言曰朕親受人訟知廣陵之明了咸陽王禧曰臣年爲廣陵兄明爲廣陵弟帝曰我爲汝兄汝爲羽昆汝復何恨車駕南伐除開府青州刺史詔羽曰海服之寄故唯宗良唯酒唯田可不誡歟宣武卽位遷司州牧及帝覽政引入內面授司徒請爲司空乃許之羽先淫員外郎馮俊與妻夜私遊爲俊與所擊積日祕匿薨於府宣武親臨哀贈司徒諡曰慧子恭襲是爲節閔帝恭兄欣字慶樂性麤率好鷹犬孝莊初封沛郡王後封淮陽王孝武時加太師開府復封廣陵王太傅司州牧尋除大司馬孝武入關中欣投託人使達長安爲太傅錄尚書事欣於中興宗室禮遇最隆自廣平諸王悉居其下又爲大宗師進大冢宰中軍大都督大統中爲柱國大將軍太傅文帝謂欣曰王三爲太傅再爲太師自古人臣未聞此例欣遜謝而已後拜司徒恭帝初遷大丞相薨諡曰容欣好營產業多所樹藝京師名果皆出其園所汲引及僚佐咸非長者爲世

所鄙
高陽王雍字思穆少倜儻不恆孝文曰吾亦未能測此兒之深淺然觀其任真率素或年器晚成太和九年封潁川王或說雍待士以營聲譽雍曰吾天子之子位爲諸王用聲名何爲改封高陽後爲相州刺史帝誡曰爲牧之道亦易亦難其身正不令而行故便是易其身不正雖令不從故曰是難宣武初遷冀州刺史雍在二州微有聲稱入拜司州牧帝時幸雍第皆盡家人禮遷司空轉太尉加侍中尋除太保領太尉侍中如故明帝初詔雍入居太極西柏堂諮決大政給親信二十人又詔雍爲宗師進太傅侍中領太尉公別敕將作營國子學寺給雍居之領軍于忠擅權專恣僕射郭祚勸雍出之忠矯詔殺祚及尚書裴植廢雍以王歸第朝有大事使黃門就諮訪之忠尋復矯詔將殺雍以問侍中崔光拒之乃止未幾靈太后臨朝出忠爲冀州刺史雍表暴忠罪陳己不能匡正請返私門靈太后感忠保護之勳不問其罪除雍侍中太師領司州牧雍表請王公已下賤妾悉不聽用織成錦繡金玉珠璣違者以違旨論奴婢悉不得

衣綾錦纈止於縵繒而已奴則布服並不得以金銀爲釵帶犯者鞭一百太后從之而不能久也詔雍乘步挽出入掖門又以本官錄尚書事朝晡侍講明帝覽政詔雍乘車出入大司馬門進位丞相又詔依齊郡順王簡太和故事朝訖引坐特優拜伏之禮總攝內外與元叉同決庶政歲祿粟至四萬石伎侍盈房榮貴之盛昆弟莫及元妃盧氏薨後更納博陵崔顯妹欲以爲妃宣武初以崔顯世號東崔地寒望劣難之久乃聽許延昌已後踈棄崔氏別房幽禁僅給衣食而已未幾崔暴薨多云雍歐殺也靈太后許賜其女伎未及送之雍遺其閹豎丁鵝自至宮內料簡四人冒以還第太后責其專擅追停之孝莊初於河陰遇害贈假黃鉞相國謚文穆雍識懷短淺又無學業雖位居朝首不爲時情所推自熙平以後朝政褫落及清河王懌之死元叉專政天下大責歸焉嫡子泰字昌頗有時譽位太常卿與雍同時遇害贈太尉公高陽王謚曰文孝斌襲斌字善集歷位侍中尚書左僕射斌美儀貌性寬和居官重愼頗爲齊文襄愛賞齊天保初準例降爵爲高陽縣公拜右光祿大夫二年從文宣討契丹還至白

狼河以罪賜死
彭城王勰字彥和少而岐嶷姿性不羣太和九年封始平王加侍中勰生而母潘氏卒其年獻文崩及有所知啓求追服文明太后不許乃毀容憔悴心喪三年不參吉慶孝文大奇之敏而耽學雅好屬文長直禁內參決軍國大政萬機之事無不預焉及車駕南伐領宗子軍宿衛左右轉中書令侍中如故改封彭城王帝升金墉城顧見堂後桐竹曰鳳皇非梧桐不栖非竹實不食今梧竹並茂詎能降鳳乎勰曰鳳皇應德而來豈桐竹能降帝笑曰朕亦未望降之後宴侍臣於清徽堂日晏移於流化池芳林下帝仰觀桐葉之茂曰其桐其椅其實離離愷悌君子莫不令儀令林下諸賢足敷歌詠遂令黃門侍郎崔光讀暮春羣臣應制詩至勰詩帝乃為改一字曰昔祁奚舉子天下謂之至公今見勰詩始知中令之舉非私也勰曰臣露此拙方見聖朝之私賴蒙神筆賜刊得有令譽帝曰雖琱琢一字猶是玉之本體勰曰詩三百一言可蔽今陛下賜刊一字足以價等連城勰表解侍中詔曰蟬貂之美待汝而光人乏之秋何容方退後

從幸代都次于上黨之銅鞮山路傍有大松樹十數根時帝進繖遂住而賦詩令示勰曰吾作詩雖不七步亦不言遠汝可作之比至吾間令就也時勰去帝十步遂且行且作未至帝所而就詩曰問松林松林經幾冬山川何如昔風雲與古同帝大笑曰汝此亦調責吾耳詔贈勰所生母潘氏爲彭城國太妃又除中書監侍中如故帝南討漢陽假勰中軍大將軍加鼓吹一部勰以寵授頻煩乃面陳曰臣聞兼親疏而兩並異同而建此既成文於昔臣願誦之於後陳思求而不允愚臣不請而得豈但今古云殊遇否大異帝大笑執勰手曰二曹才名相忌吾與汝以道德相親緣此而言無慙前烈帝親講喪服於清徽堂從容謂羣臣曰彥和季豫等年在沖蒙早登纓紱失過庭之訓並未習禮每欲令我一解喪服自審義解浮疎抑而不許頃因酒醉坐脫爾言從故屈朝彥遂親傳說御史中尉李彪對曰自古及今未有天子講禮臣得親承音旨千載一時從征沔北除使持節都督南征諸軍事正中軍大將軍開府勰於是親勒大衆須臾有二大鳥從南來一向行宮一向幕府各爲人所獲勰言於帝曰始有一鳥

望旗顛仆臣謂大吉帝戲之曰鳥之畏威豈獨中軍之略也吾亦分其一耳此
乃大善兵法咸說至明便大破崔慧景蕭衍其夜大雨帝曰昔聞國軍獲勝每
逢雲雨今破新野南陽及摧此賊果降時潤誠哉斯言勰對曰水德之應遠稱
天心帝令勰爲露布辭曰臣聞露布者布於四海露之耳目以臣小才豈足大
用帝曰汝亦爲才達但可爲之及就尤類帝文有人見者咸謂御筆帝曰汝所
爲者人謂吾製非兄則弟誰能辨之勰對曰子夏被嗤於先聖臣又荷責於來
今及至豫州帝爲家人書於勰曰每欲立一宗師肅我元族汝親則宸極官乃
中監風標才器實足軌範宗制之重捨汝誰寄有不遵教典隨事以聞帝不豫
勰內侍醫藥外總軍國之務遐邇肅然人無異議徐謇當世上醫先是假歸洛
陽及召至勰引之別所泣涕執手祈請懇至左右見者莫不嗚咽及引入謇便
欲進藥勰以帝神力虛弱唯令以食味消息勰乃密爲壇於汝水濱依周公故
事告天地及獻文爲帝請命乞以身代帝瘳損自懸瓠幸鄴勰常侍坐輿輦晝
夜不離其側飲食必先嘗之而後手自進御車駕還京會百寮於宣極堂行飲

珍倣宋版印

至策勳之禮以𢟍功爲羣將之最尋以𢟍爲司徒太子太傅侍中如故俄而齊將陳顯達內寇帝復親討之詔𢟍持節都督中外諸軍事總攝六師時帝不豫𢟍辭侍疾無暇更請一王總當軍要帝曰吾慮不濟安六軍保社稷者捨汝而誰帝至馬圈疾甚謂𢟍曰今吾當成不濟霍子孟以異姓受付況親賢不可不勉也𢟍泣曰士於布衣猶爲知己盡命況臣託靈先皇誠應竭股肱之力但臣出入喉膂每跨時要此乃周旦遁逃成王疑惑臣非所以辭勤請免正欲仰成陛下日鏡之明下令愚臣獲避退之福帝久之曰吾尋思汝言理實難奪乃手詔宣武曰汝第六父𢟍清規懋賞與白雲俱潔厭榮捨紱以松竹爲心吾少與綢繆提攜道趣每請朝纓恬真丘壑吾以長兄之重未忍離遠何容仍屈素業長嬰世網吾百年之後其聽𢟍辭蟬捨冕遂其冲挹之性也帝崩于行宮遏祕喪事獨與右僕射任城王澄及左右數人爲計奉還於安車中𢟍等出入如平常視疾進膳可決外奏累日達宛城乃夜進安車於郡廳事得加斂櫬還載臥輿六軍內外莫有知者遣中書舍人張儒奉詔徵宣武會駕梓宮至魯陽乃發

喪行服宣武即位勰跪受遺敕數紙咸陽王禧疑勰爲變停於魯陽郡外久之乃入謂勰曰汝非但辛勤亦危險至極勰恨之對曰兄識高年長故知有夷險彥和握蛇騎武不覺艱難禧曰汝恨吾後至耳自孝文不豫勰常居中親侍醫藥夙夜不離左右至于衣不解帶亂首垢面帝患久多忿因之遷怒勰每被誚詈言至厲切威責近侍動將誅斬勰承顏悉心多所匡濟及帝昇遐齊將陳顯達奔遁始爾慮凶問泄漏致有逼迫勰內雖悲慟外示含容出入俯仰神貌無異及至魯陽東宮官屬多疑勰有異志竊懷防懼而勰推誠盡禮卒無纖芥之過勰上諡議協時肇享曰孝五宗安之曰孝道德博聞曰文經緯天地曰文上尊號爲孝文皇帝廟號高祖陵曰長陵帝從之旣葬帝固以勰爲宰輔勰頻口陳遺旨請遂素懷帝對勰悲慟每不許之頻表懇切帝難違遺敕遂其雅情猶逼以外任乃以勰爲都督定州刺史勰仍陳讓帝不許乃述職帝與勰書極家人敬請勰入京景明初齊豫州刺史裴叔業以壽春內屬詔勰都督南征諸軍事與尚書令王肅迎接壽春復授司徒又詔以本官領揚州刺史進位大司馬

領司徒齊將陳伯之屯於肥口胡松又據梁城勰部分將士頻戰破之淮南平
徵勰還朝初勰之定壽春獲齊汝陰太守王果豫州中從事庾稷等數人勰傾
衿禮之常參坐席果承間求還江外勰矜而許之果又謝曰果等今還仰負慈
澤請聽仁駕振旅反跡江外至此乃還其爲遠人所懷如此勰至京師頻表辭
大司馬領司徒及所增邑乞還中山有詔不許乃除錄尚書侍中司徒如故固
辭不免時咸陽王禧以驕矜頗有不法北海王詳陰言於帝又言勰大得人情
不宜久在宰輔勸帝遵遺敕禧等又出領軍于烈爲恆州烈深以爲忿烈子忠
常在左右密令忠言於帝宜早自覽政時將礿祭王公並齋於廟東坊帝遣于
烈將壯士六十人召禧勰詳等引見帝謂勰曰頃來南北務殷不容仰遂沖操
恪是何人而敢久違先敕今遂叔父高蹈之意詔乃爲勰造宅務從簡素以遂
其心勰因是作蠅賦以喻懷又以勰爲太師勰遂固辭詔侍中敦喻帝又爲書
於勰崇家人之敬勰不得已而應命帝前後頻幸勰第及京兆廣平王暴虐不
法制宿衞隊主率羽林武賁幽守諸王於其第勰上表切諫帝不納時議定律

令勰與高陽王雍八坐朝士有才學者五日一集參論軌制應否之宜凡所裁決時彥歸仰又加侍中勰敦尚文史撰自古帝王賢達至於魏世子孫族從爲三十卷名曰要略性仁孝言於朝廷以其舅潘僧固爲長樂太守京兆王愉構逆僧固見逼尚書令高肇性旣兇愎又肇兄女入爲夫人順皇后崩帝欲以爲后勰固執以爲不可肇於是屢譖勰因僧固之同愉逆肇誣勰與愉通南招蠻賊勰國郎中令魏偃前防閤高祖珍希肇提攜構成事肇初令侍中元暉以奏暉不從又令左衛元珍言之帝訪暉明勰無此帝更以問肇肇以魏偃祖珍爲證乃信之永平元年九月召勰及高陽王雍廣陽王嘉清河王懌廣平王懷及高肇等入時勰妃方產固辭不得已意甚憂懼與妃訣而登車入東掖門度一小橋牛傷人挽而入宴於禁中夜皆醉各就別所消息俄而元珍將武士齎毒酒至勰曰一見至尊死無恨也珍曰至尊何可復見武士以刀環築勰三下勰大言稱寃武士又以刀築勰乃飲毒酒武士就殺之向晨以褥裹屍輿從屏門出載屍歸第云因飲而薨勰妃李氏司空沖之女也號哭曰高肇枉理殺人天

珍倣宋版印

道有靈汝還當惡死及肇以罪見殺還於此屋論者知有報應焉帝爲舉哀於
東堂緦既有大功於國無罪見害行路士女皆流涕曰高肇小人枉殺如此賢
王在朝貴戚莫不喪氣景明報德寺僧鳴鐘欲飯忽聞緦薨二寺一千餘人皆
嗟痛爲之不食但飲水而齋追贈假黃鉞使持節都督中外諸軍事司徒公太
師給鑾輅九旒武賁班劍百人前後部羽葆鼓吹轀輬車有司奏太常卿劉芳
議緦謚保大定功曰武善問周達曰宣宜謚武宣王詔可及莊帝卽位追號文
穆皇帝妃李氏爲文穆皇后遷神主於太廟稱肅祖節閔帝時去其神主嫡子
劭字子訥襲封劭善武藝少有氣節明帝初梁將寇邊劭表上粟九千斛資絹
六百匹國吏二百人以充軍用靈太后嘉其至意不許累遷青州刺史孝昌末
靈太后失德四方紛擾劭遂有異志爲安豐王延明所啓徵入爲御史中尉莊
帝卽位尊爲無上王尋遇害河陰追謚曰孝宣皇帝妻李氏爲文恭皇后子韶
字世胄好學美容儀初介朱榮將入洛父劭恐以韶寄所親滎陽太守鄭仲明
仲明尋爲城人所殺韶因亂與乳母相失遂與仲明兄子僧副避難路中爲賊

逼僧副恐不免因令韶下馬僧副謂客曰窮鳥投人尚或矜愍況諸王如何棄乎僧副舉刃逼之客乃退韶逢一老母姓程哀之隱於私家居十餘日莊帝訪而獲焉襲封彭城王齊神武後以孝武帝后配之魏室奇寶多隨后入韶家有二玉鉢相盛轉而不可出馬腦榼容三升玉縫之皆稱西域鬼作也歷位太尉侍中錄尚書事司州牧特進太傅齊天保元年降爵爲縣公韶性行溫裕以高氏壻頗膺時寵能自謙退臨人有惠政好儒學禮致才彥愛林泉修第宅華而不侈文宣常剃韶鬚鬢加以粉黛衣婦人服以自隨曰以彭城爲嬪御譏元氏微弱比之婦女十年太史奏云今年當除舊布新文宣謂韶曰漢光武何故中興韶曰爲誅諸劉不盡於是乃誅諸元以厭之遂以五月誅元世哲景武等二十五家餘十九家並禁止之韶幽於京畿地牢絕食啗衣袖而死及七月大誅元氏自昭成已下並無遺焉或父祖爲王或身常貴顯或兄弟強壯皆斬東市其嬰兒投於空中承之以矟前後死者凡七百二十一人悉投屍漳水剖魚者多得爪甲都下爲之久不食魚世哲從弟黃頭使與諸囚自金鳳臺各乘紙鴟

珍倣宋版印

以飛黃頭獨能至紫陌乃墜仍付御史獄畢義雲餓殺之
北海王詳字季豫美姿容善舉止太和九年封加侍中孝文自洛北巡詳常與
侍中彭城王勰並在輿輦陪侍左右至文成射銘所帝停駕詔諸弟及侍臣皆
試射遠近諸人皆去一二十步唯詳箭及之帝拊掌欣笑遂詔勒銘親自爲制
車駕南伐詳行中領軍留守孝文臨崩顧命詳爲司空輔政宣武覽政爲中大
將軍錄尚書事咸陽王禧之謀反詳表求解任制不許除太傅領司徒侍中錄
尚書事如故詳之拜命其夜暴風震雹拔其廷中桐樹大十圍倒立本處初宣
武之覽政詳聞彭城王勰有震主之慮而欲奪其司徒大懼物議故爲大將軍
至是乃居之天威如此識者知其不終既以季父崇寵位望兼極貪冒無厭公
私營販又於東掖門外規占第宅至有喪柩在室請延至葬而不見許輿櫬巷
次行路哀嗟詳母高太妃頗助威虐怨響嗷然妃宋王劉昶女不見答禮寵妾
范氏愛等伉儷及死葬訖猶毀隧視之又烝於安定王燮妃高氏即茹皓妻姊
詳既素附於皓又緣淫好往來綢密詳雖貪侈宣武禮敬尚隆常別住華林園

西隅與都亭宮館相接帝每潛幸其所肆飲終日與高太妃相見呼爲阿母伏
而上酒禮若家人臨出高每拜送舉觴祝言願官家千萬年壽歲一入妾母子
舍也初宣武之親政詳與咸陽王禧彭城王勰並被召入共乘犢車防衛嚴固
高時惶迫以爲必死亦乘車傍路哭送至金墉及詳得免高云自今以後不願
富貴但令母子相保共汝掃市作活也至此貴寵崇盛不復言有禍敗之理後
爲高肇所譖云詳與皓等謀逆時詳在南第帝召中尉崔亮入禁糾詳貪淫及
茹皓劉胄常季賢陳掃靜等專恣之狀夜即收禁南臺又武賁百人圍守詳第
夜中慮其驚懼奔越遣左右郭翼開金墉門馳出喻之示以中尉彈狀詳母高
見翼頓首號泣不能自勝詳言審如中尉所糾何憂也人奉我珍異貨物我實
受之果爲取受吾何憂乎至明皓等皆賜死引高陽王雍等五王入議詳罪單
車防守還華林館母妻相與哭入所居小奴弱婢數人隨從防援甚嚴徙就太
府寺免爲庶人別營坊館於洛陽縣東北隅如法禁衛限以終身名曰思善堂
將徙詳居之會其家奴陰結黨輩欲劫出密抄名字潛託侍婢通於詳詳始得

珍倣宋版印

執省而門防主司遙見突入就詳手中覽得呈奏帝密令害之詳自至太府令其母妻還居南宅五日一來此夜母妻不來死於奴婢手中詔喪還南宅諸王皇宗悉令奔赴賵物一依廣陵故事詳之初禁乃以淫高事告母母大怒詈之曰汝自有妻妾侍婢少盛如花何共高麗婢姦令致此罪我得高麗婢當噉其肉乃杖詳背及兩脚百餘下自行杖力疲乃使奴代高氏素嚴詳每有微罪常加責罰以絮裹杖至是去絮皆至創膿又杖其妃劉數十云新婦大家女門戶匹敵何所畏而不檢校夫壻劉笑而受罰卒無所言詳貪淫之失雖聞遠近而死之日罪無定名遠近歎怪之永平元年十月詔追復王爵謚曰平王子顥襲

顥字子明少慷慨有壯氣爲徐州刺史尋爲御史彈劾除名後賊帥宿勤明達叱干騏驎等寇亂豳華等州乃復顥王爵兼左僕射西道行臺以討明達頻破賊解豳華之圍後蕭寶夤等大敗於平涼顥亦奔還京師武泰初爲相州刺史以禦葛榮屬尒朱榮入洛推莊帝授顥太傅顥以葛榮南侵尒朱縱害遂盤桓顧望圖自安之策事不諧遂與子冠受奔梁梁武以爲魏王假之兵將令其北

入永安二年四月於梁國城南登壇燔燎年號孝基元年莊帝詔濟陰王暉業
於考城拒之爲顥所禽莊帝北幸顥遂入洛改稱建武元年顥以數千之衆轉
戰屢剋據有都邑號令自己天下人情想望風政自謂天之所授頗懷驕怠宿
昔賓客近習之徒咸見寵待干擾政事又日夜縱酒不恤軍國所統南兵陵竊
市里朝野失望時又酷斂公私不安莊帝與尒朱榮還師討顥顥自於河梁拒
戰冠受戰敗被禽顥自轘轅出至臨頴爲臨頴縣卒所斬初顥入洛其日暴風
欲入閶闔門馬大驚不進令人執轡乃入有恆農楊曇華告人曰顥必無成假
服袞冕不過六十日又諫議大夫元昭業曰昔更始自洛陽而西初發馬驚奔
觸北宮鐵柱三馬皆死而更始卒不成帝位以古譬今其兆一也至七月果敗
孝武初贈太師大司馬顥弟頊莊帝初封東海王位中書監及顥入洛成敗未
分便以意氣自得爲時人笑顥敗潛竄爲人執送斬於都市孝武初贈太尉
孝文七男林廢后生廢太子恂文昭皇后生宣武皇帝廣平文穆王懷袁貴人
生京兆王愉羅夫人生清河文獻王懌汝南王悅鄭充華生皇子恌未封早夭

廢太子庶人恂字元道生而母死文明太后撫視之常置左右年四歲太后親
爲立名恂字元道於是大赦太和十七年七月癸丑立恂爲皇太子及冠恂於
廟孝文臨光極東堂引恂入見誡以冠義曰字汝元道所寄不輕汝當尋名求
義以順吾旨二十年改字宣道遷洛詔恂詣代都其進止儀禮帝皆爲定及恂
入辭帝曰今汝不應向代但太師薨於恆壤朕既居皇極之重不容輕赴舅氏
之喪欲使汝展哀舅氏拜汝母墓一寫爲子之情山陵北海汝至彼太師事畢
後日宜一拜山陵拜訖汝族祖南安可一就問訊在途當溫讀經籍今日親見
吾也後帝每歲征幸恂常留守主執廟祀恂不好書學體貌肥大深忌河洛暑
熱意每追樂北方中庶子高道悅數苦言致諫恂甚銜之孝文幸崧岳恂留守
金墉謀欲召牧馬輕騎奔代手刃道悅於禁中領軍元儼勒門防遏夜得寧靜
帝聞之駭惋外寢其事仍至汴口而還引恂數罪與咸陽王禧等親杖恂又令
禧等更代百餘下扶曳出外不起者月餘拘於城西別館引見羣臣於清徽堂
議廢之司空太子太傅穆亮尚書僕射少保李沖並免冠稽首而謝帝曰古人

有言大義滅親此小兒今日不滅乃是國家之大禍脫待我無後恐有永嘉之
亂乃廢爲庶人置之河陽服食所供粗免飢寒而已帝幸代遂如長安中尉李
彪承間密表告恂復與左右謀逆帝在長安使中書侍郎邢巒與咸陽王禧奉
詔賫椒酒詣河陽賜恂死時年十五斂以麤棺常服瘞於河陽城二十二年
冬御史臺令史龍文觀坐法當死告廷尉稱恂前後被攝左右之日有手書自
理不知狀而中尉李彪侍御史賈尚寢不爲聞賈坐繫廷尉時彪免歸帝在鄴
尚書表收彪赴洛會赦遂不窮其本末賈尚出繫累病數日死初帝將爲恂娶
司徒馮誕長女以女幼待年長先爲娉彭城劉長文滎陽鄭懿女爲左右孺子
時恂年十三四帝嘗謂郭祚崔光宋弁曰人生須自放不可終朝讀書我欲使
恂旦出省經傳食後還內晡時復出日夕而罷卿等以爲何如光曰孔子稱血
氣未定戒之在色太子尚以幼年涉學之日不宜于正晝之時捨書御內又非
所以安柔弱之體固永年之命帝以光言爲然乃不令恂晝入內無子
京兆王愉字宣德太和二十一年封拜都督徐州刺史以彭城王中宣府長史

盧陽烏兼長史州事巨細委之陽烏孝武初爲護軍將軍帝留愛諸弟愉等常出入宮掖晨昏寢處若家人焉遷中書監爲納順皇后妹爲妃而不見禮答愉在徐州納妾李氏本姓楊東郡人夜聞其歌悅之遂被寵嬖罷州還京欲進貴之託右中郎將趙郡李恃顯爲之養父就之禮迎產子寶月順皇后召李入宮毀擊之強令爲尼於內以子付妃養之歲餘后父于勁以后久無所誕乃表勸廣嬪御因令后歸李於愉舊愛更甚愉好文章頗著詩賦時引才人宋世景李神儁祖瑩邢晏王遵業張始均等共申宴喜招四方儒學賓客嚴懷真等數十人館而禮之所得穀帛率多散施又崇信佛道用度常至不接與弟廣平王懷頗相夸尚競慕奢麗貪縱不法於是孝武攝愉禁中推案杖愉五十出爲冀州刺史始愉自以職求侍要勢劣二弟潛懷愧恨頗見言色又以幸妾屢被頓辱內外離抑及在州謀逆愉遂殺長史羊靈引及司馬李遵稱得清河王密疏云高肇謀爲殺害主上遂爲壇於信都之南柴燎告天卽皇帝位赦天下號建平元年立李氏爲皇后孝武詔尚書李平討愉愉出拒王師頻敗遂嬰城自守愉

知事窮攜李及四子數十騎出門諸軍追之見執以送詔徵赴京師申以家人之訓愉每止宿亭傳必攜李手盡其私情雖鎖縶之中飲賞自若略無愧懼之色至野王愉語人曰雖主上慈深不忍殺我吾亦何以面見至尊於是歔欷流涕絕氣而死年二十一或云高肇令人殺之斂以小棺瘞諸子至洛皆赦之後靈太后令愉之四子皆附屬籍追封愉臨洮王寶月乃改葬父母追服三年

清河王懌字宣仁幼而敏慧美姿貌孝文愛之彭城王勰甚器異之並曰此兒風神外偉黃中內潤若天假之年繼二南矣博涉經史兼綜羣言有文才善談理寬仁容裕喜怒不形於色太和二年封孝武初拜侍中轉尙書僕射懌才長從政明於斷決剖判衆務甚有聲名司空高肇以帝舅寵任既擅威權謀去良宗屢譖懌及愉等愉不勝其忿怒遂舉逆冀州因愉之逆又構殺勰懌恐不免肇又錄因徒以立私惠懌因侍宴酒酣乃謂肇曰天子兄弟詎有幾人而炎炎不息昔王莽頭禿亦藉渭陽之資遂篡漢室今君曲形見矣恐復終成亂階又言於孝武曰臣聞唯器與名不可以假人是故季氏旅泰山宣尼以爲深譏仲

叔軒懸丘明以爲至誡諒以天尊地卑君臣道別宜杜漸防萌無相僭越至於減膳錄囚人君之事今乃司徒行之詎是人臣之義且陛下脩政教解獄訟則時雨可降玉燭知和何使明君失之於上姦臣竊之於下長亂之基於此在矣孝武笑而不應孝明熙平初遷太尉侍中如故懌詔裁門下之事又典經義注時有沙門惠憐者自云呪水飲人能差諸病病人就之者日有千數靈太后詔給衣食事力重使於城西之南治療百姓病懌表諫曰臣聞律深惑衆之科禮絶袄淫之禁皆所以大明居正防遏姦邪昔在漢末有張角者亦以此術熒惑當時論其所行與今不異遂能誑誘生人致黄巾之禍天下塗炭數十年間角之由也昔新垣姦不登於明堂五利僥終嬰於顯戮靈太后以懌孝明懿叔德先具瞻委以朝政事擬周霍懌竭力匡輔以天下爲己任領軍元叉太后之妹夫也恃寵驕盈懌裁之以法每抑黜之爲叉所疾叉黨人通直郎宗準愛希叉旨告懌謀反禁懌門下訊問左右及朝貴貴人分明得雪乃釋焉懌以忠而獲謗乃鳩集昔忠烈之士爲顯忠錄二十卷以見意焉正光元年七月叉與劉騰

逼孝明於顯陽殿閉靈太后於後宮因懌於門下省懌罪伏遂害之時年三十
四朝野貴賤知與不知含悲喪氣驚振遠近夷人在京及歸聞懌之喪爲之劈
面者數百人
廣平王懷闕自有魏諸王召入華林別館禁其出入令四門博士董徵授以經
傳孝武崩乃得歸
汝南王悅好讀佛經覽書史爲性不倫俶儻難測悅妃閭氏卽東海公之女也
生一子不見禮荅有崔延夏者以左道與悅遊合服仙藥松朮之屬時輕與出
採之宿於城外小人之所遂斷酒肉粟稻唯食麥飯又絕房中而更好男色輕
忿妃妾至加捶撻同之婢使悅之出也妃住於別第靈太后敕檢問之引入窮
悅事故妃病杖牀蓐瘡尚未愈太后因悅杖妃乃下令禁斷令諸親王及三蕃
其有正妃病患百日已上皆遣奏聞若有猶行捶撻就削封位及淸河王懌爲
元叉所害悅了無讎恨之意乃以桑落酒候伺之盡其私佞叉大喜以悅爲侍
中太尉臨拜日就懌子亶求懌服翫之物不時稱旨乃召亶杖之百下亶居廬

未葬形氣羸弱暴加威撻殆至不濟仍呼阿兒親自循撫闕悅乃爲大剉碓置
於州門盜者便欲斬其手時人懼其無常能行異事姦偷畏之而暫息及尒朱
榮舉兵向洛悅遂奔梁梁武厚相資待莊帝崩遂立爲魏主號年更興節閔初
遣兵送悅置於境上以覬侵逼及齊神武既誅尒朱以悅孝文子宜承大業乃
令人示意悅既至清狂如故動爲罪失乃止孝武初除大司馬開府孝武以廣
陵頗有德望以悅屬尊地近內懷畏忌故前後害之贈假黃鉞太師司州牧大
司馬王如故謚曰文宣子頹與父俱奔梁遂卒於江左皇子恍年七歲景明元
年薨就斂於華林東閣堂葬于文昭皇后陵東後以增廣文昭后墳塋徙窆北
崗

論曰文成五王安豐特摽令望延明學業該贍加以雅談之美及于永安運迹
寇戎卒致奔亡亦其命也獻文諸子俱漸太和之訓而咸陽終於逆節廣陵斃
于桑中人而無儀各宜遄死高陽器術缺然終荷棟幹至於橈敗實尸其闕武
宣孝以爲質忠而樹行及夫在安處危之操送往事居之節周旦匪佗之旨霍

光異姓之誠事實兼之竟而功高震主德隆動俗閒言一入卒不全生嗚呼周成漢昭未易遇也北海義昧鶺鴒奢淫行喪雖禍發青蠅亦自貽伊戚顥取若拾遺亡不旋踵豈守之無術其天將覆之庶人險暴之性自幼而長終以廢黜不得其終斯乃朱均之性堯舜不能訓也京兆早有令聞晚致顛覆習於所染可不慎乎清河器識才譽以懿親作輔時鍾屯詖始遘牆茨之逼運屬道消晚扼兇權之手悲哉廣平早歲驕盈汝南性致狂逸揆其終始俱不足論而悅以天人所棄卒嬰猜懼之毒蓋地逼之尤也魏自西遷之後權移周室而周文天縱寬仁性罕猜忌元氏戚屬並見保全內外任使布於列職孝閔踐阼無替前緒明武纘業亦遵先志雖天厭魏德鼎命已遷枝葉榮茂足以愈於前代矣

北史卷十九

珍倣宋版印

北史卷十九考證

咸陽王禧傳爲之師傅以匠成之○以匠監本訛匠以今改從南本

帝時幸小平津○監本脫津字今從南本增正

與杜德別還南德不許送洛陽置在景明寺○魏書作杜德襲擊之擒樹送京

師禁於永寧佛寺與此小異

廣陵王羽傳詔羽從至雁門○雁監本訛應今改從南本

又謂長兼尚書于果○果一本作杲

彭城王勰傳時將礿祭○礿監本訛初今改從魏書

恪是何人而敢久違先敕○恪監本訛諱蓋沿襲舊文而然也今改正

邵表上粟九千斛資絹六百匹○魏書無資字

有二玉鉢相盛轉而不可出馬瑙榼容三升玉縫之皆稱西域鬼作也○玉監

本訛王今改從南本

北海王祥傳武泰初爲相州刺史○初監本訛傳今改從閣本

廢太子庶人恂傳時年十五餘〇魏書無餘字

北史卷十九考證

珍倣宋版印

北史卷二十

唐 李延壽 撰

列傳第八

衞操 莫含 劉庫仁 弟子羅辰羅辰曾孫仁之 尉古眞 從玄孫瑾 穆崇 奚斤

叔孫建 安同 庾業延 王建 羅結 婁伏連 曾孫寶

閭大肥 奚牧 和跋 莫題 賀狄干 李栗

奚眷

衞操字德元代人也少通俠有才略晉征北將軍衞瓘以操爲牙門將當魏神元時頗自結附及神元崩後與從子雄及其宗室鄉親姬澹等來歸說桓穆二帝招納晉人桓帝以爲輔相任以國事及劉石之亂桓帝匡助晉氏操稍遷至右將軍封定襄侯桓帝崩後操立碑於大邘城南以頌功德云魏軒轅之苗裔言桓穆二帝統國御衆威禁大行國無姦盜路有頌聲威武所向下無交兵招喻六狄咸來歸誠奉承晉皇扞禦邊疆王室多難天網弛綱豪心遠濟靡離其

殃歲翦逆命姦盜豺狼永安元年歲次甲子姦黨猶逆東西狼跱敢逼天王兵甲慶起怙衆肆暴虐用將士鄰洛構隙棄親求疏乃招異類屠各匈奴交刃千里長虵塞塗晉道應天言展艮謨使持節平北將軍幷州刺史護匈奴中郎將東嬴公司馬騰才神絕世規略超遠欲求外救朝臣莫應簡賢選士命玆艮使遣參軍壺倫牙門中行嘉義陽亭侯衛謨協義亭侯衛鞬等馳奉檄書至晉陽城又稱桓穆二帝心存宸極輔相二衛對揚毗翼操展文謀雄奮武烈承命會議諮論奮發翼衛內外鎮靜四方志在竭力奉戴天王忠恕用暉外動亦攘功濟方州勳烈光延升平之日納貢充藩馮瞻鑾蓋步趾三川有德無祿大命不延年三十九以永興三年六月二十四日寢疾薨殂背棄華殿雲中名都國失惠主哀感歔欷悲痛煩冤載呼載號遠近親軌奔赴梓廬仰訴造化痛延悲夫時晉光熙元年也皇與初雍州別駕鴈門段榮於大邗掘得此碑文雖非麗事宜載焉故略附於傳操以穆帝三年卒始操所與宗室鄉親入國者衛懃安樂亭侯衛崇衛清並都亭侯衛沉段繁並信義將軍都鄉侯王發建武將軍都亭

珍倣宋版印

侯范班折衝將軍廣武亭侯賈慶建武將軍上洛亭侯賈循都亭侯李壹關中侯郭乳關內侯皆爲桓帝所表授也六修之難存者多隨劉琨任子遵南奔衛雄姬澹莫含等名皆見碑雄字世遠澹字世雅並勇健多計桓帝並以爲將常隨征伐雄稍遷至左將軍雲中侯澹亦以勇績著名桓帝末至信義將軍樓煩侯穆帝初並見委任衛操卒後俱爲左右輔相六修之逆國內大亂雄澹並爲羣情所附乃與劉遵率烏丸晉人數萬而叛劉琨聞之大悅如平城撫納之欲因以滅石勒後爲勒將孔長所滅

莫含鴈門繁時人也劉琨爲幷州辟含從事含居近塞下常交通國中穆帝愛其才器及爲代王備置官屬求含於琨琨惜遣之乃入參國官常參軍國大謀卒於左將軍關中侯其故宅在桑乾川南世稱莫含壁含音訛或謂之莫回城云子顯昭成世爲左常侍顯子題道武初爲大將以功賜爵東宛侯常與李栗侍宴栗坐不敬獲罪題亦被黜爲濟陽太守後道武欲廣宮室規度平城四方數十里將模鄴洛長安之制運材數百萬根以題機巧徵令監之召入與論興

造之制題久侍頗怠賜死題弟雲好學善射道武時常典選曹賜爵安德侯遷執金吾參軍國謀議太武克赫連昌詔雲與常山王素留鎮統萬進爵安定公雲撫慰新舊皆得其所卒諡敬公

劉庫仁字沒根獨孤部人劉武之宗也少豪俠有智略母平文皇帝之女昭成皇帝復以宗女妻之爲南部大人建國三十九年昭成暴崩道武未立苻堅以庫仁爲陵江將軍關內侯令與衞辰分國衆統之河西屬衞辰河東屬庫仁於是獻明皇后攜道武及衞秦二王自賀蘭部來居焉庫仁盡忠奉事不以興廢易節苻堅處衞辰在庫仁下衞辰怒叛攻庫仁庫仁伐衞辰破之苻堅賜庫仁妻公孫氏厚其資送慕容垂圍苻丕於鄴又遣將平規攻堅幽州刺史王永于薊庫仁遣妻兄公孫希助永擊規大破之庫仁復將大舉以救丕發鴈門上谷代郡兵次於繁時先是慕容文等當徙長安遁依庫仁部常思東歸是役也文等夜率三郡人攻殺庫仁乘其駿馬奔慕容垂公孫希聞亂走丁零庫仁弟眷繼攝國事眷第三子羅辰機警有智謀謂眷曰從兄顯忍人也願早圖之眷不

珍倣宋版印

以爲意後庫仁子顯果殺眷而代立顯旣殺眷又謀逆及道武卽位討顯于馬
邑追至彌澤大破之從奔慕容驎驎徙之中山羅辰卽宣穆皇后兄也顯旣殺
眷羅辰遂奔道武顯恃強每謀逆羅辰輒先聞奏拜南部大人從平中原以功
賜爵永安公以軍功除征東將軍定州刺史卒謚曰敬子殊暉襲爵位并州刺
史卒子求引位武衛將軍卒謚曰貞子尒頭位魏昌𤄫陶二縣令贈鉅鹿太守
子仁之字山靜少有操尙粗涉書史歷位衛將軍西兗州刺史在州有當時之
譽武定二年卒贈衛大將軍吏部尙書青州刺史謚曰敬仁之外示長者內多
矯詐其對賓客破牀弊席麤飯冷菜衣服故惡乃過逼下善候當塗能爲詭激
每於稠人廣衆中或掝一姦吏或縱一孤貧大言自眩淺識皆稱其美公能之
譽動過其實性又酷虐在晉陽曾營城雉仁之統監作役以小稽緩遂杖前殷
州刺史裴瑗并州刺史王綽齊神武大加譴責性好文字吏書失體便加鞭撻
言韻微訛亦見捶楚吏人以此苦之而愛好文史敬重人流與齋帥馮元興交
款元興死後積年仁之營視其家常出隆厚時人以此尙之仁之伯乞歸眞君

中除中散大夫性寬和與物無競未嘗言人善惡曾遇患晝寢有奴偷竊乞歸
詐睡不見亦不泄之此奴走入蠕蠕方笑言之亦無嗔色獻文末除主客尚書
孝文初位東雍州刺史賜爵永安侯卒子嵩字阿龍好周人之急與王仲興自
平城被追赴洛家貧不能自達嵩事事資遺宣武時仲興寵幸乃奏除給事請
疏黃河以通船漕授龍門都將歷年功不就坐流元曄僭立授大鴻臚卿子挑
湯位終奉朝請
尉古真代人也道武之在賀蘭部賀染干遣侯引乙突等將肆逆古真知之密
以馳告染干疑古真泄其謀乃執栲之以兩車軸押其頭傷其一目不服乃免
之後從平中原以功賜爵東州侯明元初爲鴻飛將軍鎮大洛卒於定州刺史
子億萬襲古真弟諾以忠謹著稱從道武圍中山先登傷一目道武歎曰諾兄
弟並毀目以建功效誠可嘉也賜安樂子從平姚平還拜國部大人太武時改
邑遼西公卒第八子歡襲諾長子眷忠謹有父風明元時執事左右爲太官令
時侍臣受斤亡入蠕蠕詔眷追之遂至廣庭禽之大檀前由是以驍烈聞太武
珍做宋版印

即位命眷與散騎侍郎劉庫仁等八人分典四部綰奏機要加陳兵將軍文成時拜侍中太尉封漁陽王與太宰常英等錄尙書事文成北巡狩以寒雪方降議還眷曰今去都不遠而旋敵必疑我有內難方寒雪宜更進前帝遂度漠而還帝以眷元老賜杖履上殿薨謚曰莊子多侯襲爵多侯少有武幹獻文時假節領護羌戎校尉敦煌鎭將至求輕騎五千西入于闐兼平諸國因敵取資平定爲効弗許孝文初又求北取伊吾斷蠕蠕通西域路帝善其計以東作方興難之爲妻元所害多侯弟子慶賓善騎射有將略稍遷太中大夫明帝時朝議送蠕蠕主阿那瓌還國慶賓上表固爭不從後蠕蠕遂執行臺元孚慶賓後拜肆州刺史時尒朱榮兵威漸盛曾經肆州慶賓惡之據城不納榮襲之拘還秀容呼爲假父後以憂還都尋起爲光祿大夫督鎭汝陰還朝卒贈司空子瑾瑾少而敏悟好學慕善以國姓門資稍遷直後司馬子如執政瑾娶其甥皮氏爲妻由此除中書舍人後除吏部郎中齊文襄崩文宣命瑾在鄴北宮共高德正典機密天保中累遷七兵尙書侍郎孝昭輔政除吏部尙書武成踐阼趙彥深

本子如賓僚元文遙和士開並帝鄉故舊共相薦達任遇彌重又吏部銓衡所
歸事多祕密由是朝之機事頗亦預聞後爲尚書右僕射卒武成方在三臺饗
宴文遙奏聞遂命撤樂罷飲瑾外雖通顯內闕風訓閨門穢雜爲世所鄙有女
在室忽從奔誘瑾遂以適婦姪皮逸人瑾又通寡嫂元氏瑾嘗譏吏部郎中頓
丘李構云郎不稽古構對令史云我實不稽古未知通嫂得作稽古不瑾聞大
慚然亦能折節下士意在引接名流但不之別也有賈彥始者儀望雖是儒生
稱堪充聘陳使司徒戶曹祖崇儒文辯俱不足言將爲當世莫及好學吳人搖
脣振足爲人所哂見人好笑時論比之寒蟬又少威儀子德載以蒲鞭責之便
自投井瑾自臨井上呼云兒出聞者皆笑及位任重便大躁急省內郎中將論
事者逆即瞋罵既居大選彌自驕倨皮子賤恃其親通多所談薦大有受納瑾
死後其弟靜忿而發之子賤坐決鞭二百配北營州初瑾爲聘梁使梁人陳昭
善相謂瑾曰二十年後當爲宰相瑾出私謂人曰此公宰相後不過三年當死
昭後爲陳使主兼散騎常侍至齊瑾時兼右僕射鳴騶鐃吹昭復謂人曰二年

當死果如言焉德載位通直散騎侍郎眷弟地干機悟有才藝馳馬立射五的時人莫能及太武時位庫部尚書加散騎常侍領侍輦郎奉上忠謹尤善嘲笑太武見其効人舉措忻悅不能自勝甚見親愛參軍國大謀時征平原試衝車以攻冢地干為索所羂折脅而卒帝親往哭慟贈中領軍燕郡公諡曰惠子長壽位右曹殿中尚書賜爵會稽公卒於涇州刺史古真族玄孫聿字成與性耿介明帝時為武衞將軍時領軍元又執權百寮莫不加敬聿獨長揖不拜尋出為涼州刺史涼州緋色天下之最又送白綾二千匹令染聿拒不受又諷御史劾之驛徵至京覆無狀還任卒

穆崇代人也其先代効節於神元桓穆之時崇少以盜竊為事道武之居獨孤部崇往來奉給時人無及者後劉顯之逆平文皇帝外孫梁眷知之密遣崇告道武眷謂崇曰顯若知之雖刀劍刳割勿泄也因以寵妻及所乘良馬付崇曰事覺吾當以此自明崇來告難道武馳如賀蘭部顯果疑眷泄將因之崇乃唱言梁眷不顧恩義將顯為逆今我掠得其妻馬足以雪忿顯聞信之窟咄之難

崇外甥于植等與崇謀執道武以應之崇夜告道武道武誅植等北踰陰山復
幸賀蘭部道武爲魏王崇從平中原位侍中豫州刺史太尉宜都公天賜三年
薨先是衞王儀謀逆崇預焉道武惜其功祕之及有司奏謚帝親覽謚法述義
不剋曰丁曰此當矣乃謚丁公初道武避窟咄難遣崇還察人心崇留馬與從
者微服入其營會有火光爲舂妾所識賊皆驚起崇求從者不得因匿阬中徐
乃竊馬奔走宿於大澤有白狼向崇號崇覺悟馳隨狼奔遂免難道武異之命
崇立祀子孫世奉焉太和中追錄功臣以崇配饗崇長子逐留以功賜爵零陵
侯後以罪廢子乙以功賜爵富城公卒於侍中謚曰靜子真尚長城公主拜駙
馬都尉後敕離婚納文明太后姊位南部尚書侍中卒謚曰宣孝文追思崇勳
令著作郎韓顯宗與真選定碑文建於白登山真子泰本名石洛孝文賜名焉
以功臣子孫尚章武長公主拜駙馬都尉典羽獵四曹事後爲尚書右僕射馮
翊侯出爲定州刺史初文明后幽孝文於別室將謀黜廢泰切諫乃止孝文德
之故寵待隆至自陳久病乞爲恆州許之泰不願遷都潛圖叛乃與定州刺史

陸叡及安樂侯元隆等謀推朔州刺史陽平王頤爲主頤密表其事帝乃遣任
城王澄發幷肆兵討之澄先遣書侍御史李煥單騎入代出其不意泰等驚駭
計無所出煥曉喻逆徒示以禍福於是凶黨離心莫爲之用泰自度必敗乃率
麾下攻煥郭門不克走出爲人禽送孝文幸代泰等伏誅子士儒字叔賢徙涼
州後得還爲太尉參軍事子子容少好學無所不覽求天下書逢卽寫錄所得
萬餘卷魏末爲兼通直散騎常侍聘梁齊受禪卒於司農卿逐留弟觀字闥拔
襲崇爵少以文藝知名明元中位爲左衞將軍綰門下中書出納詔命及訪舊
事未嘗有遺漏尙宜陽公主拜駙馬都尉位太尉太武監國觀爲右弼出則統
攝朝政入則應對左右事無巨細皆關決焉終日怡怡無慍色勞謙善誘不以
富貴驕人泰常八年暴疾薨年三十五明元親臨其喪悲動左右賜以通身隱
起金飾棺喪禮一依安城王叔孫俊故事贈宜都王諡曰文成太武卽位每與
羣臣談宴未嘗不歎息殷勤以爲自道武以來佐命勳臣文武兼濟無及之者
子壽襲爵尙樂陵公主拜駙馬都尉明敏有父風太武愛重之擢爲下大夫敷

奏機辯有聲內外遷侍中中書監領南部尚書進爵宜都王加征東大將軍壽辭曰臣祖崇先皇之世屢逢艱危幸天贊梁眷誠心先告故得効功前朝流福於後昔陳平受賞歸功無知今眷元勳未錄臣獨奕世受榮豈惟仰愧古賢抑亦有虧國典太武嘉之乃求眷孫賜爵郡公輿駕征涼州命壽輔景穆總錄機要內外聽焉攻雲中將濟河帝別御靜室召壽及司徒崔浩尚書李順謂壽曰蠕蠕吳提與牧犍連和今聞朕征涼州必來犯塞若伏兵漠南殄之爲易牧田訖可分伏要害以待虜至引使深入然後擊之若違朕指授爲虜侵害朕還斬卿崔浩李順爲證非虛言也壽信卜筮言謂賊不來竟不設備吳提果至京邑大駭壽不知所爲欲築西郭門請景穆避保南山惠保太后不聽乃止遣司空長孫道生等擊之太武還以無大損傷故不追咎景穆監國壽與崔浩等輔政人皆敬浩壽獨陵之又自恃位任以人莫己及謂其子師曰但令吾兒及我亦足勝人不須苦教之遇諸父兄弟有如僕隸夫妻並坐共食而令諸父餕餘爲時人鄙笑薨贈太尉謚曰文宣子平國襲爵尚城陽長公主拜駙馬都尉侍中

中書監爲太子四輔卒子伏干襲尚濟北公主拜駙馬都尉卒謚曰康無子伏干弟羆襲爵尚新平長公主拜駙馬都尉武牢鎮將頻以不法致罪孝文以其勳德之舊讓而赦之轉吐京鎮將深自剋勵後改吐京鎮爲汾州仍以羆爲刺史前吐京太守劉升在郡甚有威惠限滿還都胡人八百餘人詣羆請之前定陽令吳平仁亦有恩信戶增數倍羆以吏人懷之並爲表請孝文皆從焉羆既頻薦升等所部守令咸自砥礪威化大行州人李軌郭及祖七百餘人詣闕稱羆恩德孝文以羆政和人悅增秩延限後徵爲光祿勳隨例降王爲魏郡公累遷侍中中書監穆泰之反羆與潛通赦後事發削封爲編戶卒于家宣武時追贈鎮北將軍恆州刺史羆弟亮字幼輔早有風度獻文時起家侍御中散尚中山長公主拜駙馬都尉封趙郡王加侍中徙封長樂王孝文時除征南大將軍領護西戎校尉仇池鎮將宕昌王梁彌機死子彌博立爲吐谷渾所逼來奔仇池亮以彌博兇悖氐羌所棄彌機兄子彌承戎人歸樂表請納之孝文從焉於是擊走吐谷渾立彌承而還氐豪楊卜自延與以來從軍二十一戰前來鎮將

抑而不聞亮表卜爲廣業太守豪右咸悅境內大安徵爲侍中尙書左僕射于時復置司州孝文曰司州始立未有寮吏須立中正以定選舉然中正之任必須德望兼資世祖時崔浩爲冀州中正長孫嵩爲司州中正可謂得人公卿等宜審推舉尙書陸叡舉亮爲司州大中正後拜司空參議律令例降爵爲公時文明太后崩已過期月孝文毀瘠猶甚亮表請上承金冊遺訓下稱億兆之心時襲輕服數御常膳修崇郊祠垂惠咸秩詔曰苟孝悌之至無所不通今飄風亢旱時雨不降實由誠慕未濃幽顯無感也尋領太子太傅時將建太極殿帝引見羣臣於太華殿曰將營殿宇今欲徙居永樂以避囂埃土木雖復無心毀之能不悽愴今故臨對卿等與之取別此殿乃高宗所制爰歷顯祖逮朕沖年受位於此但事來奪情將有改制仰惟疇昔唯深悲感亮稽首請稽之卜筮又以去歲役作爲功甚多太廟明堂一年便就若仍歲頻興恐人力彫弊且材幹新伐願待逾年帝曰朕遠覽前王無不興造故有周創業經建靈臺洪漢受命未央是作草創之初猶尙若此況朕承累聖之運屬太平之基欲及此時以就

大功人生定分修短命也著蔡雖智其如命何當委之分豈假卜筮移御永樂宮後帝臨朝嘗謂亮曰三代之禮日出視朝自漢魏以降禮儀漸殺晉令有朔望集公卿於朝堂而論政事亦無天子親臨之文今因卿等日中之集中前卿等自論政事中後與卿等共議可否遂命讀奏案帝親決之及遷都加武衛大將軍以本官董攝中軍事帝南伐以亮錄尚書事留鎮洛陽後帝自小平津汎舟幸石濟亮諫曰漢帝欲乘舟渡渭廣德將以首血汙車輪帝乃感而就橋渭之小水猶尚若斯況洪河有不測之慮帝曰司空言是也及罷預穆泰反事覺亮上表自劾帝優詔還令攝事亮固請久乃許之後徙封頓丘郡公以紹崇爵宣武即位拜尚書令司空公薨宣武親臨小斂贈太尉謚曰匡子紹字永業尚琅邪長公主拜駙馬都尉歷位祕書監侍中衛將軍太常卿中書令七兵殿中二尚書遭所生憂免居喪以孝聞又歷衛大將軍中書監侍中領本邑中正紹無他才能而資性方重罕接賓客稀造人門領軍元叉當權薰灼曾往紹宅紹迎送下階而已時人歎尚之及靈太后欲黜叉猶豫未決紹讚成之以功加特

進侍中元順與紹同直常因醉入寢所紹擁被而起正色讓順曰老身二十年侍中與卿先君亟連職事縱卿後進何宜相排突也遂謝事還家詔諭乃起除侍中託疾未起故免河陰之害莊帝立介朱榮徵之紹以爲必死哭辭家廟及見榮捧手不拜榮亦矯意禮之顧謂人曰穆紹不虛作大家兒車駕入宮尋授尙書令司空進爵爲王給班劍四十人仍加侍中時河南尹李奬往詣紹奬以紹郡人謂必致敬紹又恃封邑是奬國主匡坐待之不爲動膝奬憚其位望致拜而還議者兩譏焉未幾降王復本爵普泰元年除驃騎大將軍開府青州刺史加都督未行而薨贈大將軍尙書令太保諡曰文獻子長嵩字子岳襲爵位光祿少卿平國弟正國尙長樂公主拜駙馬都尉正國子平城早卒孝文時始平公主薨於宮追贈平城駙馬都尉與公主冥婚壽弟多侯封長寧子位司衞監文成崩乙渾專權召司徒陸麗麗時在温湯療疾多侯謂曰渾有無君心大王衆所望也去必危宜徐歸而圖之麗不從遂爲渾害多侯亦見殺觀弟翰平原鎭將西海王薨子龍兒襲爵降爲公卒子弼有風格善自位置涉獵經史與

長孫承業陸希道等齊名然而矜己陵物頗以此損焉孝文定氏族欲以彌爲國子助教彌辭以爲屈帝曰朕欲敦勵胄子屈卿先之白玉投泥豈能相汙彌曰旣遇明時恥沉泥滓會司州牧咸陽王禧入帝曰朕與卿作州督舉一主簿卽命彌謁之因爲帝所知宣武初爲廣平王懷國郎中令數有匡諫之益除中書舍人卒於華州刺史謚曰懿翰弟顗有才力以侍御郎從太武征赫連昌勇冠一時賜爵泥陽子拜司衞監從太武田崞山有虎突出顗搏而獲之帝歎曰詩云有力如武顗乃過之後從征白龍討蠕蠕以功進爵建安公後拜殿中尚書出鎭涼州還加散騎常侍領太倉尚書文成時爲征西大將軍督諸軍西征吐谷渾坐擊賊不進免官爵徙邊文成以顗著勳前朝徵爲內都大官卒贈征西大將軍建安王謚曰康子寄生襲崇宗人醜善道武初率部歸附與崇同心戮力捍禦左右拜天部大人居東蕃子莫提從平中原位相州刺史假陵陽侯其子孫位亦通顯

奚斤代人也世典馬牧父箪有寵於昭成皇帝時國有良馬曰騧騮一夜忽逸

後知南部大人劉庫仁所盜養於窟室箄聞而馳往取馬庫仁以國甥恃寵慙而逆擊箄箄捽其髮落傷其一乳及苻堅使庫仁與衛辰分領國部箄懼遂奔衛辰及道武滅衛辰箄晚乃得歸故名位後於舊臣斤機辯有識度登國初與長孫肥等俱統禁兵後以爲侍郎親近左右從征慕容寶於參合皇始初拜越騎校尉典宿衛禁旅車駕還京師博陵勃海章武諸郡羣盜並起斤與略陽公元遵等討平之從征破高車諸部又破庫狄宥連部徙其別部諸落於塞南又進擊侯莫陳部至大娥谷置戍而還遷都水使者出爲晉兵將軍幽州刺史賜爵山陽侯明元卽位爲鄭兵將軍詔以斤世忠孝贈其父箄長寧子明元幸雲中斤留守京師昌黎王慕容伯兒謀反斤召入天安殿東廡下誅之詔與南平公長孫嵩等俱坐朝堂錄決囚徒明元大閱于東郊講武以斤行左丞相大蒐於石會山車駕西巡詔斤先驅討越勤部於鹿那山大破之又詔斤與長孫嵩等八人坐止車門左聽理萬機拜天部大人進爵爲公命斤出入乘軺軒備威儀導從太武之爲皇太子臨朝聽政以斤爲左輔宋廢主義符立其國內離阻

乃遣斤收河南地假斤節都督前鋒諸軍事司空晉兵大將軍行揚州刺史率吳兵將軍公孫表等南征用表計攻滑臺不拔求濟師帝怒其不先略地切責之乃親南巡次中山斤自滑臺趨洛陽長驅至武牢遂平兗豫諸郡還圍武牢及武牢潰斤置守宰以撫之自魏初大將行兵唯長孫嵩拒宋武斤征河南獨給漏刻及十二牙旗太武即位進爵宜城王仍爲司空太武征赫連昌遣斤率義兵將軍封禮等襲蒲坂斤又西據長城秦雍氐羌皆來歸附斤與赫連定相持累戰破定定聞昌敗走上邽斤追至雍不及而還詔斤班師斤請因其危平之乃進討安定昌退保平涼斤屯軍安定以糧竭馬死深壘自固監軍侍御史安頡擊昌禽之昌衆復立昌弟定爲主守平涼斤恥以元帥而禽昌之功更不在己乃舍輜重追定於平涼定衆將出會一小將有罪亡入賊具告其實定知斤軍無糧乏水乃邀斤前後斤衆大潰斤及將娥清劉拔爲定所禽後太武剋平涼斤等得歸免爲宰人使負酒食從駕還京師以辱之尋拜安東將軍降爵爲公太延初爲衛尉改爲恆農王後爲萬騎大將軍太武議伐涼州斤等三十

餘人議以爲不可帝不從涼州平以戰功賜僮隸七十戶又以斤元老賜安車平決獄訟諮訪朝政斤聽辯彊識善於談論遠說先朝故事雖未皆是時有所得聽者歎美之每議大政多見從用朝廷稱焉眞君九年薨時年八十九太武親臨哀慟諡曰昭王斤有數十婦子男二十餘人長子他觀襲爵太武曰斤西征之敗國有常刑以其佐命先朝故復其爵秩將收孟明之効今斤終其天年君臣之分全矣於是降他觀爵爲公傳國至孫緒無子國除太和中孝文追錄先朝功臣以斤配饗廟庭宣武繼世以緒弟子監紹其後

叔孫建代人也父骨爲昭成母王太后所養與皇子同列建少以智勇著稱道武之幸賀蘭部常從左右登國初爲外朝大人與安同等十三人迭典庶事參軍國之謀隨秦王觚使慕容垂歷六載乃還累遷中領軍賜爵安平公出爲幷州刺史後以公事免守鄴城園明元卽位念前功以爲正直將軍相州刺史飢胡劉武等聚黨叛明元假建前號安平公督公孫表等以討武斬首萬餘級餘衆奔走投沚水死水爲不流晉將劉裕伐姚泓令其部將王仲德爲前鋒將逼

珍倣宋版印

滑臺兗州刺史尉建率所部棄城濟河仲德遂入滑臺乃宣言曰晉本意欲以布帛七萬匹假道於魏不謂魏之守將便爾棄城明元聞之詔建度河曜威斬尉建投其屍於河呼仲德軍人與語詰其侵境之狀尋遣廣阿鎮將威名甚著久之除使持節都督前鋒諸軍事楚兵將軍徐州刺史率衆自平原濟河徇下青兗諸郡遂東入青州圍宋刺史竺夔於東陽城宋遣將檀道濟王仲德救夔建不克而還以功賜爵壽光公與汝陰公長孫道生濟河而南仲德等自清入濟東走青州太武以建威名南震爲宋所憚除平原鎮大將封丹楊王加征南大將軍先是簡幽易以南戍兵集于河上一道討洛陽一道攻滑臺宋將檀道濟王仲德救滑臺建與汝陰公道生拒擊之建分軍挾戰縱輕騎邀其前後焚燒穀草以絕其糧道道濟兵飢叛者相繼由是安頡等得拔滑臺建沉敏多智東西征伐常爲謀主容貌清整號曰嚴明又雅尚人倫禮賢愛士在平原十餘年綏懷內外甚得邊稱魏初名將鮮有及之南方憚其威略青兗輟不爲寇太延三年薨時年七十三諡曰襄賜葬金陵長子俊字醜歸少聰敏年十五內侍

左右性謹密初無過行以便弓馬轉爲獵郎道武崩清河王紹閉宮門明元在外紹拘逼俊以爲己援外雖從紹內實忠款仍與元歷磨渾等說紹歸明元時明元左右唯車路頭王洛兒等及得俊等大悅以爲爪牙及卽位稍遷衛將軍賜爵安成公及朱提王悅懷刃入禁欲行大逆俊覺悅舉動有異乃於悅懷中得兩刃匕首遂執悅殺之明元以俊前後功重軍國大計一以委之羣宮上事先由俊銓校然後奏聞性平正柔和未嘗有喜怒色忠篤愛厚不諂上抑下每奉詔宣外必告示慇懃是以上下嘉歎泰常元年卒時年二十八明元親臨哀慟朝野無不追惜贈司空安成王諡孝元賜温明祕器載以轀輬車衛士導從陪葬金陵子蒲襲爵後有大功及寵幸貴臣薨賵賻送終禮皆依俊故事無得踰之者初俊卒明元命其妻桓氏曰夫生既共榮沒宜同穴能殉葬者可任意桓氏乃縊遂合葬焉俊既爲安城公俊弟隣襲父爵降爲丹楊公位尚書令涼州鎮大將與鎮副將奚牧並以貴戚子弟競貪財貨遂相糾坐誅

安同遼東胡人也其先祖曰世高漢時以安息王侍子入洛歷魏至晉避亂遼

東遂家焉父屈仕慕容暐暐爲苻堅所滅屈友人公孫眷妹沒入苻氏宮出賜劉庫仁爲妻庫仁貴寵之同隨眷商販見道武有濟世才遂留奉侍性端嚴明惠好長者之言登國初道武徵兵於慕容垂同頻使稱旨爲外朝大人與和跋等出入禁中迭典庶事從征姚平於柴壁姚興悉衆救平同進計曰汾東有蒙阬東西三百餘里徑路不通姚興來必從汾西乘高臨下直至柴壁如此則寇內外勢接宜截汾爲南北浮橋乘西岸築圍西圍旣固賊至無所施其智力矣從之興果視平屠滅而不能救以謀功賜爵北新侯明元卽位命同與南平公長孫嵩並理人訟又詔同與肥如侯賀護持節循察并定二州及諸山居雜胡丁零宣詔撫慰問其疾苦糾舉守宰不法郡國肅然同東出井陘至鉅鹿發衆欲修大嶺山通天門關又築城於宋子以鎮靜郡縣護嫉同得衆心使人告同築城聚衆欲圖大事太武監國臨朝聽政以同爲左輔及卽位進爵高陽公冀青二州刺史同長子屈明元時典太倉事盜官粳米數石欲以養親同大怒求戮屈自劾不能訓子帝嘉而恕之遂詔長給米同在官明察長於校閱家法修

整爲世所稱及在冀州年老頗殖財貨大興寺塔爲百姓所苦卒贈高陽王謚
曰恭惠屈弟原雅性矜嚴沉勇多智略明元時爲獵郎出監雲中軍事時赫連
屈丏犯河西原以數十騎擊之殺十餘人帝以原輕敵違節度加罪然知原驍
勇遂任以爲將鎮雲中蠕蠕犯塞原輒破之以功賜爵武原侯加魯兵將軍太
武即位拜駕部尚書車駕征蠕蠕大檀分爲五道遷尚書左僕射進爵河間公
原在朝無所比周然特寵驕恣多所排抑爲子求襄城公盧魯元女魯元不許
原告其罪狀事相連逮歷時不決原懼不勝遂謀逆事泄伏誅原兄弟外節儉
而內實積聚及誅後籍其財至數萬弟頡辯慧多策略最有父風明元初爲內
侍長令察舉百寮糾刺姦慝無所迴避嘗告其父陰事帝以爲忠特親寵之宜
城王奚斤自長安追赫連昌至安定頡爲監軍侍御史斤以馬多疫死士衆乏
糧乃築壘自固遣太僕丘堆等督租於人間爲昌所敗昌遂驕矜日來侵掠頡
曰等死當戰死寧可坐受囚乎斤猶以馬死爲辭頡乃陰與尉眷等謀選騎焉
昌來攻壘頡出應之昌馬蹶而墜頡禽昌送京師賜爵西平公代堆統攝諸軍

赫連定將復入長安詔頡鎮蒲坂以拒之宋將到彥之寇河南以援定列守南岸至於衡關太武西征定以頡爲援軍將軍督諸軍擊彥之遂濟河攻洛陽拔之進攻武牢武牢潰又琅邪王司馬楚之平滑臺禽宋將朱修之李元德及東郡太守申謨乃振旅還京師進爵爲王卒謚曰襄頡爲將善綏士衆及卒宋士卒降者無不歎惜

庾業延代人也後賜名岳其父及兄和辰世典畜牧稍轉中部大人昭成崩苻氏內侮事難之間收斂畜產富擬國君劉顯謀逆道武外幸和辰奉獻明太后歸道武又得其資用以和辰爲內侍長和辰分別公私舊畜頗不會旨道武由是恨之岳獨恭愼修謹善處危難之間道武嘉之與王建等俱爲外朝大人參預軍國從平中原拜安遠將軍官軍之警於柏肆也賀蘭部帥附力眷紇突鄰部帥匿物尼紇奚部帥叱奴根等聞之反於陰館南安公元順討之不剋詔岳討破離石叛胡帥呼延鐵西河叛胡帥張崇等以功賜爵西昌公還鄴行臺岳爲將有謀略士衆服其智勇名冠諸將及罷鄴行臺以所統六郡置相州即拜

岳爲刺史秉法平當百姓稱之鄴舊有園池時果初熟承吏送之岳不受曰果未進御吾何得先食其謹如此遷司空岳兄子路有罪諸父兄弟悉誅特赦岳父子候官告岳衣服鮮麗行止風采擬儀人君遇道武不豫多所猜忌遂誅之時人咸寃惜焉岳葬在代西善無界後太武征赫連氏經其墓宅愴然改容遂下詔爲立廟令一川之人四時致祭求其子孫任爲帥者得其子陵從征有功聽襲爵

王建廣寧人也祖姑爲平文后生昭成皇帝伯祖豐以帝舅貴重豐子支尚昭成女甚見親待建少尚公主登國初爲外朝大人與和跋等十三人迭典庶事參與計謀道武遣使慕容垂建辭色高亢垂壯之還爲左大夫建兄迴時爲大夫諸子多不慎法建具以狀聞迴父子伏誅其訐直如此從征伐諸國破二十餘部又從征衞辰破之爲中部大人破慕容寶於參合帝乘勝將席卷南夏於是簡擇俘衆有才能者留之其餘欲悉給衣糧遣歸令中州之人咸知恩德建以爲寶覆敗於此國內空虛獲而歸之縱敵生患不如殺之帝曰若從建言非

伐罪弔人之義諸將咸以建言為然建又固執乃阬之帝既而悔焉并州既平車駕出井陘次常山諸郡皆降唯中山鄴信都三城不下乃遣衞王儀南攻鄴建攻信都等城建等攻城六十餘日不能剋士卒多傷帝自中山幸信都降之車駕幸鉅鹿破寶衆於柏肆塢遂圍中山寶棄城走和龍城內無主將夜入乘勝據守其門建貪而無謀意在虜獲恐士卒肆掠盜亂府庫請候天明帝乃止是夜徒何人共立慕容普驎為主遂閉門固守帝乃悉衆攻之使人登巢車臨城招其衆皆曰但恐如參合之衆故求全月日命耳帝聞之顧視建而唾其面中山平賜建爵濮陽公遷太僕徙真定公加散騎常侍冀青二州刺史卒陪葬金陵

羅結代人也其先世領部落為魏附臣劉顯之逆結從道武幸賀蘭部後賜爵屈蛇侯太武初累遷侍中外都大官總三十六曹事年一百七歲精爽不衰太武以其忠慤甚信待之監典後宮出入臥內因除長秋卿年一百一十詔聽歸老賜大寧東川為私第別業并為築城卽號曰羅侯城朝廷每有大事驛馬詢

問焉年一百二十卒諡曰貞子斤從太武討赫連昌力戰有功歷位四部尚書
從平涼州以功賜爵帶方公除長安鎮都大將會蠕蠕侵境除柔玄鎮都大將
卒諡曰靜陪葬金陵子敢襲爵位庫部尚書卒子伊利襲
婁伏連代人也代爲酋帥伏連忠厚有器量年十三襲父位領部落道武初從
破賀蘭部又平中山及征姚平於柴壁以功賜爵安邑侯明元時爲晉兵將軍
并州刺史太武即位封廣陵公再遷光祿勳進爵爲王後鎮統萬薨諡恭王子
眞襲降爵爲公眞弟大拔封鉅鹿子大拔孫寶字道成性淳朴好讀書明帝時
仕至朔州刺史時邊事屢興人多流散及寶至稍安集之殘壞舊宅皆命葺構
人歸繼路歲考爲天下最後隨大都督源子邕討擊葛榮王師敗績寶因於榮
軍變姓名匿於戎伍以免害久之賊中有朔州人識寶者謂寶曰使君寧自苦
至此遂將詣榮笑曰婁公吾方圖事何相見之晚因顧謂人曰此公行善天道
報之得免亂兵即其驗也寶遇逃者密啓賊形勢規爲內應天子感其壯志召
寶第二子景賢授員外散騎常侍郎葛榮滅寶始得還永安中除假員外散騎

常侍使蠕蠕先是蠕蠕稱藩上表後以中州不競書爲敵國之儀寶責之蠕蠕主大驚自知惡謝曰此作書人誤遂更稱藩孝武帝立敕寶與行臺長孫子彥鎭恆農後從入關封廣寧縣伯大統元年詔領著作郎監修國史事別封平城縣子後授國子祭酒侍中進儀同三司兼太子太傅攝東宮詹事寶爲人清簡少言頗諳舊事位歷師傅守靖謙恭以此爲人所敬後行涇州事卒於州

閭大肥蠕蠕人也道武時歸魏尙華陽公主賜爵其思子與弟並爲上賓入八議明元卽位爲內都大官進爵爲侯宜城王奚斤之攻武牢大肥與娥清領十二軍出中道太武初復與奚斤出雲中白道討大檀破之後從討赫連昌以功授滎陽公公主薨復尙濩澤公主太武將拜大肥爲王遇疾卒

奚牧代人也重厚有智謀道武寵遇之稱曰仲兄初劉顯害帝梁眷知之潛使牧與穆崇至七箇山以告帝錄先帝舊臣又以牧告顯功使敷奏政事參與計謀從征慕容寶以功拜幷州刺史賜爵任城公州與姚興接界興頗寇邊牧乃與興書稱頓首均禮抗之責與侵邊不直之意興以與國和通恨之有言於道

武道武戮之
和跋代人也世領部落爲魏附臣至跋以才辯知名道武擢爲外朝大人參軍國大謀雅有智算賜爵日南公從平中原以功進爲尚書鎮鄴以破慕容德軍改封定陵公與常山王遵討賀蘭部別帥木易干破之出爲平原太守道武寵跋於諸將羣臣皆敦尚恭儉而跋好修虛譽炫曜於時性尤奢淫帝戒之不革後車駕北狩豺山收跋刑之路側妻劉氏自殺以從初將刑跋道武命其諸弟毗等視訣跋謂毗曰灅北地瘠可居水南就耕良田廣爲產業各相勸勵令之背己曰汝曹何忍視吾之死毗等解其微意詐稱使者奔長安道武誅其家後太武幸豺山校獵忽暴霧四塞怪問之羣下僉言跋世居此祠冢猶存或者能致斯變帝遣建與公古弼祭以二牲霧卽除後太武蒐狩之日每先遣祭之
莫題代人也多智有才用初爲幢將領禁兵道武之征慕容寶寶夜犯營軍人驚駭遂有亡還京師者言官軍敗於柏肆京師不安南安公元順因欲攝國事題曰大事不可輕爾不然禍將及矣順乃止後封高邑公窟咄寇南鄙題時貳

於帝遺箭於窟咄謂之曰三歲犢豈勝重載言窟咄長而帝少也帝既銜之後有告題居處倨傲擬則人主帝乃使人示之箭告之曰三歲犢能勝重載不題奉詔父子對泣詰朝乃刑之

賀狄干代人也家本小族世忠厚爲將以平當稱稍遷北部大人登國初與長孫嵩爲對明於聽察爲人愛敬道武遣狄干致馬千匹結婚於姚萇會萇死與立因止狄干而絕婚與弟平寇平陽道武討平之禽其將狄伯支唐小方等四十餘人後與以駿馬千匹贖伯支而遣狄干還帝許之干在長安因習讀書史通論語尙書諸經舉止風流有似儒者初帝普封功臣狄干雖爲姚與所留遙賜狄干爵襄武侯加秦兵將軍及狄干至帝見其言語衣服類中國以爲慕而習之故忿焉既而殺之

李栗鴈門人也昭成時父祖入北栗少辯捷有才能兼將略初隨道武幸賀蘭部愛其藝能時王業草創爪牙心腹多任親近唯栗一介遠寄兼非戚舊數有戰功拜左軍將軍栗性簡慢矜寵不率禮度每在道武前舒放倨傲不自祗肅

笑啞任情道武郎其宿過誅之於是威嚴始厲制勒羣下盡卑謙之禮自粟始
也
奚眷代人也少有將略道武世有戰功明元時爲武牢鎮將爲寇所憚太武時
賜爵南陽公及征蠕蠕眷以都曹尚書督偏將出別道詔會鹿渾海眷與中山
王辰等諸大將俱後期斬于都南爵除

論曰帝王之興雖則天命經綸所說咸藉股肱元桓穆之際王迹未顯操合託身馳驟之秋自立功名之地可謂志識之士矣而劉庫仁兄弟忠以爲心盛衰不二純節所存其意蓋遠而並貽非命惜乎尉眞兄弟忠勇奮發義以忘生眷威略著時增隆家業穆崇夙奉龍顏早著誠款遂膺寵眷位極台司至乃身豫逆謀卒蒙全護從享於廟抑亦尚功世載公卿奕奕青紫盛矣奚斤世稱忠孝征伐有剋平涼之役師殲身虜雖敗崤之責已赦封尸之効靡立而恩禮隆渥沒祀廟廷叔孫建少展誠勤終著庸伐臨邊有術威震夷楚俊委節明元義彰顛沛察朱提之變有日磾之風加以柔而能正見美朝野安同異類之人智識

入用任等時俊當有由哉頡翕赫連昌摧宋氏衆遂爲名將未易輕也庾業延晃紀危難之中受事草創之際智勇旣申功名尤舉而不免傾覆蓋亦其命王建位遇旣高訐以求直參合之役不其罪歟羅結枝附葉從子孫榮祿婁伏連閭大肥並征伐著蹟策名前代奚牧和跋莫提賀狄干李栗奚眷有忠勤征伐之功不能以功名自卑俱至誅夷亦各其命也

北史卷二十

北史卷二十考證

衞操傳後爲勒將孔長所滅○長魏書作萇

尉古眞傳鳴騶鐃吹○鐃監本訛鐃今改從南本

穆崇傳泰常八年○泰監本訛太今改從魏書

請景穆避保南山惠保太后不聽○魏書惠字下無保字此衍

奚斤傳後以爲侍郎親近左右○監本脫親字今從南本增入

叔孫建傳投泚水死水爲不流○泚魏書作沁

和跋傳道武寵跋於諸將○於字上魏書有冠字

賀狄干傳帝見其言語衣服類中國○中國魏書作羌俗

北史卷二十考證

珍溦朱版印

北史卷二十一

唐　李　延　壽　撰

列傳第九

燕鳳　許謙　崔宏子浩　張袞弟恂　鄧彥海

燕鳳字子章代人也少好學博綜經史明習陰陽讖緯昭成素聞其名使以禮致之鳳不應聘及軍圍代謂城人曰鳳不來者將屠之代人懼遂送鳳昭成待以賓禮後拜代王左長史參決國事又以經授獻明帝常使苻堅堅問鳳曰代王何如人對曰寬和仁愛經略高遠一時雄主也常有幷吞天下之志堅曰卿輩北人無剛甲利兵敵弱則進敵強則退安能幷兼邪鳳曰北人壯悍上馬持三仗驅馳若飛主上雄儁率服北土控弦百萬號令若一軍無輜重樵爨之苦輕行速捷因敵取資此南方所以疲弊北方所以常勝也堅曰彼國人馬多少鳳曰控弦之士數十萬見馬一百萬匹堅曰卿言人衆則可說馬太多鳳曰雲中川自東山至西河二百里北山至南山百餘里每歲孟秋馬常大集略爲滿

川以此推之使人言猶未盡鳳還堅厚加贈遺及昭成崩道武將遷長安鳳以
道武幼弱固請于苻堅曰代主初崩臣子亡叛遺孫沖幼莫相輔立其別部大
人劉庫仁勇而有智鐵弗衛辰狡猾多端皆不可獨任宜分部爲二令人統之
兩人素有深讎其勢莫能先發此禦邊之上策待其孫長乃存而立之是陛下
大惠於亡國也堅從之鳳尋東還及道武即位歷吏部郎給事黃門侍郎行臺
尚書甚見器重明元世與崔宏封懿梁越等入講經傳出議朝政太武初以舊
勳賜爵平舒侯卒子才襲

許謙字元遜代人也少有文才善天文圖讖學建國時將家歸附昭成擢爲代
王郎中令兼掌文記與燕鳳俱授獻明帝經昭成崩後謙徙長安苻堅弟行唐
公洛鎮和龍請謙之鎮未幾以繼母老辭歸登國初遂歸道武以爲右司馬與
張袞等參贊初基慕容寶之來寇也道武使謙告難於姚興興遣將楊佛嵩來
援佛嵩稽緩道武命謙爲書遺之佛嵩乃倍道兼行道武大悅賜謙爵關內侯
寶敗佛嵩乃還及慕容垂死謙上書勸進并州平以謙爲陽曲護軍賜爵平舒

珍倣宋版印

侯卒贈幽州刺史高陽公謚曰文子洛陽襲爵明元追錄謙功以洛陽爲鴈門太守洛陽家田三生嘉禾皆異畝同穎太武善之進爵北地公卒謚曰恭

崔宏字玄伯清河東武城人魏司空林之六世孫也祖悅仕石季龍位司徒右長史父潛仕慕容暐爲黃門侍郎並以才學稱宏少有儁才號曰冀州神童苻融之牧冀州虛心禮敬拜陽平公侍郎領冀州從事出總庶事入爲賓友衆務修理處斷無滯苻堅聞之徵爲太子舍人辭以母疾不就左遷著作佐郎太原郝軒名知人稱宏有王佐之才近代所未有也堅亡避難齊魯閒爲丁零翟釗及晉叛將張願所留郝軒歎曰斯人也遇斯時不因扶搖之勢而與鴳雀飛沉豈不惜哉仕慕容垂爲吏部郎尚書左丞高陽內史所歷著稱立身雅正雖在兵亂猶厲志篤學不以資產爲意妻子不免飢寒道武征慕容寶次中山棄郡走海濱帝素聞其名遣求及至以爲黃門侍郎與張袞對總機要草創制度時晉使來聘帝將報之詔有司議國號宏議曰三皇五帝之立號也或因所生之土或以封國之名故虞夏商周始皆諸侯及聖德既隆萬國宗戴稱號隨本不

復更立唯商人屢徙改號曰殷然猶兼行不廢始基之號故詩云殷商之旅此
其義也國家雖統北方廣漠之土逮于陛下應運龍飛雖曰舊邦受命惟新以
是登國之初改代曰魏慕容永亦奉進魏土夫魏者大名州之上國斯乃革命
之徵驗利見之玄符也臣愚以爲宜號爲魏道武從之於是稱魏及帝幸鄴歷
問故事宏應對若流帝善之還次恆嶺帝親登山頂撫慰新人適遇宏扶老母
登嶺賜以牛米因詔諸徙人不能自進者給以車牛還吏部尚書時命有司制
官爵撰朝儀協音樂定律令申科禁宏總而裁之以爲永式及置八部大人以
擬八坐宏通署三十六曹如令僕統事深被信任勢傾朝廷約儉自居不營產
業家徒四壁出無車乘朝晡步上母年七十供養無重膳帝聞益重之厚加饋
賜時人亦或譏其過約而宏居之愈甚常引問古今舊事王者制度宏陳古人
制作之體及往代廢興之由甚合上意未嘗謇諤忤旨亦不諂諛苟容及道武
季年大臣多犯威怒宏獨無譴者由於此也帝曾引宏講論漢書至婁敬說漢
祖欲以魯元公主妻匈奴善之嗟嘆者良久是以諸公主皆嫁于賓附之國朝

臣子弟良族美彥不得尙焉尙書職罷賜宏爵白馬侯加周兵將軍與舊功臣
庾岳奚斤等同班而信寵過之道武崩明元未即位淸河王紹因人心不安大
出財帛班賜朝士宏獨不受紹財長孫嵩以下咸愧焉詔遣使者循行郡國糾
察守宰不如法者令宏與宜都公穆觀等案之帝稱其平當又詔宏與長孫嵩
等朝堂決刑獄明元以郡國豪右大人蠹害乃優詔徵之人多戀本而長吏逼
遣之於是輕薄少年因相扇動所在聚結西河建與盜賊並起守宰討之不能
禁帝乃引宏及北新侯安同壽光侯叔孫建武元城侯元屈等問焉宏欲大赦
以紓之屈曰不如先誅首惡赦其黨類宏曰王者臨天下以安人爲本何顧小
曲直也夫赦雖非正道而可以權行若赦而不改誅之不晚明元從之神瑞初
詔宏與南平公嵩等坐止車門右聽理機事幷州胡數萬南掠河內遣將軍公
孫表等討之敗績帝問計於羣臣宏曰表等諸軍不爲不足但失於處分故使
小盜假息耳胡衆雖多而無猛健主將所謂千奴共一膽也宜得大將素爲胡
所服信者將數百騎就攝表軍以討之賊聞必望風震怖壽光侯建前在幷州

諸將莫及帝從之遂平胡寇尋拜天部大人進爵爲公泰常三年夏宏病篤帝
遣侍中穆觀就受遺言侍臣問疾一夜數返卒追贈司空謚文貞公喪禮一依
安城王叔孫俊故事詔羣臣及附國渠帥皆會葬自親王以外盡命拜送子浩
襲太和中孝文追錄先朝功臣以宏配饗廟廷浩字伯深少好學博覽經史玄
象陰陽百家之言無不該覽研精義理時人莫及弱冠爲通直郎稍遷著作郎
道武以其上書常置左右道武季年威嚴頗峻宮省左右多以微過得罪莫不
逃避隱匿目下之變浩獨恭勤不怠或終日不歸帝知之輒命賜以御粥其砥
直任時不爲窮通改節若此明元初拜博士祭酒賜爵武城子常授帝經書每
至郊祀父子並乘軒軺時人榮之明元好陰陽術數聞浩說易及洪範五行善
之因命筮吉凶參觀天文考定疑惑浩摠覈天人之際舉其綱紀者數家多有
應驗恆與軍國大謀甚爲寵密時有兔在後宮檢無從得入帝令浩推之浩以
爲當有隣國貢嬪嬙者明年姚興果獻女神瑞二年秋穀不登太史令王亮蘇
坦因華陰公主等言讖書云國家當都鄴大樂五十年勸帝遷都於鄴可救今

年之饑帝以問浩浩曰非長久策也東州之人常謂國家居廣漠之地人畜無算號稱牛毛之衆今留守舊都分家南徙恐不滿諸州之地參居郡縣處榛林之下不便水土疾疫死傷情見事露則百姓意阻四方聞之有輕侮之意屈丐及蠕蠕必提挈而來雲中平城則有危殆之事阻隔恆代千里之險雖欲救援赴之甚難如此則聲實俱損矣今居北方假令山東有變輕騎南出燿威桑梓之中誰知多少百姓見之望塵振伏此是國家威制諸夏之長策也至春草生乳酪將出兼有菜菓足接來秋若得中熟事則濟矣帝深然之復使中貴人問浩曰今既無以至來秋或復不熟將如之何浩曰可簡窮下之戶諸州就穀若秋無年願更圖也但不可還都帝於是分人詣山東三州就食出倉穀以稟之來年遂大熟賜浩妾各一人及御衣綿絹等初姚興死之前歲太史奏熒惑在匏瓜星中一夜忽然亡失不知所在或謂下入危亡之國將爲童謠妖言而後行其災禍帝乃召諸碩儒與史官求其所詣浩對曰案春秋左氏傳說神降于莘其至之日乃其物也請以日辰推之庚午之夕辛未之朝天有陰雲熒惑之

亡當在此二日之內庚與午皆主於秦辛爲西夷今姚興據咸陽是熒惑入秦矣諸人皆作色曰天上失星人安能知其所詣而妄說無徵之言浩笑而不應後八十餘日熒惑果出東井留守盤旋秦中大旱赤地昆明池水竭童謠訛言國中喧擾明年姚興死二子交兵三年國滅於是諸人乃服泰常元年晉將劉裕伐姚泓欲泝河西上求假道詔羣臣議之外朝公卿咸曰函谷天險裕何能西入揚言伐姚意或難測宜先發軍斷河上流勿令西過內朝咸同外計帝將從之浩曰此非上策也司馬休之徒擾其荊州劉裕切齒久矣今興死子幼乘其危亡而伐之臣觀其意必自入關勁躁之人不顧後患今若塞其西路裕必上岸北侵如此則姚無事而我受敵矣蠕蠕內寇人食又乏發軍赴南則北寇進擊若其救北則南州復危未若假之水道從裕西入然後興兵塞其東歸之路所謂卞莊刺彪兩得之勢也使裕勝也必德我假道之惠令姚氏勝也亦不失救隣之名縱裕得關中懸遠難守彼不能守終爲我物今不勞兵馬坐觀成敗鬬兩彪而收長久之利上策也夫爲國之計擇利爲之豈顧婚姻酬一女子

之惠也假國家棄恆山以南裕必不能發吳越之兵爭守河北也議者猶曰裕
西入函谷則進退路窮腹背受敵北上岸則姚軍必不出關助我揚聲西行意
在北進其勢然也帝遂從羣議遣長孫嵩拒之戰於畔城爲晉將朱超石所敗
帝恨不用浩言二年晉齊郡太守王懿來降陳計稱劉裕在洛勸以軍絕其後
路則裕軍不戰而可克書奏帝善之會浩在前進講書傳帝問浩曰裕西伐已
至潼關卿觀事得濟否浩曰姚興好養虛名而無實用子泓又病衆叛親離乘
其危亡兵精將勇克之必矣帝曰裕武能何如慕容垂浩曰垂承父祖之資生
便尊貴同類歸之若夜蛾之赴火少加倚仗便足立功劉裕挺出寒微不因一
卒之用奮臂大呼而夷滅桓玄北禽慕容超南摧盧循裕若平姚而篡其主秦
地戎夷混幷裕亦不能守之秦地亦終當爲國家所有帝曰裕已入關不能進
不能退我遣精騎南襲彭城壽春裕亦何能自立浩曰今西北二寇未殄陛下
不可親御六師長孫嵩有經國之用無進取之能非劉裕敵也臣謂待之不晚
帝笑曰卿量之已審矣浩曰臣常私論近世人物不敢不上聞若王猛之經國

苻堅之管仲也慕容恪之輔少主慕容暐之霍光也劉裕之平逆亂司馬德宗
之曹操也帝曰卿謂先帝如何浩曰太祖用漠北淳朴之人南入漢地變風易
俗化洽四海自與羲農舜禹齊烈臣豈能仰名帝曰屈丐何如浩曰屈丐家國
夷滅一身孤寄爲姚氏封植不思樹黨強隣報復讎恥乃結蠕蠕背德於姚撅
豎小人無大經略正可殘暴終爲人殘滅耳帝大悅說至中夜賜浩縹醪酒十
斛水精戎鹽一兩曰朕味卿言若此鹽酒故與卿同其味也三年彗星出天津
入太微經北斗絡紫微犯天棓八十餘日至天漢而滅帝復召諸儒術士問之
曰災咎將在何國朕甚畏之浩曰災異由人而起人無釁妖不自作漢書載王
莽簒位之前彗星出入正與今同國家主尊臣卑人無異望是爲僭晉將滅劉
裕簒之之應也諸人莫能易浩言帝深然之五年宋果代晉南鎮上宋改元赦
書時帝幸東南舄滷池射鳥聞之驛馳召浩告曰往年卿言彗星之占驗矣朕
今日始信天道初浩父疾篤乃翦爪截髮夜在庭中仰禱斗極爲父請命求以
身代叩頭流血歲餘不息家人罕有知者及父終居喪盡禮時人稱之襲爵白

馬公自朝廷禮儀優文策詔軍國書記盡關於浩浩能爲雅說不長屬文而留心於制度科律及經術之言作家祭法次序五宗蒸嘗之禮豐儉之節義理可觀性不好莊老之書每讀不過數十行輒棄之曰此矯誣之說不近人情必非老子所作老聃習禮仲尼所師豈設敗法之言以亂先王之教袁生所謂家人筐篋中物不可揚於王庭帝恆有微疾而災異屢見乃使中貴人密問浩曰今茲日蝕於胃昴盡光趙代之分野朕疾疹彌年恐一旦奄忽諸子並少其爲我設圖後計浩曰陛下春秋富盛聖業方融德以除災幸就平愈昔宋景見災修德熒惑退舍願陛下遣諸憂慮怡神保和無以闇昧之說致損聖思必不得已請陳瞽言自聖化龍興不崇儲貳是以永興之始社稷幾危今宜早建東宮選公卿忠賢陛下素所委仗者使爲師傅左右信臣簡在帝心者以充賓友入總萬機出統戎政監國撫軍六柄在手若此則陛下可以優游無爲頤神養壽此乃萬代之令典塞禍之大備也今長皇子諱年漸一紀明叡溫和衆情所繫時登儲副則天下幸甚立子以長禮之大經若須並大成人而擇倒錯天倫則生

履霜堅冰之禍自古以來載籍所記興衰存亡趣不由此帝納之於是使浩奉策告宗廟令太武爲國副主居正殿臨朝司徒長孫嵩高陽公奚斤北新公安同爲左輔坐東廂西面浩與太尉穆觀散騎常侍丘堆爲右弼坐西廂東面百寮總己以聽焉明元居西宮時隱而窺之聽其決斷大悅謂左右侍臣曰長孫嵩宿德舊臣歷事四世功在社稷奚斤辯捷智謀名聞遐邇安同曉解俗情明於校練穆觀達政事要識吾旨趣崔浩博聞強識精於天人之會丘堆雖無大用然在公專謹以六人輔吾子足以經國吾與汝曹遊行四境伐叛柔服可以得志於天下矣羣臣時奏事所疑帝曰此非我所知當決之於汝曹國主也會聞宋武帝殂帝欲取洛陽武牢滑臺浩曰陛下不以劉裕歘起納其使貢裕亦敬事陛下不幸今死乘喪伐之雖得之不令春秋晉士丐侵齊聞齊侯卒乃還君子大其不伐喪以爲恩足以感孝子義足以動諸侯今國家未能一舉而定江南宜遣人弔祭恤其凶災布義風於天下令德之事也且裕新死黨與未離不如緩之待其惡稔如其強臣爭權變難必起然後命將揚威可不勞士卒而

收淮北之地帝銳意南伐語浩曰劉裕因姚興死而滅其國裕死我伐之何爲不可浩固執曰興死二子交爭裕乃伐之帝大怒不從遂遣奚斤等南伐議於監國之前曰先攻城先略地斤請先攻城浩曰南人長於固守苻氏攻襄陽經年不拔今以大國之力攻其小城若不時剋挫損軍勢危道也不如分軍略地至淮爲限列置守宰收斂租穀滑臺武牢反在軍北絕望南救必沿河東走若或不然即是囿中之物公孫表請先圖其城斤等濟河先攻滑臺經時不拔表請濟師帝怒乃親南巡拜浩爲相州刺史隨軍謀主及車駕還浩從幸西河太原下臨河流傍覽川城慨然有感遂與同寮論五等郡縣之是非考秦皇漢武之違失時伏其言天師寇謙之每與浩言聞其論古與亡之迹常自夜達旦竦意斂容深美之曰斯人言也惠皆可底行亦當今之皐陶也但人貴遠賤近不能深察之耳因謂浩曰吾當兼修儒教輔助太平真君而學不稽古爲吾撰列王者政典并論其大要浩乃著書二十餘篇上推太初下盡秦漢變弊之迹大旨先以復五等爲本太武左右忌浩正直共排毀之帝雖知其能不免羣議故

浩以公歸第及有疑議召問焉浩纖妍白皙如美婦人性敏達長於謀計自比張良謂己稽古過之既歸第因欲修服食養性術而寇謙之有神中錄圖新經浩因師事之始光中進爵東郡公拜太常卿時議伐赫連昌羣臣皆以爲難唯浩曰往年以來熒惑再守羽林越鉤陳其占秦亡又今年五星并出東方利以西伐天應人和時會並集不可不進帝乃使奚斤等擊蒲坂而親率輕騎掠其都城大獲而還後復討昌次其城下收衆僞退昌鼓譟而前舒陣爲兩翼會有風雨從東南來揚沙昏冥宦者趙倪進曰今風雨從賊後來我向彼背天不助人又將士飢渴願陛下攝騎避之更待後日浩叱之曰是何言歟千里制勝一日之中豈得變易賊前行不止後以離絕宜分軍隱出掩擊不意風道在人豈有常也帝曰善分騎奮擊昌軍大潰神䴥二年議擊蠕蠕朝臣內外盡不欲行保太后亦固止帝帝皆不聽唯浩讚成之尚書令劉潔左僕射安原等乃使黃門侍郎仇齊推赫連昌太史張深徐辯說帝曰今年己巳三陰之歲歲星襲月太白在西方不可舉兵北伐必敗雖克不利於上又羣臣共讚深等云深少時

珍倣宋版印

常諫苻堅不可南征堅不從而敗今天時人事都不和協如何舉動帝意不快乃召浩與深等辯之浩難深曰陽者德也陰者刑也故月蝕修刑夫王者之用刑大則陳之原野小則肆之市朝戰伐者用刑之大者也以此言之三陰用兵蓋得其類修刑之義也歲星襲月年饑人流應在他國遠期十二年太白行蒼龍宿於天文爲東不妨北伐深等俗生志意淺近牽於術數不達大體難與遠圖臣觀天文比年以來月行掩昴至今猶然其占三年天子大破旄頭之國蠕蠕高車旄頭之衆也夫聖明御時能行非常之事古人語曰非常之原黎人懼焉及其成功天下晏然願陛下勿疑深等慚曰蠕蠕荒外無用之物得其地不可耕而食得其人不可臣而使輕疾無常難得而制有何汲汲而勞苦士馬浩曰深言天時是其所職若論形勢非彼所知斯乃漢世舊說常談施之於今不合事宜何以言之夫蠕蠕者舊是國家北邊叛隸今誅其元惡收其善人令復舊位非無用也漢北高涼不生蚊蚋水草美善夏則北遷田牧其地非不可耕而食也蠕蠕子弟來降貴者尚公主賤者將軍大夫居列滿朝又高車號爲名

騎非不可臣而畜也夫以南人追之則患其輕疾於國兵則不然何者彼能遠
走我亦能遠逐非難制也往數入塞國人震驚今夏不乘虛掩進破滅其國至
秋復來不得安臥自太宗之世迄於今日無歲不警豈不汲汲乎哉世人皆謂
深辯通解數術明決成敗臣請試之問其西國未滅之前有何亡徵知而不言
是其不忠若實不知是其無術時赫連昌在坐深等自以無先言慚不能對帝
大悅謂公卿曰吾意決矣亡國之臣不可與謀信哉而保太后猶疑之復令羣
臣至保太后前評議帝命浩善曉之令寤既罷朝或有尤浩曰吳賊侵南舍之
北伐師行千里其誰不知蠕蠕遠遁前無所獲後有南侵之患此危道也浩曰
今年不摧蠕蠕則無以禦南賊自國家并西國以來南人恐懼揚聲動衆以衛
淮北彼北我南彼征我息其勢然矣北破蠕蠕往還之間故不見其至也何以
言之劉裕得關中留其愛子精兵數萬良將勁卒猶不能固守舉軍盡沒號哭
之聲至今未已如何正當國家休明之世士馬強盛之時而欲以駒犢齒虎口
也設國家與之河南彼必不能守之自量不能守是以必不來若或有衆備邊

之軍耳夫見瓶水凍知天下之寒嘗肉一臠識鑊中之味物有其類可推而得且蠕蠕恃遠謂國家力不能至自寬來久故夏則散衆放畜秋肥乃聚背寒向温南來寇抄今掩其不備大軍卒至必驚駭望塵奔走牡馬護牧牝馬戀駒驅馳難制不得水草未過數日朋聚而困弊可一舉而滅暫勞永逸時不可失也唯患上無此意今聖慮已決如何止之遂行天師謂浩曰是行可果乎浩曰必克但恐諸將瑣瑣前後顧慮不能乘勝深入使不全舉耳及軍到入其境蠕蠕先不設備於是分軍搜討東西五千里南北三千里所虜及獲畜產車廬數百萬高車殺蠕蠕種類歸降者三十餘萬落虜遂散亂帝沿弱水西至涿邪山諸大將果慮深入有伏兵勸帝止天師以浩曩日言固勸帝窮討帝不聽後有降人言蠕蠕大檀先被疾不知所爲乃焚穹廬科車自載將百人入山南走人畜窘聚方六十里無人領統相去百八十里追軍不至乃徐西遁唯此得免聞涼州賈胡言若復前行二日則盡滅之矣帝深恨之大軍既還南軍竟不能動如浩所料浩明識天文好觀星變常置金銀銅鋌於酢器中令青夜有所見卽以

鋌畫紙作字以記其異太武每幸浩第多問以異事或倉卒不及束帶奉進疏
食不必精美帝爲舉七箸或立嘗而還其見寵愛如此於是引浩出入臥內加
侍中特進撫軍大將軍左光祿大夫以賞謀謨之功帝從容謂浩曰卿才智深
博事朕祖考忠著三世朕故延卿自近其思盡規諫勿有隱懷朕雖當時遷怒
若或不用久可不深思卿言也因令歌工歷頌羣臣事在長孫道生傳又召新
降高車渠帥數百人賜酒食於前指浩以示之曰汝曹視此人纖伭懦弱手不
能彎弓持矛其胸中所懷乃踰於兵甲朕始時雖有征討之志而慮不自決前
後剋捷皆此人導吾令至此矣乃敕諸尚書曰凡軍國大計卿等所不能決皆
先諮浩然後行俄而南藩諸將表宋師欲犯河南請兵三萬先其未發逆擊之
因誅河北流人在界上者絕其鄉導足以挫其銳氣使不敢深入詔公卿議之
咸言宜許浩曰此不可從也往年國家大破蠕蠕馬力有餘南賊喪精常恐輕
兵奄至故揚聲動衆以備不虞非敢先發又南土下濕夏月蒸暑非行師之時
且彼先嚴有備必堅城固守屯軍攻之則糧食不給分兵肆討則無以應敵未

見其利就使能來待其勞倦秋涼馬肥因敵取食徐往擊之萬全之計在朝羣臣及西北守將從陛下征討西滅赫連北破蠕蠕多獲美女珍寶馬畜成羣南鎮諸將聞而生羨亦欲南抄以取資財是以妄張賊勢披毛求瑕冀得肆心既不獲聽故數稱賊動以恐朝廷背公存私爲國生事非忠也帝從浩議南鎮諸將表賊至而自陳兵少求簡幽州以南戍兵佐守就漳水造船嚴以爲備公卿議者僉然欲遣騎五千幷假署司馬楚之魯軌韓延之等令誘引邊人浩曰非上策也彼聞幽州已南精兵悉發大造舟船輕騎在後欲存立司馬誅除宋族必舉國駭擾懼於滅亡當悉發精銳來備北境後審知官軍有聲無實恃其先聚必喜而前行徑來至河肆其侵暴則我守將無以禦之若彼有見機之人善設權譎乘間深入虞我國虛生變不難非制敵之良計今公卿欲以威力攘賊乃所以招令速至也夫張虛聲而召實害此之謂矣不可不思後悔無及我使在彼期四月前還可待使至審而後發猶未晚也楚之之人徒是彼所忌將奪其國彼安得端坐視之故楚之往則彼來楚之止則彼息其勢然也且楚之等瑣

才能招合輕薄無賴而不能成就大功爲國生事使兵連禍結必此之羣矣臣常聞魯軌說姚興求入荆州至則散敗乃不免蠻賊掠賣爲奴使禍及姚泓已然之効浩又陳天時不利於彼曰今兹害氣在揚州不宜先舉兵一也午歲自刑先發者傷二也日蝕滅光晝昏星見飛鳥墮落宿當斗牛憂在危亡三也熒惑伏匿於翼軫戒亂及喪四也太白未出進兵者敗五也夫興國之君先修人事次盡地利後觀天時故萬舉而萬全國安而身盛今宋新國是人事未周也災變屢見是天時不協也舟行水涸是地利不盡也三事無一成自守猶或不安何得先發而攻人哉彼必聽我虛聲而嚴我亦承彼嚴而動兩推其咎皆自以爲應敵兵法當分災迎受害氣未可舉動也帝不能違衆乃從公卿議浩復固爭不從遂遣陽平王杜超鎮鄴琅邪王司馬楚之等屯潁川於是寇來遂疾到彥之自清水入河泝流西行分兵列守南岸西至潼關帝聞赫連定與宋縣分河北乃先討赫連羣臣皆曰義隆軍猶在河中舍之西行前寇未可必剋而義隆乘虛則東州敗矣帝疑焉問計於浩浩曰義隆與赫連定同惡相連招結

馮跋牽引蠕蠕規肆逆心虛相唱和義隆望定進定待義隆前皆莫敢先入以
臣觀之有似連雞不得俱飛無能爲害也臣始謂義隆軍屯住河中兩道北上
東道向冀州西道衝鄴如此則陛下當自致討不得徐行今則不然東西列兵
徑二千里中一處不過千形分勢弱以此觀之傳兒情見正望固河自守免死
爲幸無北度意也赫連定殘根易摧擬之必仆剋定之後東出潼關席卷而前
威震南極江淮以北無立草矣聖策獨發非愚昧所及願陛下必行無疑平涼
既平其日宴會帝執浩手以示蒙遜使曰所云崔公此是也才略之美當今無
比朕行止必問成敗決焉若合符契後冠軍安頡軍還獻南俘因說南賊之言
云宋敕其諸將若北國兵動先其未至徑前入河若其不動住彭城勿進如浩
所量帝謂公卿曰卿輩前謂我用浩計爲謬驚怖固諫常勝之家自謂踰人遠
矣至於歸終乃不能及遷浩司徒時方士祁纖奏立四王以日東西南北爲名
欲以致禎吉除災異詔浩與學士議之浩曰先王建國以作藩屏不應假召其
福夫日月運轉周歷四方京師所居在於其內四王之稱實奄邦畿名之則逆

不可承用先是纖奏改代爲萬年浩曰昔太祖道武皇帝應期受命開拓洪業
諸所制宜無不循古以始封代土後稱爲魏故代魏兼用猶彼殷商國家積德
著在圖史當享萬億不待假名以爲益也纖之所聞皆非正義帝從之時河西
王沮渠牧犍內有貳意帝將討焉先問於浩浩對曰牧犍惡心已露不可不誅
官軍往年北伐雖不剋獲實無所損于時行者內外軍馬三十萬匹計在道死
傷不滿八千歲常羸死恆不減萬乃不少於前而遠方承虛便謂大損不能復
振今出其不圖大軍卒至必驚懼騷擾不知所出擒之必矣牧犍幼弱諸弟驕
恣爭權縱橫人心離解加以比年以來天災地變都在秦涼成滅之國也帝命
公卿議之恆農王奚斤等三十餘人皆表曰牧犍西垂下國雖心不爲純臣然
繼父修職貢朝廷接以蕃禮又王姬釐降罪未甚彰謂且羈縻而已今士馬勞
止可宜小息又其地鹵斥略無水草大軍既到不得久停彼聞軍來必完聚城
守攻則難拔野無所掠於是尚書古弼李順之徒皆曰自溫闈河以西至於涼
州地純枯石了無水草不見流川皆言姑臧城南天梯山上冬有積雪深一丈

至春夏消液下流成川引以漑灌彼聞軍至決此渠口水不通流則致渴乏去城百里之內赤地無草不任久停軍馬斤等議是也帝乃命浩以其前言與斤共相難抑諸人不復餘言唯曰彼無水草浩曰漢書地理志稱涼州之畜爲天下饒若無水草何以畜牧又漢人爲居終不於無水草之地築城郭立郡縣也又雪之消液裁不斂塵何得通渠引漕漑灌數百萬頃乎此言大詆誣於人矣李順等復曰吾曹目見何可共辯浩曰汝曹受人金錢欲爲之辭謂我目不見便可欺也帝隱聽聞之乃出親見斤等辭旨嚴厲形於神色羣臣乃不敢復言於是遂討涼州平之多饒水草如浩所言乃詔浩總理史務務從實錄於是監祕書事以中書侍郎高允散騎侍郎張偉參著作續成前紀至於損益褒貶折衷潤色浩所總焉浩有鑒識以人倫爲己任明元太武之世徵海內賢才起自仄陋及所得外國遠方名士拔而用之皆浩之由也至於禮樂憲章皆歸宗於浩及景穆始總百揆浩復與宜都王穆壽輔政事又將討蠕蠕劉潔復致異議帝愈欲討之乃召問浩浩對曰往擊蠕蠕師不多日潔等各欲迴還後獲尙書

云軍還之時去賊三十里是潔等之計過矣夫北土多積雪至冬時常避寒南徙若因其時潛軍而出必與之遇既與之遇則可禽獲帝以爲然乃分軍四道諸將俱會鹿渾海期日有定而潔恨計不用沮誤諸將無功而還帝西巡至東雍親臨汾曲觀叛賊薛永宗壘進軍圍之永宗出兵欲戰帝問浩曰今日可擊否浩曰永宗未知陛下自來人心安固北風迅疾宜急擊之須臾必破若待明日恐見官軍盛大必夜遁走帝從之永宗潰滅車駕濟河前驅告賊在渭北帝至洛水橋賊已夜遁詔問浩曰蓋吳在長安北九十里渭北地空穀草不備欲度渭南西行何如浩曰蓋吳營去此六十里賊魁所在擊蛇之法當先破頭頭破則尾豈能動宜乘勢先擊吳今軍往一日便到吳平之後迴向長安亦一日而至一日之乏未便損傷愚謂宜從北道若從南道則蓋吳徐入北山卒未可平帝不從乃度渭南吳聞帝至盡散入北山果如浩言軍無所剋帝悔之後以浩輔東宮之勤賜繒絮布各千段帝蒐於河西詔浩詣行所議軍事浩表曰昔漢武患匈奴強盛故開涼州五郡通西域廣農積穀爲滅賊之資東西迭擊故

漢末疲而匈奴已弊後遂入朝昔平涼州臣愚以爲北賊未平征役不息可不徙其人案前世故事計之長者若徙其人則土地空虛雖有鎮戍適可禦邊而已至於大舉軍資必乏陛下以此事闊遠竟不施用如臣愚意猶如前議募從豪彊大家充實涼土軍舉之日東西齊勢此計之得者浩又上五寅元曆表曰太宗即位元年敕臣解急就章孝經論語詩尚書春秋禮記周易三年成訖復詔臣學天文星曆易式九宮無不盡看三十九年晝夜無廢臣稟性弱劣力不及健婦人更無餘能是以專心思書忘寢與食至乃夢共鬼爭義遂得周公孔子之要術始知古人有虛有實妄語者多真正者少自秦始皇燒書之後經典絕滅漢高祖以來世人妄造曆術者十餘家皆不得天道之正大誤四千小誤甚多不可言盡臣愍其如此今遭陛下太平之世除僞從真宜改誤曆以從天道是以臣前奏造曆今始成訖謹以奏呈惟恩省察以臣曆術宣示中書博士然後施用非但時人天地鬼神知臣得正可以益國家萬世之名過於三皇五帝矣浩又以晉書諸家並多誤著晉後書未就傳世者五十餘卷初道武詔祕

書郎鄧彥海著國記十餘卷編年次事體例未成逮于明元廢不著述神䴥二年詔集諸文人撫錄國書浩及弟覽高讜鄧頴晁繼范亨黃輔等共參著作敘成國書三十卷著作令史太原閔堪趙郡郄標素諂事浩乃請立石銘載國書以彰直筆幷勒浩所注五經浩贊成之景穆善焉遂營於天郊東三里方百步用功三百萬乃訖浩書國事備而不典而石銘顯在衢路北人咸悉忿毒相與構浩於帝帝大怒使有司案浩取祕書郎及長曆生數百人意狀浩服受賕真君十一年六月誅浩清河崔氏無遠近及范陽盧氏太原郭氏河東柳氏皆浩之姻親盡夷其族其祕書郎吏以下盡死浩始弱冠太原郭逸以女妻之浩晚成不曜華采故時人未知逸妻王氏宋鎮北將軍王仲德姊也每奇浩才能自以爲得壻俄而女亡王氏深以傷恨復欲以少女繼昏逸及親屬以爲不可王氏固執與之逸不能違遂重結好浩非毀佛法而妻郭氏敬好釋典時時讀誦浩怒取而焚之捐灰廁中及浩幽執被置檻內送於城南使衛士數十人溲其上呼聲嗷嗷聞于行路自宰司之被戮辱未有如浩者世皆以爲報應之驗初

珍倣宋版印

浩害李順基萌已成夜夢以火爇順寢室火作而順死浩與室家羣立觀之俄而順弟息號哭而出曰此輩吾賊也以戈擊之悉投於河寤而以告館客馮景仁曰此真不善也夫以火爇人暴之極也且兆始惡者有終殃積不善者無餘慶厲階成矣公其圖之浩曰吾方思之而不能悛至是而族浩既工書人多託寫急就章從少至老初不憚勞所書蓋以百數必稱馮代彊以示不敢犯國其謹也如此浩書體勢及其先人而巧妙不如也世寶其迹多裁割綴連以爲摹楷浩母盧諶孫女也浩著食經序曰余自少及長耳目聞見諸母諸姑所修婦功無不蘊習酒食朝夕養舅姑四時供祭祀雖有功力不任僮使常手自親焉昔遭喪亂饑饉仍臻饘蔬餬口不能具其物用十餘年間不復備設先妣慮久廢忘後生無所知見而少不習書乃占授爲九篇文辭約舉婉而成章聰辯彊記皆此類也親沒之後遇國龍興之會平暴除亂拓定四方余備位台鉉與參大謀賞獲豐厚牛羊蓋澤貲累巨萬衣則重錦食則粱肉遠惟平生思季路負米之時不可復得故序遺文垂示來世浩弟簡字仲亮一名覽好學少以善書

知名道武初歷中書侍郎爵五等侯參著作事卒簡弟恬字叔玄小名白位豫州刺史爵武陽侯坐浩伏誅宏祖悅與范陽盧諶並以博藝齊名諶法鍾繇悅法衛瓘而俱習索靖之草皆盡其妙諶傳子偃偃傳子邈悅傳子潛潛傳子宏世不替業故魏初重崔盧之書宏自非朝廷文誥四方書檄初不妄染故世無遺文尤善草隸爲世摹楷行押特盡精巧而不見遺迹始宏因苻氏亂欲避地江南爲張願所獲本圖不遂乃作詩以自傷而不行於時蓋懼罪也浩誅中書侍郎高允受敕收浩家書始見此詩允知其意允孫綽錄於允集初宏父潛爲兄渾等誄手筆本草延昌初著作佐郎王遵業買書於市遇得之年將二百寶其書迹深藏祕之武定中遵業子松年將以遺黃門郎崔季舒人多摹搨之左光祿大夫姚元標以工書知名於時見潛書以爲過於浩也宏弟徽字玄猷少有文才與勃海高演俱知名歷位祕書監賜爵貝丘侯樂安王範鎮長安選舊德之士與範俱以徽爲平西將軍副將行樂安王傅進爵濟南公徽爲政務存大體不親小事性好人倫引接賓客或談及平生或講論道義誨誘後進終日

不止以疾徵還京師卒諡曰元公士類無不歎惜始清河崔寬祖彤隨晉南陽
王保避地隴右遂仕西涼及沮渠氏彤生剖字伯宗每慷慨有懷東土常歎曰
風雨如晦雞鳴不已吾所庶幾及太武西巡剖乃總率同義使子寬送款太武
嘉之拜寬岐陽令賜爵延水男遣使與寬俱西撫慰初附徵剖詣京師未至而
卒文成以剖誠著先朝贈涼州刺史武陵公諡曰元寬字景仁還京封安國子
位弘農太守初寬通款見浩浩與相齒次厚存接之及浩誅以遠來疏族獨得
不坐遂家于武城居司空林舊墟以一子繼浩與浩弟覽妻封氏相奉如親寬
後襲爵武陵公陝城鎮將三崤地嶮人多寇劫而寬性滑稽誘接豪右宿盜魁
帥與相交結傾衿待遇不逆細微莫不感其意氣時官無祿力唯取給於人寬
善撫納招致禮遺大有取受而與之者無恨又恆農出漆蠟竹木之饒路與南
通貿易來往家產豐富而百姓樂之諸鎮之中號曰能政及解鎮人人追戀詣
闕上疏者三百餘人卒遺言薄葬斂以時服長子衡字伯玉少以孝行著稱學
崔浩書頗亦類焉天安元年擢爲內祕書中散班下詔命及御所覽書多其迹

也衡舉李沖李元愷程駿等終為名器承明元年遷內都坐令善折獄孝文嘉
之太和二年襲爵武陵公衡涉獵書史頗為文筆蠕蠕時犯塞衡上書陳備禦
之方便國利人之策凡五十餘條除秦州刺史徙爵齊郡公先是河東年饑劫
盜大起衡至修龔遂法勸課農桑周年間寇盜止息卒贈冀州刺史諡惠公衡
五子長子敞字公世襲爵例降為侯為平原相敞性狷急與刺史楊椿迭相表
列敞坐免官宣武初為鉅鹿太守弟朏之逆敞為黃木軍主韓文殊所藏其家
悉見籍沒唯敞妻李氏以公主之甥自隨奴婢田宅二百餘口得免正光中普
釋禁錮敞復爵郡侯卒於趙郡太守敞弟鐘字公祿奏朝請弟朏之逆以出後
被原歷司徒右長史金紫光祿大夫冀州大中正敞亡後鐘貪其財誣敞息子
積等三人非兄胤辭訴累歲人士疾之尒朱世隆為尚書令奏除其官終身勿
齒朏好學有文才為京兆王愉錄事參軍與愉同逆伏法宏同郡董謐謐父京
與同郡崔康時廣陽霍原等俱以碩學播名遼海謐好學傳父業中山平入朝
拜儀曹郎撰朝覲饗宴郊廟社稷之儀

張袞字洪龍上谷沮陽人也祖翼父卓位並太守袞篤實好學有文才道武爲代王選爲左長史從追蠕蠕五六百里諸部帥因袞言糧盡不宜深入帝問袞殺副馬足三日食乎皆言足帝乃倍道追及於廣漠赤地南牀山下大破之既而帝問袞曰卿曹外人知我前問三日糧意乎蠕蠕奔走數日畜產失飲至水必留計其道程三日足及輕騎卒至出其不意彼必驚散其勢然矣部帥聞之咸曰聖策非所及也袞常參大謀每告人曰主上天資傑邁必能囊括六合夫遭風雲之會不建騰躍之功者非人豪也遂策名委質竭誠伏事時劉顯地廣兵彊跨有朔裔會其兄弟乖離共相疑阻袞言於道武曰顯志大意高今因其內釁宜速乘之帝從之遂破走顯又從破賀納道武登勿居山遊宴從官請聚石爲峯以記功德乃命袞爲文慕容寶之來寇也袞言於道武曰寶乘滑臺功因長子捷傾財竭力難與爭鋒宜羸師以侈其心帝從之果破之參合還給事黃門侍郎道武南伐次中山袞遺寶書喻以成敗寶見書大懼遂奔和龍既剋中山聽入八議拜幽州刺史賜爵臨渭侯百姓安之天興初徵還京師後與崔

逞答晉將郄恢書失旨黜爲尙書令史袞遇創業之初始以才謀見任率心奉
上不顧嫌疑道武曾問南州人於袞袞與盧溥州里數稱薦之又未嘗與崔逞
相識聞風稱美及中山平盧溥聚黨爲逆崔逞答書不允並乖本言故忿之袞
年過七十闔門守靜手執經書刊定乖失愛好人物善誘無倦士類以此高之
永興二年卒太武後追錄舊勳遣大鴻臚卽墓策贈太保諡文康公子度少有
學尙襲爵臨渭侯卒於中都大官度子白澤年十一遭母憂以孝聞長而博學
文成初除殿中曹給事中甚見寵任白澤本字鍾葵獻文賜名白澤納其女爲
嬪出行雍州刺史清心少欲人吏安之獻文詔諸監臨官取所監羊一口酒一
斛者罪至大辟與者以從坐論糾得尙書以下罪狀者各隨所糾官輕重而授
之白澤上表以爲此法若行之不已恐姦人窺望勞臣懈節請依律令舊法獻
文納之太和初懷州人伊祁苟初三十餘人謀反文明皇太后欲盡誅一城人
白澤諫以爲周書父子兄弟罪不相及不誣十室而況一州后從之乃止轉散
騎常侍殿中尙書卒贈相州刺史廣平公諡曰簡長子倫字天念大司農少卿

珍倣宋版印

燕州大中正熙平中蠕蠕主醜奴遣使來朝抗敵國之禮不修臣敬朝議將依
漢答匈奴故事遣使報之倫表以爲虜雖慕德亦來觀我懼之以彊儻或歸附
示之以弱窺覦或起春秋所謂以我卜也高祖世宗知其若此來既莫逆去又
不追必其委贄玉帛之辰屈膝藩方之禮則豐其勞賄藉以珍物至於王人遠
役啣命虜庭優以匹敵之尊加之想望之寵恐徒生虜慢無益聖朝不從孝莊
初卒於大司農卿衮弟恂

恂字洪讓隨兄衮歸北參代王軍事說道武宜收中土士庶之望以建大業帝
深加器異皇始初拜中書侍郎帷幄密謀頗亦參預賜爵平皐子出爲廣平太
守恂招集離散勸課農桑流人歸者數千戶遷常山太守恂開建學校優禮儒
士吏人歌詠之時喪亂之後罕能克厲者唯恂當官清白仁恕臨下百姓親愛
之政爲當時第一明元即位徵拜太中大夫卒恂性清儉死日家無餘財贈幷
州刺史平皐侯謚曰宣子紀字道尚襲爵坐事除純弟代字定燕陳留北平二
郡太守卒贈營州刺史謚惠侯代所歷著稱有父遺風代子萇年爲汝南太守

郡人劉宗之兄弟分析家貧唯一牛爭不能決訟於郡庭萇年悽而見之謂曰汝曹當以一牛故致此競脫有二牛必不爭乃以己牛一頭賜之於是境中各相戒約咸敦敬讓卒于郡子琛字寶貴少有孝行位至太子翊軍校尉卒

鄧彥海安定人也祖羌苻堅車騎將軍父翼河間相慕容垂之圍鄴以爲冀州刺史爵真定侯拒對使者曰先君忠于秦室翼豈可先叛乎忠臣不事二主未敢聞命垂遣喻之曰吾與車騎結爲異姓兄弟卿亦猶吾子弟安得辭乎翼曰冀州宜任親賢翼請佗役効命垂乃用爲河間太守後卒於趙郡內史彥海性貞素言行可復博覽經書長於易筮道武定中原擢爲著作郎再遷尚書吏部郎彥海明解制度多識故事與尚書崔宏參定朝儀律令音樂及軍國文記詔策多是彥海所爲賜爵下博子道武詔彥海撰國記十餘卷唯次年月起居行事而已未有體例彥海謹於朝事未嘗忤旨其從父弟暉時爲尚書郎兇俠好奇與定陵侯和跋厚跋有罪誅其子弟奔長安或告暉將送出之由是道武疑知情遂賜彥海死既而悔之時人咸愍惜焉子穎襲爵稍遷中書侍郎太武詔

珍倣宋版印

太常卿崔浩集諸文學撰述國書穎與浩弟覽等俱參著作事太武幸漠南高車莫弗庫若干率騎數萬餘驅鹿百餘萬詣行所詔穎爲文銘於漠南以記功德兼散騎常侍使宋進爵爲侯卒諡曰文恭子怡襲爵位荊州刺史賜爵南陽公卒子侍孝文賜名述位齊州刺史初改置百官始重公府元佐以述爲太傅元丕長史卒於司空長史諡曰貞

論曰昭成道武之時雲雷方始至於經邦緯俗文武兼資燕鳳博識多聞首膺禮命許謙才術俱美驅馳艱虞不然何以成帝業也崔宏家世儁偉仍屬權輿總機任重守正成務禮從清廟固其宜也浩才藝通博究覽天文政事籌策時莫之二此其所以自比於子房焉屬明元爲政之秋太武經營之日言聽計從寧廓區夏遇既深矣勤亦茂哉謀雖蓋世威未震主末途邂逅遂不自全豈鳥盡弓藏人惡其上將器盈必概陰害貽禍何斯人而遭斯酷乎至若張袞才策不免其戾彥海貞白禍非其罪亦足痛云洪讓世著循吏家風良可貴矣

北史卷二十一

北史卷二十一考證

燕鳳傳習陰陽讖緯○監本緯譌諱又下文及軍圍代句圍訛國今俱改從南本

上馬持三仗驅馳若飛○仗監本訛丈今改從魏書

崔宏傳夫魏者大名州之上國○魏書州字上有神字

明元以郡國豪右大人蠹害○大人蠹害魏書作大爲民蠹害

壽光侯叔孫建武元城侯元屈等○武字衍魏書無之

浩傳賜浩妾各一人○魏書敘崔浩事本與周澹並書故云賜浩澹妾各一人今刪去周澹乃仍用各字謬矣

案春秋左氏傳說神降于莘其至之日乃其物也○乃其物也魏書作各以其物祭也

今長皇子諱年漸一紀○諱謂皇長子燾也此亦仍魏書舊文而未改也

居列滿朝○滿監本訛蒲今改正

時方士祁纖○祁監本訛初今改從魏書及南本

牧建西垂下國○牧監本訛攻今改正

潔等各欲迴還後獲尚書云軍還之時去賊三十里○考魏書則尚書二字乃

其生口三字之訛也

敞弟鐘字公祿○鐘南本作鍾

張袞傳帝乃倍道追及於廣漠赤地南牀山下○牀監本訛林今改從閣本

度子白澤○魏書度子陵之弟延延弟孫白澤此恐誤

恂傳子蓑年○蓑魏書作長

北史卷二十一考證

北史卷二十二

唐　李延壽　撰

列傳第十

長孫嵩 五世孫儉 儉子平　長孫道生 曾孫幼 從祖紹遠 幼曾孫熾 紹遠子覽 熾弟晟 弟澄　長孫肥

長孫嵩代人也父仁昭成時爲南部大人嵩寬雅有器度昭成賜名焉年十四代父統事昭成末年諸部乖亂苻堅使劉庫仁攝國事嵩與元他等率部衆歸之劉顯之謀難也嵩率舊人及庶師七百餘家叛顯走將至五原時實君之子渥亦聚衆自立嵩欲歸之見于烏渥稱逆父之子勸嵩歸道武嵩未決烏渥迴其牛首嵩僶俛從之見道武于三漢亭道武以爲南部大人累著軍功後從征中山除冀州刺史賜爵鉅鹿公歷侍中司徒相州刺史封南平公所在著稱明元即位山陽侯奚斤北新侯安同白馬侯崔宏等八人坐止車門右聽理萬機故世號八公晉將劉裕之伐姚泓明元假嵩節督山東諸軍事傳詣平原緣河北岸列軍次於畔城軍頗失利詔假裕道裕於舟中望嵩麾蓋遺以酈酒及江

南食物嵩皆送京師詔嵩厚荅之又敕簡精兵爲戰備若裕西過者便率精銳
南出彭沛如不時過但引軍隨之彼至崤陝閒必與姚泓相持一死一傷衆力
疲弊比及秋月徐乃乘之則裕首可不戰而懸於是叔孫建等尋河趣洛遂入
關嵩與建等自城皐南濟晉諸屯戍皆望塵奔潰裕剋長安嵩乃班師明元寢
疾問後事於嵩嵩曰立長則順以德則人服今長皇子賢而世嫡天所命也請
立乃定策詔太武臨朝監國嵩爲左輔太武卽位進爵北平王司州中正詔問
公卿赫連蠕蠕征討何先嵩與平陽王長孫翰司空奚斤等曰赫連土居未能
爲患蠕蠕世爲邊害宜先討大檀及則收其畜產足以富國不及則校獵陰山
多殺禽獸皮肉筋角以充軍實亦愈於破一小國太常崔浩曰大檀遷徙鳥逝
疾追則不足經久大衆則不能及之赫連屈丐土宇不過千里其刑政殘害人
神所棄宜先討之尚書劉絜武京侯安原請先平馮跋帝默然遂西巡狩後聞
屈丐死關中大亂議欲征之嵩等曰彼若城守以逸待勞大檀聞之乘虛而寇
危道也帝乃問幽徵於天師寇謙之勸行杜超之贊成崔浩又言西伐利嵩等

固諫不可帝大怒責嵩在官貪污使武士頓辱尋遷太尉久之加柱國大將軍自是輿駕征伐嵩以元老多留鎮京師坐朝堂平斷刑獄薨年八十諡曰宣王後孝文追錄先朝功臣以嵩配饗廟廷子頹善騎射彎弓三百斤襲爵加侍中征南大將軍有罪黜爲戍兵後復爵薨諡曰安王子敦字孝友位北鎮都將坐黷貨降爲公孝文時自訟先世勳重復其王爵薨諡簡王子道字念僧襲爵久之隨例降爲公位左衞將軍卒諡慎子悅襲爵建義初復本王爵尋降爲公位光祿少卿卒諡司空嵩五世孫儉仕周知名

儉本名慶明曾祖地汾安東將軍臨川公祖酌恆州刺史父鋮員外散騎侍郎早卒儉方正有操行神彩嚴肅雖在私室終日儼然性不妄交非其同志雖貴遊造門亦不與相見太昌中邊方騷動儉初假東夏州防城大都督從尒朱天光破宿勤明達等以功賜爵索盧侯周文臨夏州以爲錄事參軍事深敬器之及賀拔岳被害周文赴平涼凡有經綸謀策儉皆參預從平侯莫陳悅留儉爲秦州長史防城大都督委以後事別封信都縣伯渭州刺史尒朱渾元奔東魏

後河渭間人情離隔刺史李弼令儉權鎮渭州儉將十餘騎冒難赴之復隨機安撫羌胡悅服轉夏州刺史甚得人和時西夏州仍未內屬而東魏遣許和爲刺史儉以信義招之和乃歸附卽以儉爲西夏州刺史總統三夏州諸軍事荊襄初附周文表授儉都督三荊等十二州諸軍事荊州刺史東南道行臺僕射所部鄭縣令泉璨爲百姓所訟推按獲實儉卽大集僚屬遂於聽事前引己過肉袒自罰捨璨不問於是屬城肅勵莫敢犯法魏文帝璽書勞之周文又與儉書曰近聞公部內縣令有罪遂自杖三十用肅羣下聞之嘉歎良久不可言儉清正率下兼懷仁恕有竊盜者原情得實誨而放之荊蠻舊俗少不敬長儉殷勤勸導風俗大革務廣耕桑兼習武事故邊境無虞人安其業吏人表請爲儉搆清德樓樹碑刻頌朝議許之吏人又以儉秩滿恐有代至詣闕乞留儉朝廷嘉而許之在州遂歷七載徵授大行臺尚書兼相府司馬常與羣公侍坐及退周文謂左右曰此人閑雅孤每與語常肅然畏敬恐有所失他日周文謂儉曰名實須相稱尚書志安貧素可改名儉以彰雅操遷尚書左僕射加侍中後除

東南道行臺僕射大都督十五州諸軍事荊州刺史時梁岳陽王蕭詧內附初遣使入朝至荊州儉於聽事列軍儀具戎服以賓主禮見使容貌魁偉音聲如鍾大爲鮮卑語遣人傳譯以答問客惶恐不敢仰視日晚儉乃著裙襦紗帽引客宴於別齋因敘梁國喪亂朝廷招攜之意發言可觀使人大悅出曰吾所不能測也魏廢帝二年授東南道大都督荊襄等三十三州鎮防諸軍事及梁元帝嗣位於江陵外敦隣睦內懷異計儉密啓陳攻取之謀於是徵儉入朝問以經略儉儉陳謀周文深然之乃命還州密爲之備尋令柱國于謹伐江陵事平以儉元謀賞奴婢三百口遂令儉鎮江陵進爵昌寧郡公後移鎮荊州授總管荊襄等五十二州諸軍事行荊州刺史及周閔帝初趙貴等將圖晉公護儉長子僧衍預其謀坐死護乃徵儉拜小冢宰保定四年拜柱國朝議以儉操行清白勳績隆重乃下詔褒美之兼賜以雜綵粟麥以彰其美天和初轉陝州總管七州諸軍事陝州刺史儉嘗詣闕奏事時大雪雪中待報自旦達暮竟無惰容其謹慤若此以疾還京詔以儉舊居狹隘賜甲第一區後薨於夏州總管臨終遺

令斂以時服素車載柩不設儀仗親友贈襚一無所受諸子並奉行之又遺啓
請葬周文帝陵側幷以所賜宅還官詔皆從之贈本官加涼瓜等十州諸軍事
涼州刺史追封鄶國公諡曰文荆州人儀同趙超等六百九十七人詣闕請爲
儉立廟樹碑詔許之建德元年詔曰故柱國鄶國公儉臨終審正爰吐德音以
所居之宅本因上賜制度宏麗非諸子所居請以還官更還他所昔叔敖辭沃
壤之地蕭何就窮僻之鄉以古方今無慚曩哲而有司未達大體遽以其第外
給夫追善念功先王令典豈得遂其謙挹致乖懲勸令以本宅還其妻子俾清
風遠播無替聿修次子隆位司金中大夫從長潮公元定伐陳沒江南卒隆弟
平最知名
平字處均美容儀有器幹頗覽書記爲周衞王侍讀時武帝逼於宇文護與衞
王謀誅之王常使平通意於帝護誅拜開府儀同三司宣帝置東京官屬以平
爲少司寇與宗伯趙芳分掌六府隋文龍潛時與平情好款洽及爲丞相恩禮
彌厚時賀若弼鎭壽陽帝恐其懷貳遣平代之爲揚州總管賜爵襄陽公弼果

不從平麾壯士執弼送京師隋開皇三年徵拜度支尚書平見天下州縣多罹
水旱百姓不給奏令人間每秋家出粟麥一石以下貧富爲差儲之閭里以備
凶年名曰義倉帝深嘉納自是州里豐衍後轉工部尚書名曰稱職時有人告
大都督邴紹非毀朝廷爲憒憒者上怒將斬之平進諫曰諺云不癡不聾不作
大家翁此言雖小可以喻大邴紹之言不應聞奏陛下又復誅之恐百代之後
有虧聖德上於是赦紹因敕羣臣誹謗之罪勿復以聞後突厥達頭可汗與都
藍可汗相攻各遣使請援上遣平持節宣諭令其和解平至陳利害遂各解兵
可汗贈平馬二百疋還進所得馬上盡以賜之未幾遇譴以尚書檢校汴州事
尋除汴州刺史後歷許貝二州俱有善政鄴都俗薄前後刺史多不稱職朝廷
以平爲相州刺史甚有能名在州數年坐正月十五日百姓大戲畫衣裳整甲
象上怒免之俄而上念平鎮淮南時事進位大將軍拜太常卿吏部尚書卒官
謚曰康子師孝性輕狡好利數犯法上以其不克負荷遣使弔平以師孝爲勃
海郡主簿屬大業之季恣行貪濁一郡苦之後爲王世充所害長孫道生嵩從

子也忠厚廉謹道武愛其慎重使掌機密與賀毗等四人內侍左右出入詔命明元即位除南統將軍冀州刺史後取人美女以獻明元切責之以舊臣不加罪黜太武即位進爵汝陰公遷廷尉卿從征蠕蠕與尉眷等率衆出白黑兩漢間大捷而還太武征赫連昌道生與司徒長孫翰宗正娥清爲前驅遂平其國昌弟定走保平涼宋遣將到彥之王仲德寇河南以救定詔道生與丹陽王太之屯河上以禦之遂誘宋將檀道濟邀其前後追至歷城而還除司空加侍中進封上黨王薨年八十二贈太尉謚曰靖道生廉約身爲三司而衣不華飾食不兼味一熊皮鄣泥數十年不易時人比之晏嬰第宅卑陋出鎮後其子弟頗更修繕起堂廡道生還歎曰昔霍去病以匈奴未滅無用家爲今強寇尙遊魂漠北吾豈可安坐華美也乃切責子弟令毀其宅太武世所在著績每建大議多合時機爲將有權略善待士衆帝命歌工歷頌羣臣曰智如崔浩廉如道生及年老頗惑其妻孟氏以此見譏與從父嵩俱爲三公當世以爲榮子旗位少卿早卒旗子觀少以壯勇知名後襲祖爵上黨王時異姓諸王襲爵多降爲公

帝以其祖道生佐命先朝故特不降以征西大將軍假司空督河西七鎭諸軍討吐谷渾部帥拾寅遁藏焚其所居城邑而還孝文初拜殿中尙書侍中吐谷渾又侵逼復假觀司空討降之後爲征南大將軍薨謚曰定葬禮依其祖靖王故事陪葬雲中金陵

子冀歸六歲襲爵降爲公孝文以其幼承家業賜名幼字承業承業聰敏有才藝虛心愛士爲前將軍從孝文南討宣武時爲揚州刺史假鎭南大將軍都督淮南諸軍事梁將裴邃虞鴻襲據壽春承業諸子驍果邃頗難之號曰鐵小兒詔河間王琛總衆援之琛欲決戰承業以雨久更須持重琛弗從遂戰爲賊所乘承業後殿初承業既總強兵久不決戰議者疑有異圖朝廷重遣河間王琛及臨淮王彧尙書李憲等三都督外聲助承業內實防之會鮮于修禮反於中山以承業爲大都督北討尋以本使達鄴城詔承業解行臺罷大使遣河間王琛爲大都督酈道元爲行臺承業遣子子裕奉表稱與琛同在淮南俱當國難琛敗臣全遂生私隙且臨機奪帥非策所長書奏不納琛與承業前到呼沲承

業未欲戰而琛不從行達五鹿爲修禮邀擊琛不赴之賊總至遂大敗承業與
琛並除名尋而正平郡蜀反復假承業鎮西將軍討蜀都督頻戰有功除平東
將軍復本爵後除尙書右僕射未幾雍州刺史蕭寶寅據州反復以承業爲行
臺討之承業時背疽未愈靈太后勞之曰卿疹源如此朕欲相停更無可寄如
何承業答曰死而後已敢不自力時子彥亦患脚痺扶杖入辭尙書僕射元順
顧相謂曰吾等備爲大臣各居寵位危難之日病者先行無乃不可乎莫有對
者時薛鳳賢反於正平薛修義屯聚河東分據鹽池攻圍蒲坂東西連結以應
寶寅承業乃據河東時有詔廢鹽池稅承業上表曰鹽池天資賄貨密邇京畿
唯須寶而護之均贍以理今四境多虞府藏罄竭然冀定二州且亡且亂常調
之絹不復可收仰惟府庫有出無入必須經綸出入相補略論鹽稅一年之中
準絹而言猶不應減三十萬疋也便是移冀定二州置於畿甸今若廢之事同
再失臣前仰違嚴旨而先討關賊徑解河東者非是閑長安而急蒲坂蒲坂一
陷沒失鹽池三軍口命濟贍理絕天助大魏玆計不爽昔高祖昇平之年無所

乏少猶創置鹽官而加典護非為物而競利恐由利而亂俗也況今王公素餐
百官尸祿租徵六年之粟調折來歲之資此皆出人私財奪人膂力豈是願言
事不獲已臣輒符司監將尉還率所部依常收稅更聽後敕及雍州平除雍州
刺史孝莊初封上黨王尋改馮翊王後降為郡公遷司徒公加侍中兼尚書令
大行臺仍鎮長安節閔立遷太尉公錄尚書事及韓陵之敗斛斯椿先據河橋
謀誅尒朱使承業入洛啓節閔誅世隆兄弟之意孝武初轉太傅以定策功更
封開國子承業表請迴授其姨兄廷尉卿元洪超次子惲初承業生而母亡為
洪超母所撫養是以求讓許之武帝入關承業時鎮武牢亦隨赴長安位太師
錄尚書事封上黨王大統元年薨贈假黃鉞大丞相都督三十州諸軍事雍州
刺史諡曰文宣承業少輕俠鬬雞走馬力爭殺人因亡抵龍門將陳興德家會
赦乃免因以後妻羅前夫女呂氏妻興德兄興恩以報之羅年大承業十餘歲
酷妬忌承業雅相敬愛無姬妾童侍之中在承業左右嫌疑致死者乃有數四
前妻張氏二子子彥子裕羅生三子紹遠士亮季亮兄弟皆雄武子彥本名儁

有膂力以累從父征討功封槐里縣子孝武帝與齊神武構隙加子彥中軍大
都督行臺僕射鎮恆農以爲心膂及從帝入關封高平郡公位儀同三司以從
征竇泰戰沙苑功加開府侍中及東復舊京以子彥兼尚書令行司州牧留鎮
洛陽後以不利班師大統七年拜太子太傅子彥少常墜馬折臂肘上骨起寸
餘乃命開肉鋸骨流血數升言戲自若時以爲踰於關羽末年石發舉體生瘡
雖親戚兄弟以爲惡疾子彥曰惡疾如此難以自明世無良醫吾其死矣嘗聞
惡疾蝮虵螫之不痛試爲求之當令兄弟知我乃於南山得虵以股觸之痛楚
號叫俄而腫死文帝聞之慟哭曰失我良將贈雍州刺史子裕位衞尉少卿啓
捨汎階十七級爲子義貞求官除左將軍加通直散騎常侍又以父勳封平原
縣伯
義貞弟兕字若汗性機辯強記博聞雅重賓游尤善談論從魏孝武西遷別封
鄴縣侯周天和初進驃騎大將軍開府儀同三司歷熊絳二州刺史並有能名
襲爵平原縣公卒子熾嗣

珍倣宋版印

熾字仲光性敏慧美姿容頗涉羣書兼長武藝建德初周武帝崇尚道法求學
兼經史者爲通道館學士熾應其選隋文帝作相自御正上士擢爲丞相府功
曹參軍加大都督封陽平縣子遷稍伯下大夫以平王謙拜儀同三司及帝受
禪熾率官屬先入清宮卽授內史舍人上儀同三司攝東宮右庶子出入兩宮
甚被委遇累遷太常少卿改封饒陽縣子進位開府儀同三司改授吏部侍郎
大業中歷位大理卿戶部尚書吐谷渾寇張掖令熾擊之追至青海以功授銀
青光祿大夫六年帝幸江都宮留熾東都居守攝左候衞將軍卒官諡曰靜子
安世通事謁者熾弟晟
晟字季晟性通敏略涉書記善彈工射趫捷過人年十八仕周爲司衞上士初
未知名惟隋文帝一見深異焉謂曰長孫武藝逸羣又多奇略後之名將非此
子邪及突厥攝圖請婚周以趙王招女妻之周與攝圖各相誇競妙選驍勇以
充使者因遣晟副汝南公宇文神慶送千金公主至其牙前後使人數十輩攝
圖多不禮之獨愛晟每共游獵留之竟歲嘗有二鵰飛而爭肉因以箭兩隻與

晟請射取之晟馳往遇鵰相攫遂一發雙貫焉攝圖喜命諸子弟貴人皆相親
友冀昵近之以學彈射其弟處羅侯號突利設尤得衆心爲攝圖所忌密託心
腹陰與晟盟晟與之游獵因察山川形勢部衆强弱皆盡知之還拜奉車都尉
開皇元年攝圖曰我周家親也今隋公自立而不能制何面目見可賀敦因與
高寶寧攻陷臨渝鎮約諸面部落謀共南侵文帝新立由是大懼修長城發兵
屯北境命陰壽鎮幽州虞慶則鎮幷州屯兵爲之備晟先知攝圖玷厥阿波突
利等叔姪兄弟各統强兵俱號可汗分居四面內懷猜忌外示和同難以力征
易可離間因上書曰臣於周末忝充外使匈奴倚伏實所具知玷厥之於攝圖
兵强而位下外名相屬內隙已彰鼓動其情必將自戰又處羅侯者攝圖之弟
姦多而勢弱曲取衆心國人愛之因爲攝圖所忌又阿波首鼠介在其間頗畏
攝圖受其牽率唯强是與未有定心宜遠交而近攻離强而合弱通使玷厥說
合阿波則攝圖迴兵自防右地又引處羅遣連奚霫則攝圖分衆還備左方首
尾猜嫌腹心離阻十數年後承釁討之必可一舉而空其國上省表大悅因召

與語晟口陳形勢手畫山川寫其虛實皆如指掌上深嗟異皆納用焉因遣太僕元暉出伊吾道使詣玷厥賜以狼頭纛謬爲欽敬玷厥使來引居攝圖使上反間既行果相猜貳授晟車騎將軍出黃龍道齎幣賜奚霫契丹等遣爲鄉導得至處羅侯所深布心腹誘令內附二年攝圖號四十萬騎自蘭州入至于周盤破達奚長儒軍更欲南入玷厥不從引兵而去時晟又說染干詐告攝圖曰鐵勒等反欲襲其牙攝圖乃懼迴兵出塞後數年突厥大入發八道元帥出拒之阿波至涼州與竇榮定戰賊帥累北時晟爲偏將使謂之曰攝圖每來戰皆大勝阿波纔入便卽致敗此乃突厥之恥且攝圖之與阿波兵勢本敵今攝圖日勝爲衆所崇阿波不利爲國生辱攝圖必當因此以罪歸於阿波成其夙計滅北牙矣阿波使至晟又謂曰今達頭與隋連和而攝圖不能制可汗何不依附天子連結達頭相合爲強此萬全之計豈若喪兵負罪歸就攝圖受其戮辱邪阿波納之因留塞上後使人隨晟入朝時攝圖與衛王軍遇戰於白道敗走至磧聞阿波懷貳乃掩北牙盡獲其衆而殺其母阿波還無所歸西奔玷厥乞

師十餘萬東擊攝圖復得故地收散卒與攝圖相攻阿波頻勝其勢益強攝圖又遣使朝貢公主自請改姓乞爲帝女上許之四年遣晟副虞慶則使于攝圖賜公主姓爲楊氏改封大義公主攝圖奉詔不肯起拜晟進曰突厥與隋俱是大國天子可汗不起安敢違意但可賀敦爲帝女則可汗是大隋女壻奈何不敬婦公攝圖笑謂其達官曰須拜婦公乃拜受詔使還稱旨授儀同三司左勳衛車騎將軍七年攝圖死遣晟持節拜其弟處羅侯爲莫何可汗以其子雍閭爲葉護可汗處羅侯因晟奏曰阿波爲天所滅與五六千騎在山谷間當取之以獻時召文武議焉樂安公元諧曰請就彼梟首以懲其惡武陽公李充請生將入朝顯戮而示百姓上問晟晟曰阿波之惡非負國家因其困窮取而爲戮恐非招遠之道不如兩存之上曰善八年處羅侯死遣晟往弔仍齎陳國所獻寶器以賜雍閭十三年流人楊欽亡入突厥詐言彭城公劉昶共宇文氏女謀欲反隋遣其來密告公主雍閭信之乃不修貢又遣晟出使微觀察焉公主見晟言辭不遜又遣所私胡人安遂迦共欽計議扇惑雍閭晟還以狀奏又遣晟

往索欽雍閭欲勿與謬曰客內無此色人晟乃貨其達官知欽所在夜掩獲之以示雍閭因發公主私事國人大恥雍閭執遂迦等並以付晟使還上大喜加授開府仍遣入蕃涖殺大義公主雍閭又表請婚僉議將許之晟奏曰臣觀雍閭反覆無信特共玷厥有隙所以依倚國家縱與爲婚終當必叛今若得尙公主承藉威靈玷厥染干必又受其徵發強而更反後恐難圖且染干者處羅侯之子素有誠款于今兩世臣前與相見亦乞通婚不如許之招令南徙兵少力弱易可撫馴使敵雍閭以爲邊捍上曰善又遣慰喻染干許尙公主十七年染干遣使隨晟來逆女以宗女封安義公主以妻之晟說染干南徙居度斤舊鎭雍閭疾之亟來抄略染干伺知動靜輒遣奏聞是以賊來每先有備十九年染干因晟奏雍閭作攻具欲打大同城詔發六總管並取漢王節度分道出塞討之雍閭懼復共達頭同盟合力掩襲染干大戰于大長城下染干敗績其兄弟子姪盡見殺而部落亡散染干與晟獨以五騎逼夜南走至旦行百餘里收得數百騎乃相與謀曰今兵敗入朝一降人耳大隋天子豈禮我乎玷厥雖來本

無寃隙若往投之必相存濟晟知懷貳乃密遣使者入伏遠鎮令速舉烽染干見四烽俱發問晟城上烽然何也晟紿之曰城高地迥必遙見賊來我國家法若賊少舉二烽來多舉三烽大逼舉四烽使見賊多而又近耳染干大懼謂其衆曰追兵已逼且可投城既入鎮晟留其達官執室以領其衆自將染干馳驛入朝帝大喜進晟左勳衛驃騎將軍持節護突厥晟遣降虜覘候雍閭知其牙內屢有災變夜見赤虹光照數百里天狗霣雨血三日流星墜其營內有聲如雷每夜自驚言隋師且至並遣奏知尋以染干爲意彌豆啓人可汗賜射於武安殿選善射者十二人分爲兩朋啓人曰臣由長孫大使得見天子今日賜射願入其朋許之給箭六發皆入鹿啓人之朋竟勝時有鳶羣飛上曰公善彈爲我取之十發俱中並應丸而落是日百官獲賚晟獨居多尋遣領五萬人於朔州築大利城以處染干安義公主死持節送義城公主復以妻之晟又奏染干部落歸者既衆雖在長城內猶被雍閭抄略往來辛苦不得寧居請徙五原以河爲固於夏勝兩州閒東西至河南北四百里掘爲橫塹令處其內任情放牧

珍倣宋版印

免於抄掠人必自安上並從之二十年都藍大亂爲部下所殺晟因奏曰賊內攜離其主被殺乘此招誘必並來降請遣染干部下分頭招慰上許之果盡來附達頭恐怖又大集兵詔晟部領降人爲秦州行軍總管取晉王廣節度出討達頭達頭與王相抗晟進策曰突厥飲泉易可行毒因取諸藥毒水上流達頭人畜飲之多死大驚曰天雨惡水其亡我乎因夜遁晟追之斬首千餘級俘百餘口王大喜引晟入內同宴極歡有突厥達官來降時亦預坐說言突厥之內大畏長孫總管聞其弓聲謂爲霹靂見其走馬稱爲閃電王笑曰將軍震怒威行域外遂與雷霆爲比一何壯哉師旋授上開府儀同三司復遣還大利城安撫新附仁壽元年晟表奏曰臣夜登城樓望見磧北有赤氣長百餘里皆如雨足下垂被地謹驗兵書此名灑血其下之國必且破亡欲滅匈奴宜在今日詔楊素爲行軍元帥晟爲受降使者送染干北伐二年軍次北河逢賊帥思力俟斤等領兵拒戰晟與大將軍梁默擊走之賊衆多降晟又教染干分遣使者往北方鐵勒等部招攜取之三年有鐵勒思結伏具渾斛薛阿拔僕骨等十餘部

盡背達頭來降附達頭衆大潰西奔吐谷渾晟送染干安置于磧口事畢入朝遇文帝崩匿喪未發煬帝引晟於大行前委以內衙宿衞知門禁事即日拜左領軍將軍遇楊諒作逆敕以本官爲相州刺史發山東兵馬與李雄等共經略之晟辭以子行布在逆地帝曰公終不以兒害義其勿辭也於是馳遣赴相州諒破追還轉武衞將軍大業三年煬帝幸榆林欲出塞外陳兵耀武經突厥中指于涿郡仍恐染干驚懼先遣晟往喻旨稱述帝意染干聽之因召所部諸國奚霫室韋等種落數十酋長咸萃晟見牙中草穢欲令染干親自除之示諸部落以明威重乃指帳前草曰此根大香染干遽取嗅之曰殊不香也晟曰國家法天子行幸所在諸侯並躬親洒掃耘除御路以表至敬之心今牙中蕪穢謂是留香草耳染干乃悟曰奴罪過奴之骨肉皆天子賜也得效筋力豈敢有辭特以邊人不知法耳遂拔所佩刀親自芟草其貴人及諸部落爭放效之乃發榆林北境至于其牙又東達于薊長三千里廣百餘步舉國就役而開御道帝聞益喜焉後除淮陽太守未赴任復爲右驍衞將軍五年卒年五十八帝悼惜之

珍倣宋版印

後突厥圍鴈門帝歎曰向使長孫晟在不令匈奴至此晟好奇計務立功名性至孝居憂毀瘠爲朝士所稱大唐貞觀中追贈司空上柱國諡曰獻少子無忌嗣其長子行布亦多謀略有父風起家漢王諒庫直後遇諒幷州起逆率衆南拒官軍留行布守城遂與豆盧毓閉門拒守諒城陷遇害次子恆安以兄功授鷹揚郎將

紹遠字師少名仁寬容有大度雅好墳籍聰慧過人父承業作牧壽春時紹遠年十三承業管記有王碩者文學士也聞紹遠強記遂白承業求驗之承業命試之碩乃試以禮記月令於是紹遠讀數紙纔一徧誦之若流碩歎服之起家司徒府參軍事後以別將討平河東蜀薛封東阿縣伯魏孝武西遷紹遠隨承業奔赴以功別封文安縣子大統二年除太常卿還中書令仍襲父爵後例降爲公改馮翊郡恭帝二年累遷錄尙書事周文每謂羣臣曰長孫公任使處令人無反顧憂漢之蕭寇何足多也其容止堂堂足爲當今模楷六官建拜大司樂周閔踐阼復封上黨郡公初紹遠爲太常廣召工人創造樂器唯黃鍾不調

每恆恨之嘗經韓使君佛寺聞浮圖三層上鐸鳴其音雅合宮調因取而配奏方始克諧乃啓明帝曰魏氏來宅秦雝雖祖述樂章然黃鍾爲君天子之正位往經創造歷稔無成方知水行將季木運伊始天命有歸靈樂自降此蓋乾坤祐助宗廟致感方當降物和神祚隆萬世詔曰朕以非薄何德可以當之此蓋天地祖宗之祐亦由公達鑒所致也俄改授禮部中大夫時猶因魏氏舊樂未遑更造但去小呂加大呂而已紹遠上疏陳雅樂詔並行之紹遠所奏樂以八爲數故梁黃門侍郎裴正上書以爲昔者大舜欲聞七始下洎周武爰制七音持林鍾作黃鍾以爲正調之首詔與紹遠詳議正曰天子用八非無典故縣而不擊未聞厥理且黃鍾爲天大呂爲地太蔟爲人今縣黃鍾而擊太蔟便是虛天位專用人矣紹遠曰夫天不言四時行焉地不言萬物生焉人感中和之氣居變通之道今縣黃鍾而擊太蔟是天子端拱羣司奉職從此而議何往不可正曰案呂氏春秋曰楚之衰也爲作巫音齊之衰也爲作大呂且大呂以下七鍾皆是林鍾之調何得稱爲十一月調專用六月之均便是欲迎仲冬猶行季

夏以此而奏深非至理紹遠曰鄭之所言似欲求勝若窮理盡性自伐更深何
者案周禮祀天樂云黃鍾爲宮大呂爲角此則大呂之用宛而成章雖知引呂
氏之小文不覺失周公之大禮且今縣大呂則有黃鍾林鍾二均乃備春夏則
奏林鍾秋冬則奏黃鍾作黃鍾不擊大呂作林鍾不擊黃鍾此所謂左之右之
君子宜之右之左之君子有之而鄭不縣大呂止有黃鍾一宮便是季夏之時
仍作仲冬之調以此爲至理無乃不可乎然周禮又云乃奏黃鍾歌大呂以祀
天神謂五帝及日月星辰也王者各以夏之正月祀感帝於南郊又朝日以春
分夕月以秋分依如正禮並用仲冬之調又曰奏大蔟歌應鍾以祭地祇謂神
州及社稷以春秋二仲依如正禮唯奏孟春之宮自外四望山川先妣先祖並
各用宮不依月變略舉大綱則三隅可反然則還相爲宮雖有其義引禮取證
乃不月別變宮且黃鍾爲君則陽之正位若隨時變易是君無定體而鄭用林
鍾以爲正調便是君臣易位陰陽相反正之名器將何取焉正曰今用林鍾爲
黃鍾者實得相生之義既淸且韻妙合真體然八音平濁何足可稱紹遠曰天

者陽位故其音平而濁濁則君聲地者陰位故其音急而清清則臣調然急清
者於體易絶平濁者在義可久可久可大王者之基至於鄭衛新聲非不清韻
若欲施之聖世吾所不取也於是遂定以八爲數焉尋拜京兆尹歷少保小司
空出爲河州刺史河右戎落向化日近同姓婚姻因以成俗紹遠導之以禮大
革弊風政存簡恕百姓悅服入爲小宗伯武帝讀史書見武王克殷而作七始
又欲廢八縣七幷除黃鍾之正宮用林鍾爲調首紹遠奏云天子縣八百王共
軌下逮周武甫修七始之音詳諸經義又無廢八之典且黃鍾爲君天子正位
今欲廢之未見其可臣案周禮奏黃鍾歌大呂此則先聖之弘範不易之明證
願勿輕變古典趣改樂章帝默然久之曰朕欲廢八縣七者所望體本求直豈
苟易名當更思其義後竟行七音屬紹遠遘疾未獲面陳慮有司遽捐樂器乃
與樂部齊樹書曰伏聞朝廷前議而欲廢八縣七然則天子縣八有自來矣古
先聖殊塗一致逮周武克殷逆取順守專用干戈事乖揖讓反求經義是用七
音蓋非萬代不易之典其縣八筍簴不得毀之宜待吾疾瘳當別奏聞此後紹

珍倣宋版印

遠疾篤乃命其子覽曰夫黃鍾者天子之宮大呂者皇后之位今廢黃鍾之位是祿去王室若用林鍾爲首是政出私門將恐八百之祚不得同姬周之永也吾既爲人臣義無寢默必與疾固爭闕庭後疾甚乃上遺表曰謹案春秋隱公傳云天子用八周禮云天子縣二八鍾氏之鍾十六毋句氏之磬十六漢成帝獲古磬十六周禮圖縣十六此數事者照爛典章揚搉而言足爲龜鏡伏惟陛下受圖蒼帝接統玄精秦漢以還獨爲稱首至如周武有事干戈臣獨鄙之而況陛下以臣自揣餘息匪夕伊朝伏願珍御萬機不勞改八從七帝省表涕零重贈柱國大將軍謚曰獻號樂祖配饗廟庭子覽嗣

覽字休因性弘雅有器度喜慍不形於色略涉書記尤曉鍾律周明帝時爲大都督明帝以覽性質淳和堪爲師表使事魯公甚見親善及魯公即位是爲武帝超拜車騎大將軍每公卿上奏必令省讀覽有口辯聲氣雄壯凡所宣傳百寮屬目帝每嘉嘆之覽初名善帝謂曰朕以萬機委卿先覽遂賜名焉及誅宇文護以功進封薛國公累遷小司空從平齊進位柱國公武帝崩受遺輔政宣

帝時位上柱國大司徒歷同涇二州刺史隋文帝爲丞相轉宜州刺史開皇二
年將有事於江南徵爲東南道行軍元帥統八總管出壽陽水陸俱進師臨江
陳人大駭會陳宣帝殂覽欲乘釁滅之監軍高熲以禮不伐喪乃還文帝命覽
與安德王楊雄上柱國元諧李充左僕射高熲右衞大將軍虞慶則吳州總管
賀若弼等同宴上曰朕昔在周朝備展誠節但苦被猜忌每致寒心爲臣若此
竟何情賴朕與公等共享終吉罪非謀逆一無所問朕亦知公至誠侍太子宜
數參見之柱臣素望實屬於公宜識朕意其恩禮如此又爲蜀王秀納覽女爲
妃後爲涇州刺史卒官子洪嗣位宋順臨三州刺史司農少卿北平太守
澄字士亮年十歲司徒李琰之見而奇之遂以女妻焉十四從父承業征討有
智謀勇冠諸將以功封西華縣侯及長容貌魁岸風儀温雅魏大統中歷位豫
渭二州刺史以軍功别封永寧縣伯尋進覆津縣侯魏文帝與周文及羣臣宴
從容曰孝經一卷人行之本諸君宜各引孝經之要言澄應聲曰夙夜匪懈以
事一人座中有人次云匡救其惡既出西閤周文深嘆澄之合機而譴其次答

珍倣宋版印

者周孝閔帝踐阼拜大將軍進爵義門郡公出爲玉壁總管頗有威信卒於鎮
贈柱國謚曰節自喪初至及葬明帝三臨之典祀中大夫宇文容諫曰君臨臣
喪自有節制今乘輿屢降恐乖典禮帝不從其爲上所追惜如此子嶸嗣旗弟
禮少以父任爲散騎侍郎與襄城公盧魯元等內侍恭敏有才志太武寵信之
曰其父親近吾祖子在我左右不亦宜乎
長孫肥代人也昭成時年十二以選內侍少有雅度果毅少言道武之在獨孤
及賀蘭部常侍從禦侮左右帝深信仗之登國初與莫題等俱爲大將屢有軍
功後從平中山以功賜爵琅邪公遷衞尉卿改爵盧鄉時中山太守仇儒不樂
內徙亡匿趙郡推趙準爲主妄造祅言云燕東傾趙當續欲知其名淮水不足
準喜而從之自號鉅鹿公儒爲長史據關城連引丁零殺害長吏肥討破準於
九門斬仇儒禽準詔以儒肉食準傳送京師轘之於市夷其族除肥兗州刺史
姚平之寇平陽道武徵肥與毗陵王順等爲前鋒平退保柴壁帝進攻屠之還
肥還鎮兗州撫慰河南威信著於淮泗善策謀勇冠諸將前後征討未嘗失敗

故每有大難令肥當之南平中原西摧羌寇肥功居多賞賜千計從降爵藍田侯卒諡曰武陪葬金陵子翰襲爵翰少有父風道武時以善騎射爲獵郎明元之在外翰與元磨渾等潛謀奉迎明元卽位與磨渾等拾遺左右以功累遷平南將軍率衆鎭北境威名甚著太武卽位封平陽王蠕蠕大檀之入寇雲中太武親征之遣翰與東平公娥清出長州討大檀大檀北遁追擊尅獲而還遷司徒從襲赫連昌破之翰清正嚴明善撫將士薨太武爲之流涕親臨其喪喪禮依安城王叔孫俊故事諡曰威陪葬金陵子成襲爵降爲公位南部尚書卒陪葬金陵翰弟陵位駕部尚書性寬厚好學愛士封吳郡公贈吳郡王諡恭陪葬金陵

論曰昭成之末衆叛親離長孫嵩寬厚沉毅任重王室歷事累世邈爲元老生則宗臣歿祀清廟美矣儉器識明允智謀通贍堂堂焉有公輔之望謇謇焉有王臣之節而處朝廷之日少在方岳之日多何哉平識具該通出內流譽取諸開物成務蓋亦有隋之楨榦也道生恭慎廉約兼著威名見知明主聲入歌奏

一珍倣宋版印

二公並列暉炫朝野門祉世祿榮被後昆雖漢世八王無以方其茂績張氏七葉不能譬此重光子彥勇烈絕倫紹遠樂聲特妙熾乃早稱英俊覽乃獨擅雄辯不然則何以並統師旅俱司禮閣鍾鼎不墜且公且侯晟體資英武兼包奇略因機制變懷彼戎夷傾巢盡落屈膝稽顙塞垣絕鳴鏑之旅渭橋有單于之拜悳流邊朔功光王府保茲世祿不亦宜乎肥結髮內侍雄武自立軍鋒所指罔不棄散闞張萬人敵未足多也翰有父風不殞先構臨喪加禮抑有由哉

北史卷二十二

北史卷二十二考證

張孫嵩傳帝乃問幽徵於天師寇謙之勸行○魏書徵作微又謙之下尙有謙之二字

儉傳荆州人儀同趙超等六百九十七人詣闕請爲儉立廟樹碑○上人字監本訛又今改從南本

長孫道生傳子旃○旃魏書作抗

子冀歸傳孝文以其幼承家業賜名幼字承業○魏書賜名稚此唐人所改也

前妻張氏二子子彥子裕○隋書裕字上無子字

晟傳長孫武藝逸羣○隋書長孫下有郎字

大戰于大長城下○隋書長城上無大字

晟與大將軍梁默擊走之○默隋書作毗

有鐵勒思結伏具渾斛薛阿拔僕骨等十餘部○隋書伏字下有利字又斛薛作斛薩

長孫肥傳連引丁零○丁監本訛下今改從閣本

子成襲爵○成魏書作平成

封吳郡公贈吳郡王○監本脫王字今從閣本及魏書增正

史臣論出內流譽○出監本訛外今改從閣本

北史卷二十二考證

唐　李延壽撰

列傳第十一

于栗磾 孫勁　六世孫謹　謹子寔　寔子顗　仲文 寔弟翼　翼子璽　翼弟義　義子宣道　宣敏

于栗磾代人也少習武藝材力過人能左右馳射登國中拜冠軍將軍假新安子與寧朔將軍公孫蘭潛自太原從韓信故道開井陘關路襲慕容寶於中山道武後至見道路修理大悅即賜其名馬及趙魏平帝置酒高會謂栗磾曰卿吾之黥彭也進假新安公道武田於白登山見熊將數子顧栗磾曰能搏之乎對曰若搏之不勝豈不虛斃一壯士自可驅致御前坐而制之尋皆禽獲帝顧而謝之後爲河內鎮將劉裕之伐姚泓栗磾慮北侵擾築壘河上裕憚之遺栗磾書假道西上題書曰黑矟公麾下栗磾以狀表聞明元因之授栗磾黑矟將軍栗磾好持黑矟裕望而異之故有其號遷豫州刺史進爵新安侯洛陽雖歷代所都實爲邊界栗磾勞來安集甚得百姓心明元南幸盟津謂栗磾曰河可

橋乎栗磾曰杜預造橋遺事可想乃編大船構橋於野坂六軍既濟帝深歎美
之太武之征赫連昌敕栗磾與宋兵將軍周幾襲陝城長驅至三輔進爵爲公
累遷外都大官平刑折獄甚有聲稱卒贈太尉栗磾自少總戎迄於白首臨事
善斷所向無前加以謙虛下士刑罰不濫太武甚悼惜之子洛拔有姿容善應
對拜侍御中散太武甚加愛寵因賜名焉轉監御曹令景穆在東宮厚加禮遇
洛拔恆畏避屛退不敢逆自結納頃之襲爵後爲侍中尚書令百寮憚之卒官
洛拔有六子長子烈善射少言有不可犯之色少拜羽林中郎累遷侍中殿中
尚書于時孝文幼沖文明太后稱制烈與元丕陸叡李沖等各賜金策許以有
罪不死進爵洛陽侯轉衞尉卿及還都洛陽人情戀本多有異議帝以問烈曰
陛下聖略深遠非愚管所測若隱心而言樂還之與戀舊中半耳帝曰卿不唱
異同朕深感不言之益敕鎭代留臺庶政一相參委車駕幸代執烈手曰宗廟
至重翼衞不輕卿當祇奉靈駕時還洛邑烈與高陽王雍奉神主於洛陽還光
祿卿十九年大選百僚烈子登引例求進烈表引己素無教訓請乞黜落帝曰

此乃有識之言不謂烈能辦此乃引見登詔曰朕今創禮新邑明揚天下卿父乃行謙讓之表而有直士之風故進卿爲太子翊軍校尉又加烈散騎常侍封聊城縣子及穆泰陸叡謀反舊京帝幸代泰等伏法賜烈及李沖璽書述敍金策之意時代鄉舊族同惡者多唯烈一宗無所染豫帝益器重之歎曰元儼決斷威恩深自不惡然盡忠猛法不如烈也爾日烈在代都必卽斬其五三元首烈之節概不謝金日磾詔除領軍將軍以本官從征荆沔加鼓吹一部二十三年齊將陳顯達入寇馬圈帝輿疾討之執烈手以京邑爲託帝崩於行宮彭城王勰祕諱而返稱詔召宣武會駕魯陽以烈留守之重密報凶問烈處分行留神守無變宣武卽位寵任如前咸陽王禧爲宰輔權重當時會遣家僮傳言於烈求舊羽林武賁執仗出入烈不許禧遣謂烈曰我是天子兒天子叔元輔之命與詔何異烈厲色答曰向亦不道王非天子兒叔若是詔應遣官人所由若遣私奴索官家羽林烈頭可得羽林不可得也禧惡烈剛直出之爲恆州刺史烈不願蕃授謂彭城王勰曰殿下忘先帝南陽之詔乎而逼老夫乃至於此遂

以疾辭宣武以禧等專擅潛謀廢之景明二年正月礿祭三公致齋於廟帝夜召烈子忠謂曰卿父明可早入及明烈至詔曰諸父慢怠今欲使卿以兵召之卿其行乎烈曰老臣歷奉累朝頗以幹勇賜識今日之事所不敢辭乃將直閤以下六十餘人宣旨召咸陽王禧彭城王勰北海王詳衞送至帝前諸公各稽首歸政以烈爲領軍進爵爲侯自是長直禁中機密大事皆所參焉咸陽王禧之謀反宣武從禽於野左右分散倉卒之際莫知其計乃敕烈子忠馳覘虛實烈時留守已處分有備因忠奏曰臣雖朽邁心力猶可禧等猖狂不足爲慮願緩蹕徐還以安物望帝甚以爲慰車駕還宮禧已逃詔烈追執之順后既立以世父之重彌見優禮及卒宣武舉哀於朝堂給東園第一祕器贈太尉封鉅鹿郡公子祚襲祚弟忠字思賢本字千年弱冠拜侍御中散文明太后臨朝刑政頗峻侍臣左右多以微譴得罪忠朴直少言終無過誤太和中授武騎侍郎因賜名登累遷左中郎將領直寢元禧之亂車駕在外變起倉卒忠曰臣父爲領軍計必無所慮帝遣忠馳觀之烈嚴備果如所量忠還宣武撫其背曰卿差彊

人意先帝賜卿名登誠爲美稱朕嘉卿忠款今改名忠既表貞固之誠亦以名實相副也以父憂去職徙爲司空長史時太傅錄尚書北海王詳親尊權重將作大匠王遇多隨詳所欲而給之忠於詳前謂遇曰殿下國之周公阿衡王室何至阿諛附勢損公惠私也遇既不寧詳亦慚謝以平元禧功封魏郡公及遷散騎常侍兼武衞將軍每以鯁氣正辭爲北海所忿面責忠曰我憂在前見爾死不憂爾見我死時也忠曰人生自有定分若應死王手避亦不免不爾王不能殺詳因忠表讓之際密勸帝以忠爲列卿於是詔停其封優進太府卿正始二年詔忠以本官使持節兼侍中爲西道大使刺史鎮將贓罪顯暴者以狀聞守令以下便行決斷與尚書李崇分使二道忠劾幷州刺史高聰贓罪二百餘條論以大辟除華州刺史遭繼母憂不行服闋再遷衞尉卿河南邑中正忠與吏部尚書元暉度支尚書元匡河南尹元萇等推定代方姓族高肇忌其爲人乃言於宣武稱中山要鎮作捍須才乃出忠爲定州刺史既而帝悔復授衞尉卿領左衞將軍恆州大中正密遣使詰忠慰勉之延昌初除都官尚書領左衞

中正如故又加散騎常侍嘗因侍宴賜之劍杖舉酒屬忠曰卿世執貞節故恆以禁衛相委昔以卿行忠賜名曰忠今以卿才堪禦侮以所御劍杖相錫循名取義意在不輕出入恆以自防也還侍中領軍將軍忠辭無學識宣武曰學識有文章者不少但心直不如卿欲使卿劬勞於下我當無憂於上及帝崩夜忠與侍中崔光遣右衛將軍侯剛迎明帝於東宮而卽位忠與門下議以帝沖年未親機政太尉高陽王雍屬尊望重宜入居西栢堂省決庶政任城王澄明德茂親可爲尚書令總攝百揆奏中宮請卽敕授御史中尉王顯欲逞奸計與中常侍給事中孫蓮等厲色不聽寢門下之奏孫蓮等密欲矯太后令以高肇錄尚書事顯與高猛爲侍中忠卽殿中收顯殺之忠既居門下又總禁衛遂執朝政權傾一時初太和中軍國多事孝文以用不足百官祿四分減一忠既擅朝欲以惠澤自固乃悉復所減之祿職人進位一級舊制百姓絹布一匹之外各輸綿麻八兩忠悉以與之乃白高陽王雍自云宣武本許優轉雍憚忠威權便順意加忠車騎大將軍忠自謂新故之際有安社稷功諷百寮令加己賞太尉

雍清河王懌廣平王懷難違其意封忠常山郡公忠又難於獨受乃諷朝廷同
在門下者加封邑尚書左僕射郭祚尚書裴植以忠權勢日盛勸雍出忠忠聞
之逼有司誣奏其罪祚有師傅舊恩植擁地入國忠並矯詔殺之朝野憤怨無
不切齒王公以下畏之累跡又欲殺高陽王雍侍中崔光固執乃止遂免雍太
尉以王還第自此詔命生殺皆出於忠既尊靈太后爲皇太后居崇訓宮忠爲
儀同三司尚書令崇訓衛尉侍中領軍如故靈太后臨朝解忠侍中領軍崇訓
衛尉止爲儀同尚書令侍中忠爲令旬餘靈太后引門下侍官問忠在端右聲
聽咸曰不稱厥任乃出爲冀州刺史太傅清河王等奏忠擅殺樞納輒廢宰輔
朝野駭心遠近怪愕功過相除悉不合賞請悉追奪靈太后從之熙平元年御
史中尉元匡奏忠以鴻勳盛德受遇累朝幸國大災專擅朝命無人臣之心裴
郭受冤於既往宰輔黜辱於明世又自矯旨爲儀同三司尚書令領崇訓衛尉
原其此意便欲無上自處既事在恩後宜加顯戮請遣御史一人令史二人就
州行決靈太后令以忠事經肆眚遂不追罪又詔以忠歷任禁要誠節皎然賜

爵靈壽縣公初宣武崩後高太后將害靈太后劉騰以告侯剛剛以告忠忠請
計於崔光光曰宜置胡嬪於別所嚴兵守衞忠從之具以此意啓靈太后太后
意乃安故太后深德騰等四人並有寵授忠以毀之者多懼不免禍願還京欲
自營救靈太后不許二年四月除尙書右僕射加侍中將軍如故神龜元年三
月復儀同三司疾未拜見裴郭爲祟自知必死先表養亡弟第二子司徒掾永
超爲子乞以爲嫡靈太后許之薨贈司空有司奏太常少卿元端議案諡法剛
強理直曰武怙威肆行曰醜宜諡武醜公太常卿元修義議忠盡心奉上翦除
凶逆依諡法除僞寧眞曰武夙夜恭事曰敬宜諡武敬公二卿不同靈太后令
依正卿議忠性多阻忌不交勝己唯與直閤將軍章初瓌千牛備身楊保元爲
斷金之交李世哲求寵於忠私以金帛貨初瓌保元二人談之遂被賞愛引爲
腹心忠擅權昧進爲崇訓之由皆世哲計也忠弟景字百年忠薨後爲武衞將
軍謀廢元乂乂黜爲懷荒鎭將及蠕蠕主阿那瓌叛鎭人請糧景不給鎭人遂
執縛景及其妻拘守別室皆去其衣服令景著皮裘妻著故絳旗襖毀辱如此

月餘乃殺之烈弟果嚴毅直亮有父兄風歷朔華幷恆四州刺史賜爵武城子
果弟勁
勁字鍾葵頗有武略位沃野鎮將賜爵富昌子宣武納其女爲后封勁太原郡
公妻劉氏爲章武郡君後爲征北將軍定州刺史卒贈司空諡曰恭莊公自栗
磾至勁累世貴盛一皇后四贈公三領軍二尚書令三開國公勁雖以后父但
以順后早崩竟不居公輔
子暉字宣明后母弟也少有氣幹襲爵位汾州刺史暉善事人爲尒朱榮所親
以女妻其子長儒歷侍中河南尹後兼尚書僕射東南道行臺與齊神武討平
羊侃於兗州元顥入洛害之勁弟天恩位內行長遼西太守贈平東將軍燕州
刺史天恩子仁生位太中大夫仁生子安定平原郡太守高平郡都將安定子
子提隴西郡守茂平縣伯周保定二年以子謹著勳追贈太保建平郡公
謹字思敬小名巨引沉深有識量略窺經史尤好孫子兵書屏居未有仕進志
或有勸之者謹曰州郡之職昔人所鄙台鼎之位須待時來太宰元天穆見之

歎曰王佐材也及破六韓拔陵首亂北境引蠕蠕爲援大行臺元纂討之夙聞謹名辟爲鎧曹參軍事從軍北伐蠕蠕逃出塞纂令謹追之前後十七戰盡降其衆後率輕騎出塞覘賊屬鐵勒數千騎奄至謹以衆寡不敵乃散其騎使匿叢薄間又遣人升山指麾若分部軍衆賊望見雖疑有伏恃衆不以爲慮乃進逼謹謹以常乘駿馬一紫一騧賊先所識乃使二人各乘一馬突陣而出賊以爲謹爭逐之乃率餘軍擊其追騎賊走因得入塞正光四年行臺廣陽王元深北伐引謹爲長流參軍特相禮接使其世子佛陁拜焉遂與廣陽破賊主斛律野穀祿等謹請馳往喻之謹兼解諸國語乃單騎入賊示以恩信於是西部鐵勒酋長也列河等三萬餘戶並款附相率南遷廣陽與謹至折郭嶺迎接之謹曰拔陵兵衆不少聞也列河等款附必來要擊彼若先據險則難與爭鋒今以也列河等餌之當競來抄掠然後設伏而待必指掌破之廣陽然其計拔陵果來要擊破也列河於嶺上部衆皆沒謹伏兵發賊大敗悉破收也列河之衆孝昌元年又隨廣陽王征鮮于修禮軍次白斗牛邏會章武王爲修禮所害遂停

軍中山侍中元晏宣言於靈太后曰廣陽盤桓不進坐圖非望又有于謹者智
略過人爲其謀主恐非陛下純臣靈太后詔於尚書省門外立牓募獲謹者許
以重賞謹聞之請詣闕披露腹心廣陽許之謹遂到牓下曰吾知此人衆共詰
之謹曰我卽是也有司以聞靈后見之大怒謹備述廣陽忠款兼陳停軍之狀
靈后遂捨之後從尒朱天光與齊神武戰於韓陵山天光敗謹遂入關周文帝
臨夏州以謹爲防城大都督兼夏州長史及賀拔岳被害周文赴平涼謹言於
周文曰關中秦漢舊都古稱天府今若據其要害招集英雄足觀時變且天子
在洛逼迫羣兇請都關右然後挾天子而令諸侯千載一時也周文大悅會有
敕追謹爲關內大都督謹因進都關中策魏帝西遷仍從周文征潼關破回洛
城授北雍州刺史進爵藍田縣公大統三年大軍東伐爲前鋒進拔弘農禽東
魏陝州刺史李徽伯神武至沙苑謹力戰進爵常山郡公又從戰河橋拜大丞
相府長史兼大行臺尚書再遷太子太保芒山之戰大軍不利謹率麾下偽降
立於路左神武乘勝逐北不以爲虞謹自後擊之敵人大駭獨孤信又收兵於

後奮擊神武軍亂以此大軍得全十二年拜尚書左僕射領司農卿及侯景款附請兵為援謹諫以為景情難測周文不聽尋兼大行臺尚書大丞相長史率兵鎮潼關加授華州刺史賜秬鬯一卣珪瓚副焉俄拜司空恭帝元年除雍州刺史初梁元帝於江陵嗣位密與齊交通將謀侵軼其兄子岳陽王詧時為雍州刺史以梁元帝殺其兄譽遂結隙據襄陽來附乃命謹出討周文餞於青泥谷長孫儉曰為蕭繹計將如何謹曰曜兵漢沔席卷度江直據丹陽是其上策移郭內居人退保子城以待援至是其中策若難於移動據守羅郭是其下策儉曰裁繹出何策謹曰必用下儉曰何也對曰蕭氏保據江南綿歷數紀屬中原有故未遑外略又以我有齊氏之患必謂力不能分且繹懦而無謀多疑少斷愚人難與慮始皆戀邑居既惡遷移當保羅郭所以用下策謹令中山公護及大將軍楊忠等先據江津斷其走路梁人豎木柵於外城廣輪六十里尋而謹至悉衆圍之旬有六日外城遂陷梁主退保子城翌日率其太子以下面縛出降尋殺之虜其男女十餘萬人收其府庫珍寶得宋渾天儀梁日晷銅表魏

珍倣宋版印

相風烏銅蟠螭趺大玉徑四尺圍七尺及諸輿輦法物以獻軍無私焉立蕭詧爲梁主振旅而旋周文親至其第宴語極歡賞謹奴婢一千口及梁寶物幷金石絲竹樂一部別封新野郡公謹固辭不許又令司樂作常山公平梁歌十首使工人歌之謹自以久當權重功名旣立願保優閑乃上先所乘駿馬及所著鎧甲等周文識其意曰今巨猾未平公豈得便爾獨善遂不受六官建拜大司寇及周文崩孝閔帝尙幼中山公護雖受顧命而名位素下羣公各圖執政護深憂之密訪於謹謹曰夙蒙丞相殊眷今日必以死爭之若對衆定策公必不得讓明日羣公會議謹曰昔帝室傾危丞相志存匡救今上天降禍奄棄百寮嗣子雖幼而中山公親則猶子兼受顧託軍國大事理須歸之辭色抗厲衆皆悚動護曰此是家事護何敢有辭謹旣周文等夷護每申禮敬至是謹乃起而言曰公若統理軍國謹等便有所依遂再拜羣公迫於謹亦拜衆議始定孝閔踐阼進封燕國公邑萬戶遷太傅大宗伯與李弼侯莫陳崇等參議朝政及賀蘭祥討吐谷渾明帝令謹遙統其軍授以方略保定二年謹以年老乞骸骨優

詔不許三年以謹爲三老固辭又不許賜延年杖武帝幸太學以食之三老入門皇帝迎拜屏間三老答拜有司設三老席於中楹南向太師晉公護升階設席施几三老升席南面馮几而坐師道自居大司寇楚國公寧升階正舄皇帝升立於斧扆之前西面有司進饌皇帝跪設醬豆親自袒割三老食訖皇帝又親跪授爵以酳有司撤訖皇帝北面立訪道三老乃起立於席皇帝曰猥當天下重任自惟不才不知政術之要公其誨之三老答曰木從繩則正君從諫則聖自古明王聖主皆虛心納諫以知得失天下乃安惟陛下念之又曰爲國之本在乎忠信古人去食去兵信不可失國家興廢莫不由之願陛下守而勿失又曰爲國之道必須有法法者國之綱紀不可不正所正在於賞罰若有功必賞有罪必罰則爲善者日益爲惡者日止若有功不賞有罪不罰則天下善惡不分下人無所措其手足又曰言行者立身之基言出行隨誠願陛下慎之三老言畢皇帝再拜受之三老答拜禮成而出及晉公護東伐謹時有病護以其宿將舊臣猶請與同行詢訪戎略軍還賜鍾磬一部天和二年又賜安車一乘

珍倣宋版印

尋授雍州牧三年薨年七十六武帝親臨詔譙王儉監護喪事賜繒千段粟麥千斛贈本官加使持節太師雍恆等二十州諸軍事雍州刺史諡曰文及葬王公以下咸送郊外配享於文帝廟庭謹有智謀善於事上名位雖重愈存謙挹每朝參往來不過從兩三騎而已朝廷凡有軍國之務多與謹決謹亦竭其智能故功臣中特見委信始終若一人無閒言每誡諸子務存靜退加以年齒遐長禮遇隆重子孫繁衍皆至顯達當時莫比子寔嗣

寔字賓實少和厚以軍功封萬年縣子大統十四年累遷尚書是歲周文帝與魏太子西巡寔時從行周文刻石隴山上錄功臣名位以次鐫勒預以寔爲開府儀同三司至十五年方授之尋除渭州刺史特給鼓吹一部進爵爲公魏恭帝二年羌東念姐率部落反西連吐谷渾大將軍豆盧寧討之踰時不剋又令寔往遂破之周文手書勞問賜奴婢一百口馬百匹孝閔帝踐阼授戶部中大夫進爵延壽郡公天和二年延州蒲川賊郝三郎反攻丹州遣寔討平之仍除延州刺史五年襲燕國公進位柱國以罪免尋復本官除涼州總管大象二年

加上柱國拜大左輔隋開皇元年薨贈司空諡曰安子顗

顗字元武身長八尺美鬚眉周大冢宰宇文護見而器之以女妻之以父勳賜爵新野郡公歷左右宮伯郢州刺史大象中以水軍總管從韋孝寬經略淮南尉遲迥之反時總管趙文表與顗素不協顗將圖之因臥閤內詐疾文表獨至顗殺之因言文表與迥通謀其麾下無敢動者時隋文帝以迥未平慮顗復生邊患因宥免之即拜吳州總管以頻敗陳師賜綵數百段及隋受禪文表弟詣闕稱兄無罪上令按其事太傅竇熾等議顗當死上以其門著勳績特原之貶爲開府後襲爵燕國公尋拜澤州刺史免卒于家子世虔顗弟仲文

仲文字次武少聰敏髫齓就學躭習不倦父寔異之曰此兒必興吾宗九歲嘗於雲陽宮見周文帝問曰聞兒好讀書書有何事對曰資父事君忠孝而已周文甚嗟嘆之後就博士李詳受周易三禮略通大義及長倜儻有大志氣調英拔起家爲趙王屬安固太守有任杜兩家各失牛後得一牛兩家俱認州郡久不決益州長史韓伯儁曰于安固少年聰察可令決之仲文曰此易解耳乃令

二家各驅牛羣至乃放所認者牛遂向任氏羣中又使人微傷其牛任氏嗟惋
杜氏自若仲文遂訶詰杜氏服罪而去始州刺史屈突尙宇文護之黨也先坐
事下獄無敢繩者仲文至郡窮之遂竟其獄蜀中語曰明斷無雙有于公不避
彊禦有次武徵爲御正下大夫封延壽郡公以勳授儀同三司宣帝時爲東郡
太守及尉遲迥作亂使誘仲文仲文拒之迥遣其將宇文威攻之仲文迎擊大
破威以功授開府迥又遣其將宇文胄度石濟宇文威鄒紹自白馬二道俱進
復攻仲文郡人赫連僧伽敬子哲率衆應迥仲文自度不能支棄妻子潰圍而
遁達于京師迥屠其三子一女隋文帝引入臥內爲之下泣賜綵五百段黃金
二百兩進位大將軍領河南道行軍總管給鼓吹馳傳詣洛陽發兵討迥將檀
讓時韋孝寬拒迥於永橋仲文詣之有所計議總管宇文忻頗有自疑心因謂
仲文曰尉遲迥誠不足平正恐事寧後更有藏弓之慮仲文懼忻生變謂曰丞
相寬仁大度明識有餘仲文在京三日頻見三善非常人也忻曰三善何如仲
文曰有陳萬敵新從賊中來丞相卽令其弟難敵召募鄉曲從軍討賊此大度

一也上士宋謙奉使勾檢謙緣此別求他罪丞相責之曰入網者自可推求何須別訪以虧大體此不求人私二也言及仲文妻子未嘗不潸泫此有仁心三也忻自是遂安仲文軍至汴州東頻破迥將進攻梁郡迥守將劉孝寬棄城走初仲文在蓼堤諸將皆曰軍自遠來疲弊不可決戰仲文令趣食列陳既而破賊諸將問其故笑曰吾所部將士皆山東人果於速進不宜持久乘勢擊之所以制勝諸將皆曰非所及也進擊曹州獲迥所署刺史李仲康及上儀同房勁檀讓以餘衆屯成武謂仲文未能卒至方椎牛饗士仲文選騎襲之遂拔成武迥將席毗羅衆十萬屯沛縣將攻徐州其妻子在金鄉仲文遣人詐作毗羅使謂金鄉城主徐善淨曰檀讓明日午時到金鄉將宣蜀公令賞將士金鄉人謂爲信然皆喜仲文簡精兵僞建迥旗幟善淨以爲檀讓至出城迎謁仲文執之遂取金鄉諸將勸屠之仲文曰當寬其妻子其兵可自歸如即屠之彼皆絕矣衆皆稱善於是毗羅恃衆來薄官軍仲文背城結陣設伏兵發俱挾柴鼓譟毗羅軍潰皆投洙水死水爲不流獲檀讓檻送京師河南悉平毗羅匿滎陽人家

執斬之傳首闕下勒石紀功樹於泗上入朝京師文帝引入臥內宴享極歡賜雜綵千段妓女十人拜柱國屬文帝受禪不行未幾其叔父太尉翼坐事下獄仲文亦爲吏所簿於獄中上書曰曩者尉迥逆亂所在景從臣任處關河地居衝要嘗膽枕戈誓以必死迥時購臣位大將軍邑萬戶臣不顧妻子不愛身命冒白刃潰重圍三男一女相繼淪沒披露肝膽馳赴闕庭蒙陛下授臣以高官委臣以兵革于時河南兇寇狼顧鴟張臣以羸兵八千掃除氛祲摧劉寬於梁郡破檀讓於蓼堤平曹州復東郡安成武定永昌解亳州圍破徐州賊席毗羅十萬之衆一戰土崩河南蟻聚之徒應時戡定當羣兇問鼎之際生靈乏主之辰臣第二叔翼先在幽州總馭燕趙南鄰羣寇北掃旄頭內安外撫得免罪戾臣第五叔智建旗黑水與王謙爲鄰式遏蠻陬鎮綏蜀道臣兄顗作牧淮南坐制勍敵乘機勦定傳首京師王謙竊據二州叛換三蜀臣第三叔義受脤廟庭恭行天罰自外父叔兄弟皆當文武重寄或銜命危難或侍衛鉤陳合門誠款冀有可明伏願垂泣辜之恩降雲雨之施則寒灰更然枯骨還肉上覽表釋翼

釋之明年拜行軍元帥統十二州總管以擊胡出服遠鎮遇虜破之於是從金
河出白道遣總管辛明瑾元滂賀蘭志呂楚段諧等二萬人出盛樂道趣那頡
山至護軍州北與虜遇可汗見仲文軍容整肅不戰而退仲文踰山追之及還
上以尚書省文簿繁雜吏多奸詐令仲文勘錄省中事所發擿甚多上嘉其明
斷厚加勞賞上每憂轉運不給仲文請決渭水開漕渠上然之使仲文總其事
及伐陳之役拜行軍總管高智慧等作亂江南仲文復以行軍總管討之時三
軍乏食米粟踴貴仲文私糶軍糧坐除名明年復官爵率兵屯馬邑以備胡晉
王廣以仲文有將領才每常屬意至是奏之乃令督晉王軍府事後突厥犯塞
晉王為元帥使仲文將前軍大破賊而還煬帝卽位遷左翊衞大將軍參掌文
武選事從帝討吐谷渾進位光祿大夫甚見親重遼東之役仲文率軍指樂浪
道次烏骨城仲文簡羸馬驢數千置於軍後旣而率衆東過高麗出兵掩襲輜
重仲文因擊大破之至鴨淥水高麗將乙支文德詐降來入其營仲文先奉密
旨若遇高元及文德者必禽之至是文德來仲文將執之時尚書右丞劉士龍

爲慰撫使固止之仲文遂捨文德尋悔遣人紿文德曰更有言議可復來也文德不從遂濟仲文選騎度水追之每戰破賊文德遺仲文詩曰神策究天文妙算窮地理戰勝功旣高知足願云止仲文答書諭之文德燒柵而遁時宇文述以糧盡欲還仲文議以精銳追文德可以有功述固止之仲文怒曰將軍杖十萬之衆不能破小賊何顏以見帝且仲文此行也固無功矣述因厲聲曰何以知無功仲文曰昔周亞夫之爲將也見天子軍容不變此決在一人所以功成名遂今者人各其心何以赴敵初帝以仲文有計畫令諸軍諮稟節度故有此言由是述等不得已而從之遂行東至薩水宇文述以兵餒退歸師遂敗績帝以屬吏諸將皆委罪於仲文帝大怒釋諸將獨繫仲文仲文憂恚發病困篤方出之卒於家時年六十八撰漢書刊繁三十卷略覽三十卷有子九人欽明最知名

寔弟翼字文若美風儀有識度年十一尚文帝女平原公主拜員外散騎常侍封安平縣公大統十六年進爵郡公加大都督領文帝帳下左右禁中宿衞選

武衞將軍謹平江陵所賜得軍實分給諸子翼一無所取唯簡賞口內名望子
弟有士風者別待遇之文帝聞之賜奴婢二百口翼固辭不受尋授車騎大將
軍開府儀同三司六官建除左宮伯孝閔帝踐阼出爲渭州刺史翼兄寔先莅
此州頗有惠政翼又推誠布信事存寬簡夷夏感悅比之大小馮君焉時吐谷
渾入寇河右涼鄯河三州咸被攻圍使來告急秦州都督遣翼赴援不從寮屬
咸以爲言翼曰攻取之術非夷俗所長此寇之來不過鈔掠邊牧耳安能屯兵
城下久事攻圍掠而無獲勢將自走勞師以往亦無所及翼揣之已了幸勿復
言數日問至果如翼所策賀蘭祥討吐谷渾翼率州兵先鋒深入以功增邑尋
徵拜右宮伯明帝雅愛文史立麟趾學在朝有藝業者不限貴賤皆聽預焉乃
至蕭撝王褒等與卑鄙之徒同爲學士翼言於帝曰撝梁之宗子褒梁之公卿
今與趨走同儕恐非尚賢貴爵之義帝納之詔翼定其班次於是有等差矣明
帝崩翼與晉公護同受遺詔立武帝保定元年徙軍司馬三年改封常山郡公
天和初遷司會中大夫三年皇后阿史那氏至自突厥武帝行親迎之禮命翼

總司儀制狄人雖蹲踞無節然咸憚翼之禮法莫敢違犯遭父憂去職居喪過禮爲時輩所稱尋有詔起令視事武帝又以翼有人倫之鑒皇太子及諸王等相傳以下並委翼選置其所擢用皆民譽也時論僉謂得人遷大將軍總中外宿衞兵事晉公護以帝委翼腹心內懷猜忌轉爲小司徒加拜柱國雖外示崇重實疎斥之及誅護帝召翼遣往河東取護子中山公訓仍代鎭蒲州翼曰家宰無君陵上自取誅夷元惡既除餘孽宜殄然皆陛下骨肉猶謂疎不間親陛下不使諸王而使臣異姓非直物有橫議愚臣亦所未安帝然之乃遣越王盛代翼先是與齊陳二境各修邊防雖通聘好而每歲交兵然一彼一此不能有所克獲武帝既親萬機將圖東討詔邊城鎭並益儲峙加戍卒二國聞之亦增修守禦翼諫曰疆場相侵互有勝敗徒損兵儲非策之上者不若解邊嚴減兵防繼好息人敬待來者彼必喜於通和懈而無備然後出其不意一舉而山東可圖帝納之建德二年出爲安州總管時大旱涓水絕流舊俗每逢亢旱禱白兆山祈雨帝先禁羣祀山廟已除翼遣主簿祭之即日澍雨歲遂有年百姓感

之聚會歌舞頌之四年武帝將東伐朝臣未有知者遣納言盧韞前後三乘驛詣翼問策翼贊成之及軍出詔翼自宛葉趣襄城旬日下齊一十九城所過秋毫無犯所部都督輒入人村卽斬以狥由是百姓欣悅赴者如歸屬帝有疾班師翼亦旋鎮轉宜陽總管以宜陽地非襟帶請移鎮於陝詔從之仍除陝州刺史總管如舊其年大軍復東討翼自陝入徑到洛陽齊洛州刺史獨孤承業開門降河南九州三十鎮一時俱下襄城人庶等喜復見翼並壺漿道左除河陽總管仍徙豫州陳將魯天念久圍光州聞翼到汝南望風退散大象初徵拜大司徒詔翼巡長城立亭鄣西自鴈門東至碣石創新改舊咸得其要害仍除幽州總管先是突厥屢爲抄掠居人失業翼素有威武兼明斥堠自是不敢犯塞百姓安之及尉遲迥據相州舉兵以書招翼翼執其使幷書送之時隋文帝執政賜翼雜繒一千五百段幷珍寶服翫等進位上柱國封任國公增邑通前五千戶別食任城縣一千戶收其租賦翼又遣子讓通表勸進幷請入朝許之隋開皇初翼入朝上降榻握手極歡數日拜太尉或有告翼往在幽州欲同尉遲

珍倣宋版印

迥按驗以無實見原三年薨於本位加贈六州諸軍事蒲州刺史謚曰穆翼性恭儉與物無競常以滿盈自戒故能以功名終子壐嗣

壐字伯符少有器幹仕周位職方中大夫封黎陽縣公宣帝嗣位轉右勳曹中大夫尋領右忠義隋文帝受禪加上大將軍進爵郡公歷汴邵二州刺史所歷並有恩惠後檢校江陵總管邵州人張願等數十人詣闕上表請留壐上嘉歎良久令還邵州父老相賀尋歷洛熊二州刺史亦粗有惠政以疾還京師卒於家謚曰靜有子志本壐弟詮位上儀同三司吏部下大夫常山公詮弟讓儀同三司翼弟義

義字慈恭少矜嚴有操尚篤志好學大統末以父功賜爵平昌縣伯後改封廣都縣公周閔帝踐阼遷安武太守專崇教化不尚威刑有郡人張善安王叔兒爭財相訟義曰太守德薄不勝所致於是以家財分與二人喻而遣去善安等各懷恥愧移貫他州於是風化大洽進封建平郡公明武世歷西兗瓜邵三州刺史數從征伐進位開府宣帝卽位政刑日亂義上疏諫帝時鄭譯劉昉以恩

倖當權謂義不利於己先惡之於帝帝覽表色動謂侍臣曰于義謗訕朝廷也
御正大夫顏之儀進曰古先哲王立謗訕之木置敢諫之鼓猶懼不聞過于義
之言不可罪也帝乃解及王謙構逆隋文帝謀將於高熲熲言義可爲元帥文
帝將任之劉昉曰梁睿任望素重不可居義下乃以睿爲元帥義爲行軍總管
將左軍破謙將達奚惎於開遠尋拜潼州總管賜奴婢五百口雜綵三千段超
拜上柱國歲餘以疾免歸卒於京師贈豫州刺史謚曰剛子宣道宣敏並知名
宣道字元明性謹密不交非類仕周以父功賜爵城安縣男位小承御上士隋
文帝爲丞相引爲外兵曹及踐阼還內史舍人進爵爲子父憂水漿不入口者
累日歲餘起令視事免喪拜車騎將軍兼右衛長史舍人如故後還太子左衛
副率進位上儀同卒子志寧早知名出繼叔父宣敏
宣敏字仲達少沈密有才思年十一詣周趙王招命之賦詩宣敏爲詩甚有幽
貞之志招大奇之坐客莫不嗟賞起家右侍上士遷千牛備身隋文帝踐阼拜
奉車都尉奉使撫慰巴蜀及還上疏曰臣聞開磐石之宗漢室於是維永建維

城之固周祚所以靈長昔秦皇置牧守而罷諸侯魏后昵諂邪而疎骨肉遂使
宗社移於他族神器傳於異姓此事之明甚於觀火然山川設險非親勿居且
蜀土沃饒人物殷阜西通邛僰南屬荆巫周德之衰茲土遂成戎首炎政失御
此地便爲禍先是以明者防於無形安者制其未亂方可慶隆萬世年逾七百
伏惟陛下日角龍顏膺樂推之運參天貳地居揖讓之期億兆宅心百神受職
理須樹建藩屏封植子孫繼周漢之宏圖改秦魏之覆軌抑近習之權勢崇公
族之本枝但三蜀二齊古稱天險分王戚屬今正其時若使利建合宜封樹得
所則巨猾息其非望奸臣杜其邪謀盛業宏基同天地之長久英聲茂實齊日
月之照臨臣雖學謝多聞然情深體國輒申管見戰灼惟深帝省表嘉之謂高
熲曰于氏世有人焉竟納其言遣蜀王秀鎭於蜀宣敏常以盛滿之誡昔賢所
重每懷靜退著述志賦以見志焉未幾卒官年二十九義弟禮上將軍趙州刺
史安平郡公禮弟智初爲開府以受宣帝密旨告齊王憲反遂封齊國公尋拜
柱國位大司空智弟紹上開府綏州刺史華陽郡公紹弟弼上儀同平恩縣公

弼弟蘭上儀同襄陽縣開國公蘭弟曠上儀同贈恆州刺史

論曰魏氏平定中原之後于栗磾有武功於三世兼以虛己下物罰不濫加斯亦諸將所稀矣洛拔任參內外以功名自終烈氣概沉遠受任艱危之際有柱石之質殆禦侮之臣乎忠以梗朴見親乘非其據遂擅威權生殺自己茍非女主之世何以全其門族不至誅滅抑其幸也謹負佐時之略逢興運之期為大廈之棟梁擬巨川之舟檝卒以耆年碩德譽高望重禮備上庠功歌司樂而常以滿盈為誡覆折是憂不有君子何以能國翼既功臣之子地則姻親荷累葉之恩兼文武之寄理同休戚與存與亡加以總戎馬之權受扞城之託智能足以衛難勢力足以勤王曾無釋位之心但務隨時之義弘名節以高貴豈所望於斯人仲文博涉書記以英略自許尉迥之亂遂立功名自茲厥後屢當推轂遼東之役實喪師徒斯乃大樹將顛蓋非一繩之䌓也義運屬時來宣其力用崇基弗墜析薪克荷盛矣

北史卷二十三考證

于粟磾傳構橋於野坂○野魏書作冶

景明二年正月礿祭三公致齋於廟○礿監本訛初今從彭城王勰傳時將礿祭改正

令景著皮裘妻著故絳旗襖○魏書無旗字

仲文傳後就博士李詳○詳隋書作祥

迴守將劉孝寬棄城走○孝隋書作子

仲文遣人詐作毗羅使謂金鄉城主徐善淨○主監本訛王今從改隋書

仲文因擊大破之○因一本作回

釋諸將獨繫仲文○繫監本訛擊今改從隋書

寔弟翼傳咸被攻圍使來告急○來監本訛必今改從周書

勞師以往亦無所及○亦監本訛非今改從周書

詔邊城鎮並益儲峙加戍卒○峙周書作偫

齊洛州刺史獨孤承業開門降〇承周書作永

義傳于義謗訕朝廷也〇于監本訛子今改正

頗言義可爲元帥文帝將任之〇任隋書作位

北史卷二十三考證

北史卷二十四

唐　李　延　壽　撰

列傳第十二

崔逞 子頤孫彧玄孫冏休五世孫㥄 六世孫贍儦逞兄遹　王憲 曾孫昕晞 晧

封懿 族曾孫回回子隆之 回弟肅回族弟述

崔逞字叔祖清河東武城人魏中尉琰之五世孫也曾祖諒晉中書令祖遇仕石氏爲特進父瑜黃門郎逞少好學有文才仕慕容暐補著作郎撰燕記遷黃門侍郎暐滅苻堅以爲齊郡太守堅敗仕晉歷清河平原二郡太守爲翟遼所虜以爲中書令慕容垂滅翟釗以爲祕書監慕容寶東走和龍爲留臺吏部尚書及慕容驎立逞攜妻子歸魏張袞先稱美之由是道武禮遇甚厚拜尚書錄三十六曹別給吏屬居門下省尋除御史中丞道武攻中山未剋六軍乏糧問計於逞逞曰飛鴞食葚而改音詩稱其事可取以助糧帝雖銜其侮慢然兵既須食乃聽人以葚當租逞又言可使軍人及時自取過時則落盡帝怒曰內賊

未平兵人安可解甲收甚乎以中山未拔故不加罪及姚興侵晉襄陽戍將郗恢馳使乞師於常山王遵書云賢兄武步中原道武以爲悖君臣之體敕逞與張袞爲遵書答使亦貶其主號以報之逞袞爲書乃云貴主帝怒其失旨黜袞遂賜逞死後晉荊州刺史司馬休之等數十人爲桓玄所逐皆將來奔至陳留聞逞被殺分爲二輩一奔長安一奔廣固帝聞深悔自是士人有過多見優容逞子毅禕嚴頤初逞之內徙終慮不免乃使其妻張氏與四子歸慕容德於廣固獨與小子頤在代京及逞死亦以此爲譴

頤字太沖散騎常侍賜爵清河侯太武聞宋以其兄諲爲冀州刺史乃曰義隆用其兄我豈無冀州地邪乃以頤爲冀州刺史入爲大鴻臚持節策拜楊難當爲南秦王奉使數返光揚朝命太武善之後與方士韋文秀詣王屋山造金丹不就眞君初卒始崔浩與頤及滎陽太守模等年皆相次浩爲長次模次頤三人別祖而模頤爲親浩恃其家世魏晉公卿常侮模浩不信佛道模深所歸向雖糞壤中禮拜形像浩大笑曰持此頭顱不淨處跪是胡神也模嘗謂人曰桃

觕可欺我何容輕我周兒也浩小名桃觕頤小名周兒太武頗聞之故浩誅時
二家獲免頤五子少子叡以交通境外伏誅自逞之死至叡之誅三世積五十
餘年在北一門盡矣
或字文若頤兄禕之孫也父勳之字寧國位大司馬外兵郎贈通直郎或與兄
相如俱自宋入魏相如以才學知名早卒或少逢隱沙門教以素問甲乙遂善
醫術中山王英子略曾病王顯等不能療或針之抽針卽愈後位冀州別駕性
仁恕見疹者喜與療之廣教門生令多救療其弟子清河趙約勃海郝文法之
徒咸亦有名或子景哲豪率亦以醫術知名仕魏大中大夫司徒長史
景哲子冏字法峻幼好學汎覽經傳多伎藝尤工相術仕魏爲司空參軍齊天
保初爲尚藥典御歷高陽太守太子家令武平中爲散騎常侍假儀同三司從
幸晉陽嘗謂中書侍郎李德林曰比日看高相王以下文武官人相表俱盡其
事口不忍言唯弟一人更應富貴當在佗國不在本朝吾不及見也其精如此
冏性廉謹恭儉自修所得俸秩必分親故終鴻臚卿臨終誡其二子曰夫恭儉

福之與傲後禍之機乖福興者浸以康休蹈禍機者忽而傾覆汝其誡歟吾沒
後斂以時服祭無牢餼棺足周屍瘞不泄露而已及卒長子修遵父命景哲弟
景鳳字鸞叔位尚藥典御
休字惠盛曾祖諲仕宋位青冀二州刺史祖靈和宋員外散騎侍郎父宗伯始
還魏追贈清河太守休少孤貧矯然自立舉秀才入京師與宋弁邢巒雅相知
友尚書王嶷欽其人望爲長子娉休姊贍以財貨由是少振孝文納休妹爲嬪
頻遷兼給事黃門侍郎休勤學公事軍旅之隙手不釋卷禮遇亞于宋弁郭祚
孝文南伐以北海王詳爲尚書僕射統留臺事以休爲尚書左丞詔以北海年
少百揆務殷便以委休轉長史兼給事黃門侍郎參定禮儀帝嘗閱故府得舊
冠題曰南部尚書崔逞制顧謂休曰此卿家舊事也後從駕南行及還幸彭城
汎舟泗水詔在侍筵觀者榮之宣武初休以祖父未葬弟貧又亡固求出爲勃
海太守性嚴明雅長政體下車先戮豪猾數人姦盜莫不禽翦清身率下部內
安之時大儒張吾貴名盛山東弟子恆千餘人所在多不見容休招延禮接使

肄業而還儒者稱爲口實入爲吏部郎中遷散騎常侍權兼選任多所拔擢廣平王懷數引談宴以與諸王交游免官後爲司徒右長史公平清潔甚得時譽歷幽青二州刺史皆以清白稱二州懷其德澤入爲度支七兵殿中三尚書休久在臺閣明習典故每朝廷疑議咸取正焉諸公咸謂崔尚書下意處不可異也卒贈尚書右僕射諡曰文貞休少而謙退事母孝謹及爲尚書子仲文娶丞相高陽王雍女女適領軍元乂庶長子舒挾持二家志氣微改陵藉同列尚書令李崇左僕射蕭寶夤右僕射元欽皆以此憚下之始休母房氏欲以休女妻其外孫邢氏休乃違母情以妻乂子議者非之子㥄

㥄字長儒狀貌偉麗善於容止少知名爲魏宣武挽郎釋褐太學博士累遷散騎侍郎坐事免歸鄉里冀部豪傑之起爭召㥄兄弟㥄中立無所就高敖曹以三百騎劫取之以爲師友齊神武至信都以爲開府諮議參軍歷給事黃門侍郎衞將軍神武入洛議定廢立太僕綦儁盛言節閔帝賢明可主社稷㥄作色而前曰若其賢明自可待我高王旣爲逆胡所立何得猶作天子若從儁言王

師何名義舉由是節閔及中興主皆廢更立平陽王是爲孝武以建義功封武
城縣公悛恃預義旗頗自矜縱尋以貪汙爲御史糾劾逃還鄉里時淸河多盜
齊文襄以石愷爲太守令得專殺愷經悛宅謂少年曰諸郞輩莫作賊太守打
殺人悛顧曰何不答府君下官家作賊止捉一天子牽臂下殿捉一天子推上
殿不作偷驢摸犢賊及遇赦出復爲黃門天平中授徐州刺史給廣宗部曲三
百淸河部曲千悛性暴慢寵妾馮氏長且姣家人號曰成母朝士邢子才等多
姦之至是假其威勢恣情取受風政不立初悛爲常侍求人修起居注或曰魏
收可悛曰收輕薄徒耳更引祖鴻勳爲之又欲陷收不孝之罪乃以盧元明代
收爲中書郞由是收銜之及收聘梁過徐州悛備刺史鹵簿迎之使人相聞收
曰勿怪儀衞多稽古力也收語蹇急報曰崔徐州建義之勳何稽古之有悛自
以門伐素高特不平此言收乘宿憾故以此挫之罷徐州除祕書監以母憂去
官服終兼太常卿轉七兵尚書淸河邑中正悛有文學偉風貌寡言辭端嶷如
神以簡貴自處齊神武言崔悛應作令僕恨其精神太遒趙郡李渾將聘梁名

輩畢萃詩酒正讙悛後到一坐無復談話鄭伯猷歎曰身長八尺面如刻畫聲欬爲洪鍾響胸中貯千卷書使人那得不畏服悛以籍地自矜常與蕭祇明少遐等高宴終日獨無言少遐晚謂悛曰驚風飄白日忽然落西山悛亦無言直曰爾每謂盧元明曰天下盛門唯我與爾傳崔趙李何事者哉崔暹聞而銜之神武葬後悛又竊言黃頷小兒堪當重任不暹外兄李慎以告暹暹啓文襄絕悛朝謁悛要拜道左文襄發怒曰黃頷兒何足拜也於是鏁悛赴晉陽訊之不服暹引邢子才爲證子才執無此言悛在禁謂邢曰卿知我意屬太丘不邢出告悛子贍曰尊公意正應欲結姻陳元康贍有新生女乃許妻元康子元康爲言於文襄曰崔悛名望素重不可以私語殺之文襄曰若免其性命當徙之遐裔元康曰悛若在邊或將外叛以英賢資寇敵非所宜也文襄曰既有季珪之罪還令輸作可乎元康曰元康常讀崔琰傳追恨魏武不弘悛若在所作而殞後世豈道公不殺也文襄曰然則奈何元康曰悛合死朝野皆知公誠能以寬濟猛特輕其罰則仁德彌著天下歸心段孝先亦言悛勳舊召捨之悛進謁奉

謝文襄猶怒曰我雖無堪忝當大任被卿以爲黃頷小兒金石可銷此言難滅齊天保初除侍中監起居以禪代之際參掌儀禮別封新豐縣男回授第九弟子約㥄一門婚嫁皆衣冠美族吉凶儀範爲當時所稱婁太后爲博陵王納㥄妹爲妃敕其使曰好作法用勿使崔家笑人婚夕文宣帝舉酒祝曰新婦宜男孝順富貴㥄跪對孝順乃自臣門富貴恩由陛下五年爲東兗州刺史復攜馮氏之部爲馮氏厭蠱頗失精爽尋遇偏風馮氏受納狼籍爲御史劾與㥄俱召詔付廷尉諸因多姦焉獄中致競尋別詔斬馮氏於都市支解爲九段㥄以疾卒獄中㥄歷覽羣書兼有辭藻自中興迄於孝武詔誥表檄多㥄所爲然性倰耽財色於諸弟不能盡雍穆之美世論以此譏之素與魏收不協收後專典國史㥄恐被惡言乃悅之曰昔有班固今則魏子收縮鼻笑之憾不釋㥄子贍

贍字彥通潔白善容止神彩嶷然言不妄發才學風流爲後來之秀初穎川荀濟自江南入洛贍學於濟故得經史有師法侍中李神儁雅有風譽晚年無子見贍歎謂邢邵曰昨見崔㥄兒便爲後生第一我遂無此物見此使人傷懷年

珍倣宋版印

十五刺史高昂召署主簿清河公高岳辟爲開府西閤祭酒博陵崔暹爲中尉
啓除侍御史以父與暹隙俄而去官神武召與北海王晞俱爲諸子賓友仍爲
相府中兵參軍轉主簿文襄崩祕未發喪文宣命瞻兼相府司馬使鄴魏孝靜
帝以人日登雲龍門與其父㥄俱侍宴爲詩詔問邢卲等曰今瞻此詩何如其
父咸曰㥄博雅弘麗瞻氣調清新並詩人之冠冕宴罷咸共嗟賞之云今日之
宴併爲崔瞻父子楊愔欲引瞻爲中書侍郎時盧思道直中書省愔問其文藻
優劣思道曰崔瞻文詞之美實有可稱但舉世重其風流所以才華見沒愔云
此言有理其日奏用之愔又曰昔裴瓚晉世爲中書郎神情高邁每於禁門出
入宿衞者皆肅然動容崔生堂堂亦當無媿裴子乎皇建元年除給事黃門侍
郎與趙郡李概爲莫逆之友概將東還瞻遺之書曰仗氣使酒我之常弊詆訶
指切在卿尤甚足下告歸吾於何聞過也瞻患氣兼性遲重雖居二省竟不堪
敷奏孝昭踐阼皇太子就傅受業除太子中庶子徵赴晉陽敕曰東宮弱年未
陶訓義卿儀形風德人之師表故勞卿朝夕遊處開發幼蒙一物三善皆以相

寄贍專在東宮調護講讀及進退禮度皆歸委焉太子納妃斛律氏敕贍與鴻臚崔劼撰定婚禮儀注主司以爲後式時詔議三恪之禮太子少傅魏收爲一議朝士莫不雷同贍别立異議收讀訖笑而不言贍正色曰聖上詔羣臣議國家大典少傅名位不輕贍議若是須贊其所長若非須詰其不允何容讀國士議文直此冷笑崔贍居聖朝顯職尚不免見疵草萊諸生欲云何自進贍容貌方嚴詞旨雄辯收慚遽竟無一言大寧元年除衞尉少卿尋兼散騎常侍聘陳使主行過彭城讀道旁碑文未畢而絶倒從者遽見以爲中惡此碑乃贍父㥄州時所立故哀感焉贍經熱病面多瘢痕然雍容可觀辭韻温雅南人大相欽服陳舍人劉師知見而心醉乃言常侍前朝通好之日何意不來今日誰相對揚者其見重如此還襲爵武城公再遷吏部郎中因患耳請急十餘日舊式百日不上解官吏部尚書尉瑾性褊急以贍舉措舒緩曹務煩劇附驛奏聞因見代遂免歸天統末加驃騎大將軍就拜銀青光祿大夫卒贈大理卿濟州刺史謚曰文贍性簡傲以才地自矜所與周旋皆一時名望在御史臺恆宅中送食

珍倣宋版印

備盡珍羞別室獨飧處之自若有一河東人士姓裴亦爲御史伺瞻食便往造焉瞻不與交言又不命匕筯裴坐觀瞻食罷而退明日自攜匕筯恣情飲噉瞻謂曰我初不喚君食亦不共君語遂能不拘小節昔劉毅在京口冒請鵝炙豈亦異是君定名士於是每與之同食性方重好讀書酒後清言聞者莫不傾耳自天保以後重吏事謂容止醞藉者爲潦倒而瞻終不改焉常見選曹以劉逖爲縣令謂之曰官長正應子琮輩乃復屈名人爲子琮聞之大怒及其用事幾敗焉有集二十卷悛弟仲文有文學與和中爲丞相掾沙苑之敗仲文持馬尾渡河波中乍沒乍出神武望見曰崔掾也遽遣船赴接及至謂曰卿爲君爲親不顧萬死可謂家之孝子國之忠臣也後文襄欲使行青州聞其多醉乃止天保初悛爲侍中仲文爲銀青光祿大夫同日受拜時云兩鳳連飛嘗被敕召宿酲未解文宣怒將罰之試使爲觀射詩十韻操筆立成乃原之拜散騎常侍光祿大夫卒子偃太子洗馬尙書郎偃弟儦

儦字岐叔少與范陽盧思道隴西辛德源同志友善每以讀書爲務負恃才地

大署其戶曰不讀五千卷書者無得入此室初舉秀才爲員外散騎侍郎遷殿
中侍御史與熊安生馬敬德等議五禮兼修律令尋兼散騎侍郎使陳還待詔
文林館歷尙書郎與頓丘李若俱見稱重時人語曰京師灼灼崔儦李若若每
謂其子曰盧思道崔儦杳然崖岸吾所重也汝其師之思道與儦嘗酒後相調
儦曰偃蹇無聞思道譏儦云高曾官薄齊亡歸鄉仕郡爲功曹補主簿隋開皇
四年徵授給事郎兼內史舍人後兼通直散騎侍郎聘陳還授員外散騎侍郎
以聾常得無事一醉輒八日越國公楊素時方貴幸重儦門地爲子玄縱娶其
女爲妻娉禮甚厚親迎之始公卿滿坐素令騎迎之儦敝衣冠騎驢而至素推
令上坐儦禮甚倨言又不遜素忿然拂衣而起竟罷坐後數日儦方來謝素待
之如初詔授易州刺史或言其未合乃追停儦語人曰易州刺史何必勝道義
仁壽中卒於京師子世濟仲文弟叔仁輕俠重衿期仕魏爲頴州刺史以貪汙
爲御史中丞高仲密劾賜死於宅臨刑賦詩五絕與諸弟訣別不及其兄悛以
其不甚營救也子彥武有識用隋開皇初位魏州刺史叔仁弟叔義魏孝莊時

爲尚書庫部郎初叔義父休爲青州刺史放盜魁令出其黨遂以爲門客在洛
陽與兄叔仁鑄錢事發合家逃逸叔義見執時城陽王徽爲司州牧臨淮王彧
以非其身罪驟爲致言徽以求婚不得遂停赦書而殺之叔義弟子侃以寄名
從軍竊級爲中書郎爲尚書左丞和子岳彈糾失官性兼使氣後自修改閉門
讀書當時稱爲博洽後兼通直散騎常侍使梁爲陽斐副恥居斐下自負才地
呼斐爲陽子語輒折之還卒於路子拯位太子僕武德郡守子侃弟子植位冀
州別駕走馬從禽髮挂木而死子珪子植弟子聿位東莞太守子聿弟子約五
歲喪父不肯食肉後喪母居喪哀毀骨立人云崔九作孝風吹即倒禫月兄子
度死又百日不入房長八尺餘姿神儁異潛觀梁使劉孝儀賓從見者駭目武
定中爲平原公開府祭酒與兄子瞻俱詣晉陽寄居佛寺瞻長於子約二歲每
退朝久立子約馮几對之儀望俱華儼然相映諸沙門竊窺之以爲二天人也
乾明中爲考功郎病且卒謂瞻曰自諸兄歿而門業頽替居家大唯吾與爾命
之修短曾何足悲汝能免之吾不餒矣休弟夤字敬禮位太子舍人卒贈樂安

太守妻樂安王長女晉寧公主也貞烈有德行子愍字長謙幼聰敏濟州刺史
盧尙之欲以長女妻之休子悽爲長謙求尙之次女曰家道多由婦人欲令姊
妹爲妯娌尙之感其義於是同日成婚休誡諸子曰汝等宜皆一體勿作同堂
意若不用吾言鬼神不享汝祭祀休亡枕中有書如平生所誡諸子奉焉長謙
與休第二子仲文同年而月長其家謂之大二小二長謙少與太原王延業俱
爲著作佐郎監典校書後爲靑州司馬賊圍城二百日長謙讀書不廢凡手抄
八千餘紙天文律歷醫方卜相風角鳥言靡不開解晩頗以酒爲損遷司徒諮
議修起居注加金紫光祿大夫後兼散騎常侍使梁將行謂人曰我尼在吳國
忌在酉年今恐不免及還未入境卒年二十八贈南靑州刺史逞兄適
適字寧祖亦有名於時爲慕容垂尙書左丞范陽昌黎二郡太守適曾孫延壽
冀州主簿輕財好施甚收鄉曲譽延壽子隆宗簡率友悌居喪以孝聞位蘭陵
燕二郡太守仁信待物檢愼至誠故見重於時卒贈齊州刺史謚曰孝子敬保
冀州儀同府從事中郎卒贈冀州刺史敬保子子恆位魯郡太守早卒子恆弟

子安子昇武安中連元瑾事伏法逞宗人模字思範琰兄霸之後也父遵慕容垂少府卿模仕宋爲滎陽太守神䴥中平滑臺歸降後賜爵武城男模長者篤厚不營榮利雖爲崔浩輕侮而不爲浩屈與崔頤相親往來如一家始模在南妻張氏有二子仲智季柔模至京師賜妻金氏生子幼度仲智等以父隔遠乃聚貨規贖歸之其母張曰汝父志懷無決必不能來行人以賄至都模果顧念幼度等指謂行人曰何忍捨此輩致爲刑辱當爲爾取一人使名位不滅我乃授以申謨宋東郡太守也神䴥中被執賜妻生子靈度申謨聞此乃棄妻子走還江外靈度刑爲閹人初真君末模兄協子袞利爲宋魯郡太守以郡降賜爵臨淄子拜廣甯太守卒袞利二子懷順次恩仍居宋青州懷順以父入魏故不仕及魏克青州懷順迎袞利喪還青州云

王憲字顯則北海劇人也其先姓田秦始皇滅齊田氏稱王家子孫因以爲氏仍居海岱祖猛仕苻堅位丞相父休河東太守憲幼孤隨伯父永在鄴苻丕稱尊號復以永爲丞相永爲慕容永所殺憲匿於清河人家皇始中乃歸魏道武

見之曰此王猛孫也厚禮待之以爲本州中正領選曹事兼掌門下太武即位
遷廷尉卿出爲上谷太守賜爵高唐子淸身率下風化大行尋拜外都大官復
移中都歷任二曹斷獄稱旨進爵劇縣侯出爲幷州刺史又進北海公境內淸
肅及還京師以憲年老特賜錦繡布帛珍羞醴膳天安初卒年八十九謚曰康
子崇襲崇弟嶷字道長孝文初爲南部尚書在任十四年時南州多事訟者塡
門嶷性儒緩不斷終日昏睡李訢鄧宗慶等號爲明察而二人終見誅戮餘十
數人或出或免唯嶷卒得自保時人語曰實癡實昏終得保存後封華山公入
爲內都大官卒子祖念襲爵祖念弟雲字羅漢頗有風尚位南兗州刺史坐受
所部荆山戍主杜虔財又取官絹因染遂有割易御史糾劾會赦免卒官贈豫
州刺史謚文昭長子昕
昕字元景少篤學能誦書日以中疊舉手極上爲率與太原王延業俱詣魏安
豐王延明延明歎美之太尉汝南王悅辟爲騎兵參軍舊事王出則騎兵武服
持刀陪從昕恥之未嘗肯依行列悅好逸遊或馳騁信宿昕輒棄還悅乃令騎

兵在前手爲驅策昕捨轡高拱任馬所之左右言其誕慢悅曰府望唯在此賢
不可責也悅數散錢於地令諸佐爭拾之昕獨不拾悅又散銀錢以目昕乃取
其一悅與府寮飲酒起自移床人爭進手昕獨執板却立悅作色曰我帝孫帝
子帝弟帝叔今親起輿牀卿何偃蹇對曰元景位望微劣不足使殿下式瞻儀
形安敢以親王寮寀從廝養之役悅謝焉坐上皆引滿酣暢昕先起臥於閑室
頻召不至悅乃自詣呼之曰懷其才而忽府主可謂仁乎昕曰商辛沉湎其亡
也忽諸府主自忽傲寮佐敢任其咎悅大笑而去後除著作佐郎以兵亂漸起
將避地海隅侍中李琰之黃門侍郎王遵業惜其名士不容外任奏除尙書右
外兵郎中出爲光州長史故免河陰之難還東萊太守于時年凶人多相食昕
勤恤人隱多所全濟昕少時與河間邢卲俱爲元羅賓友及守東萊卲舉室就
之郡人以卲是邢杲從弟會兵將執之昕以身蔽伏其上呼曰欲執子才當先
執我卲乃免太昌初還洛吏部尙書李神儁奏言比因多故常侍遂無員限今
以王元景等爲常侍定限八員加金紫光祿大夫武帝或時袒露與近臣戲狎

每見昕即正冠而斂容焉昕體素甚肥遭喪後遂終身羸瘠楊愔重其德素以
爲人之師表元象元年兼散騎常侍聘梁魏收爲副並爲朝廷所重使還高隆
之求貨不得諷憲臺劾昕收在江東大將商人市易並坐禁止齊文襄營救之
累遷祕書監昕雅好清言詞無淺俗在東萊時獲殺其同行侶者詰之未服昕
謂曰彼物故不歸鄉無恙而反何以自明邢邵後見文襄說此言以爲笑樂昕
聞之詰邵曰卿不識造化還謂人曰子才應死我罵之極深頃之以被謗左遷
陽平太守在郡有稱績文襄謂人曰王元景殊獲我力由吾數戲之其在吏事
遂爲良二千石齊文宣踐阼拜七兵尙書以參議禮封宜君縣男嘗有鮮卑聚
語崔昂戲問昕曰頗解此不昕曰樓羅樓羅實自難解時唱染干似道我輩文
宣以昕疏誕非濟世才罵曰好門戶惡人身又有讒之者云王元景每嗟水運
不應遂絕帝愈怒乃下詔曰元景本自庸才素無勳行早霑纓紱遂履清途發
自畿邦超居詹事俄佩龍文之劍仍啓帶礪之書語其器分何因到此誠宜清
心勵己少酬萬一尙書百揆之本庶務攸歸元景與奪任情威福在己能使直

而爲枉曲反成紘害政損公名義安在僞賞賓郎之味好詠輕薄之篇自謂模
擬傖楚曲盡風制推此爲長餘何足取此而不繩後將焉肅在身官爵宜從削
奪於是徙幽州爲百姓昕任運窮通不改其操未幾徵還奉敕送蕭莊於梁爲
主除銀青光祿大夫判祠部尚書帝怒臨漳令嵇曄及舍人李文師以曄賜薛
豐洛文師賜崔士順爲奴鄭子默私誘昕曰自古無朝士作奴昕曰箕子爲之
奴何言無也子默遂以昕言啓文宣仍曰王元景比陛下於紂楊愔微爲解之
帝謂愔曰王元景是爾博士爾語皆元景所教帝後與朝臣酣飲昕稱疾不至
帝遣騎執之見其方搖膝吟詠遂斬於御前投屍漳水天統末追贈吏部尚書
有文集二十卷子顗嗣卒於燕郡太守昕母清河崔氏學識有風訓生九子皆
風流醞藉世號王氏九龍昕弟暉昭晞皓最知名暉字元旭少與昕齊名兼多
術藝卒於中書舍人贈兗州刺史昭字仲亮少好儒術又頗以武藝自許性敦
篤以友弟知名卒於考功郎中
晞字叔朗小名沙彌幼而孝謹淹雅有器度好學不倦美容儀有風則魏末隨

母兄東適海隅與邢子良遊處子良愛其清悟與其在洛兩兄書曰賢弟彌郎意識深遠曠達不羈簡於造次言必詣理吟詠情性麗絶當時恐足下方難爲兄不暇慮其不進也魏永安初第二兄暉聘梁啓晞釋褐除員外散騎侍郎徵署廣平王開府功曹史晞願養母竟不受署母終後仍屬遷鄴遂遊鞏洛悅其山水與范陽盧元明鉅鹿魏季景結侶同契往天陵山浩然有終焉之志及西魏將獨孤信入洛署爲開府記室晞稱先被犬傷困篤不赴有故人疑其所傷非猘書勸令赴晞復書曰辱告存念見令起疾循復眷旨似疑吾所傷未必是猘吾豈願其必猘但理契無疑耳就足下疑之亦有過說足下既疑其非猘亦可疑其是猘其疑半矣若疑其是猘而營護雖非猘亦無損疑其非猘而不療儻是猘則難救然則過療則致萬全過不療或至於死若王晞無可惜也則不足取既取之便是可惜奈何奪其萬全任其或死且將軍威德所被飇飛霧襲方掩八紘豈在一介若必從隗始先須濟其生靈足下何不從容爲將軍言也於是方得見寬俄而信返晞遂歸鄴齊神武訪朝廷子弟忠孝謹密者令與諸

珍倣宋版印

子遊晞與清河崔贍頓丘李虔范陽盧正通首應此選文襄時為大將軍握晞等手曰我弟並向成長志識未定近善狎惡不能不移吾弟不負義方卿祿位常亞吾弟若苟使回邪致相詿誤辠及門族非止一身晞隨神武到晉陽補中外府功曹參軍帶常山王演友齊天保初行太原郡事及文宣昏逸常山王數諫帝疑王假辭於晞欲加大辟王私謂晞曰博士明日當作一條事為欲相活亦圖自全宜深體勿怪乃於衆中杖晞二十帝尋發怒聞晞得杖以故不殺髡鞭鉗配甲坊居三年王又固諫爭大被毆撻閉口不食太后極憂之帝謂左右曰儻小兒死奈我老母何於是每問王疾謂曰努力彊食當以王晞還汝乃釋晞令往王抱晞曰吾氣息惙然恐不復相見晞流涕曰天道神明豈令殿下遂斃此舍至尊親為人兄尊為人主安可與計殿下不食太后亦不食殿下縱不自惜不惜太后乎言未卒王彊坐而飯晞由是得免徒還為王友王復錄尚書事新除官者必詣王謝職去必辭晞言於王曰受爵天朝拜恩私第自古以為干紀朝廷文武出入辭謝宜一約絕主上顒顒頼殿下扶翼王深納焉常從容

謂晞曰主上起居不恆卿耳目所具吾豈可以前逢一怒遂爾結舌卿宜爲撰諫草吾當伺便極諫晞遂條十餘事以呈因切諫王曰今朝廷乃爾欲學介子匹夫輕一朝之命狂藥令人不自覺刀箭豈復識親疏一旦禍出理外將奈殿下家業何奈皇太后何乞且將順日愼一日王歔欷不自勝曰乃至是乎明日見晞曰吾長夜九思今便息意便命火對晞焚之後王承間苦諫遂致忤旨帝使力士反接伏白刃注頸罵曰小子何知欲以吏才非我是誰教汝王曰天下禁口除臣誰敢有言帝催遣捶楚亂杖數十會醉臥得解爾後褻黷之好遍於宗戚所往留連俾晝作夜唯常山邸多無適而去及帝崩濟南嗣立王謂晞曰一人垂拱吾曹亦保優閑因言朝廷寬仁慈恕真守文良主晞曰天保享祚東宮委一胡人今卒覽萬機駕馭雄傑如聖德幼沖未堪多難而使佗姓出納詔命必權有所歸殿下雖欲守藩職其可得也假令得遂沖退自審家祚得保靈長不王默然思念久之曰何以處我晞曰周公抱成王朝諸侯攝政七年然後復子明辟幸有故事惟殿下慮之王曰我安敢自擬周公晞曰殿下今日地望

欲避周公得邪王不答帝臨發敕王從駕除晞并州長史及王至鄴誅楊燕等
詔以王爲大丞相都督中外諸軍事督攝文武還并州及至延晞謂曰不早用
卿言使羣小弄權幾至傾覆今君側雖獲暫清終當何以處我晞曰殿下將往
時地位猶可以名教出處今日事勢遂關天時非復人理所及有頃奏趙郡王
叡爲左長史晞爲司馬每夜載入晝則不與語以晞儒緩恐不允武將之意後
進晞密室曰比王侯諸貴每見煎迫言我違天不祥恐當或有變起吾正欲以
正法繩之晞曰朝廷比者疎遠親戚寧思骨血之重殿下倉卒所行非復人臣
之事芒刺在背交戟入頸上下相疑何由可久且天道不恆虧盈迭至神機變
化肸蠁斯集雖執謙挹粃糠神器便是違上玄之意墜先人之基王曰卿何敢
須發非所宜言須致卿於法晞曰竊謂天時人事同無異揆是以冒犯雷霆不
憚斧鉞今日得披肝膽抑亦神明攸贊王曰拯難匡時方俟聖哲吾何敢私議
幸勿多言尋有詔以丞相任重普進府僚一班晞以司馬領吏部郎中丞相從
事中郎陸杳將出使臨別握晞手曰相王功格區宇天下樂推歌謠滿道物無

異望沓等伏隸願披赤心而忽奉外使無由面盡短誠寸心謹以仰白晞尋述
沓言王曰若內外咸有異望趙彥深朝夕左右何因都無所論自以卿意試密
與言之晞以事隙問彥深曰我比亦驚此音謠每欲陳聞則口噤心戰弟既發
論吾亦欲昧死一披肝膽因亦同勸是時諸王公將相日敦請四方岳牧表陳
符命乾明元年八月昭帝踐阼九月除晞散騎常侍仍領兼吏部郎中後因奏
事罷帝從容曰比日何爲自同外客略不可見自今假非局司但有所懷隨宜
作一牒候少隙即徑進也因敕尚書陽休之鴻臚卿崔劼等三人每日本職務
罷並入東廊共舉錄歷代廢禮墜樂職司廢置朝饗異同輿服增損或道德高
儁久在沉淪或巧言眩俗妖邪害政爰及田市舟車徵稅通塞婚葬儀軌貴賤
等衰有不便於時而古今行用不已者或自古利用而當今毀棄者悉令詳思
以漸條奏未待頓備遇憶續聞朝晡給典御食畢景聽還時百官請建東宮敕
未許每令晞就東堂監視太子冠服導引趨拜尋拜爲太子太傅晞以局司奉
璽授皇太子太子釋奠又兼中庶子帝謂曰今既當劇職不得尋常舒慢也帝

將北征敕問比何所聞晞曰道路傳言車駕將行帝曰庫莫奚南侵我未經親戎因此聊欲習武晞曰鑾駕巡狩爲復何爾若輕有征戰恐天下失望帝曰此懦夫常慮吾自當臨時斟酌帝使齋帥裴澤主書蔡暉伺察羣下好相誣枉朝士呼爲裴蔡時二人奏車駕北征後陽休之王晞數與諸人遊宴不以公事在懷帝杖休之晞脛各四十帝斬人於前問晞曰此人合死不晞曰辠實合死但恨其不得死地臣聞刑人於市與衆棄之殿廷非殺戮之所帝改容曰自今當爲王公改之帝欲以晞爲侍中苦辭不受或勸晞勿自疎晞曰我少年以來閱要人多矣充詘少時鮮不敗績且性實疎緩不堪時務人主恩私何由可保萬一披猖求追無地非不愛作熱官但思之爛熟耳百官嘗賜射晞中的當得絹爲不書箭有司不與晞陶陶然曰我今段可謂武有餘文不足矣晞無子帝將賜之妾使小黃門就宅宣旨皇后相聞晞妻晞令妻答妻終不言晞以手撩胸而退帝聞之笑孝昭崩晞哀慕殆不自勝因以羸敗武成本忿其儒緩由是彌嫌之因奏事大被訶叱而雅步晏然歷東徐州刺史祕書監武平初遷大鴻臚

加儀同三司監修起居注待詔文林館性閑澹寡欲雖王事鞅掌而雅操不移在并州雖戎馬填闇未嘗以世務爲累良辰美景嘯詠遨遊登臨山水以談讌爲事人士謂之方外司馬指晉祠賦詩曰日落應歸去魚鳥見留連忽有相王使召晞不時至明日丞相西閤祭酒盧思道謂晞曰昨被召已朱顏得無以魚鳥致怪晞緩笑曰昨晚陶然頗以酒漿被責卿輩亦是留連之一物豈直在魚鳥而已及晉陽陷敗與同志避周兵東北走山路險迥懼有土賊而晞温酒服膏曾不一廢每不肯疾去行侶尤之晞曰莫尤我我行事若不悔久作三公矣齊亡周武帝以晞爲儀同大將軍太子諫議大夫隋開皇元年卒於洛陽年七十一贈儀同三司曹州刺史

晧字季高少立名行爲士友所稱遭母憂居喪有至性儒緩亦同諸兄嘗從文宣北征乘赤馬旦蒙霜氣遂不復識自言失馬虞候爲求覓不得須臾日出馬體霜盡繫在幕前方云我馬尚在爲司徒掾在府聽午鼓蹀躞待去羣寮嘲之曰王七思歸何太疾季高曰大鵬始欲舉鷰雀何啾唧嘲者曰誰家屋當頭鋪

首湞遊逸於是喧笑季高不復得言大寧初兼散騎常侍聘陳使主天統末修國史尋除通直散騎常侍卒贈郢州刺史子伯奉朝請待詔文林館晧弟曄字季炎卒於滄州司馬

封懿字處德勃海蓚人也曾祖釋晉東夷校尉父放慕容暐吏部尚書兄孚慕容超太尉懿有才器能屬文與孚雖器行有長短而名位略齊仕慕容寶位中書令戶部尚書寶敗歸魏除給事黃門侍郎都坐大官章安子道武引見問以慕容舊事懿應對疎慢廢黜還家明元初復徵拜都坐大官進爵爲侯卒官懿撰燕書頗行於世子玄之坐與司馬國璠温楷等謀亂伏誅臨刑明元謂曰終不令絕汝種也將宥汝一子玄之以弟虔之子磨奴字君明早孤乞全其命乃殺玄之四子赦磨奴刑爲宦人崔浩之誅也太武謂磨奴曰汝本應全所以致刑者由浩也後爲中曹監使張掖賜爵富城子卒於懷州刺史贈勃海公諡曰定以族子叔念爲後

回字叔念孝文賜名焉慕容暐太尉奕之後也父鑒初磨奴既以回爲後請於

獻文贈鎭寧遠將軍滄水太守回襲曆奴爵富城子宣武時累遷安州刺史山
人愿朴父子賓旅同寢一室回下車勒令別處其俗遂改明帝時爲瀛州刺史
時大乘寇亂之後加以水潦表求振恤免其兵調州內賴之歷度支都官二尚
書冀州大中正滎陽鄭雲諂事長秋卿劉騰貨紫纈四百匹得爲安州刺史除
書旦出晚往詣回坐未定問回安州與生何事爲便回曰卿荷國寵靈位至方
伯雖不能拔園葵去織婦宜思方略以濟百姓如何見造問與生乎封回不爲
商賈何以相示雲慚失色轉七兵尚書領御史中尉劾奏尚書右僕射元欽與
從兄麗妻崔氏姦通時人稱之後爲殿中尚書右光祿大夫莊帝初遇害河陰
贈司空公謚曰孝宣長子隆之

隆之字祖裔小名皮寬和有度量延昌中道人法慶作亂冀州自號大乘衆五
萬人隆之以開府中兵參軍與大都督元遙討之獲法慶賜爵武城子累遷河
內太守未到郡屬尒朱兆入洛莊帝幽崩隆之以父遇害常懷報雪因持節東
歸圖爲義舉遂與高乾等夜襲冀州克之乃推爲刺史及齊神武自晉陽東出

珍做宋版印

隆之遣子子繪隨高乾奉迎於滏口中興初拜吏部尚書韓陵之役留隆之鎮鄴城未幾徵爲侍中封安德郡公于時朝議以介朱榮宜配食明帝廟庭隆之議曰榮爲人臣親行殺逆豈有害人之母而與子對食之理以參議麟趾閣新制又贈其妻祖氏范陽郡君隆之表以先爵富城子及武城子轉授弟子孝琬等朝廷嘉而從之後爲斛斯椿等所構逃歸鄉里齊神武召赴晉陽魏孝靜立除吏部尚書尋加侍中元象初除冀州刺史加開府累遷尚書右僕射及北豫州刺史高仲密將叛陰招冀州豪望爲內應詔隆之馳驛慰撫遂得安靜隆之首參神武經略奇謀皆密以啓聞手書削藁罕知於外卒於齊州刺史贈司徒神武以追榮未盡復啓贈太保謚宣懿神武後至冀州北境次交津追憶隆之顧冀州行事司馬子如言其德美爲之流涕令以太牢就祭隆之歷事五帝以謹素見知凡四爲侍中再爲吏部尚書一爲僕射四爲冀州刺史每臨冀部州中舊齒咸曰我封公復來其得物情如此子子繪嗣子繪字仲藻小名搔性和理有器局釋褐祕書郎累遷平陽太守加散騎常侍晉州北界霍山舊號千里

徑者山坂高峻每大軍往來士馬勞苦子繪請於舊徑東谷別開一路神武從之仍令子繪修開旬日而就徵補大行臺吏部郎中神武崩祕未發喪文襄以子繪爲勃海太守執其手曰誠知未允勳臣官望但須鎮撫且衣錦晝遊古人所貴宜善加經略不勞習常太守向州參也仍聽收集部曲一千人大寧三年爲都官尚書高歸彥作逆命子繪參贊軍事賊平敕子繪權行州事徵拜儀同三司尚書右僕射卒謚曰簡子寶蓋襲子繪弟子繡位霍州刺史陳將吳明徹侵淮南子繡城陷送揚州齊亡後逃歸終於通州刺史子繡外貌儒雅而使氣難犯兄女壻司空婁定遠爲瀛州刺史子繡爲勃海太守定遠過之對妻及諸女讌集言戲微有褻慢子繡鳴鼓集衆將攻之定遠免冠拜謝久之乃釋隆之弟興之字祖胄經明行修恬素清靜位瀛冀二州刺史平北府長史所歷有當官譽卒以隆之佐命加贈殿中尚書雝州刺史謚曰文子孝琬字士蒨七歲而孤爲隆之鞠養慈愛甚篤隆之啓以父爵富城子授焉位東宮洗馬卒贈太府少卿孝琬性恬靜頗好文詠太子少師邢卲七兵尚書王昕並先達高才與孝

琬年位懸隔晚相逢遇分好遂深孝琬靈櫬言歸二人送於郊外悲哭悽慟有感路人孝琬弟孝琰字士光少修飭學尚有風儀位祕書丞散騎常侍聘陳使主在道遙授中書侍郎還坐受魏收囑牒其門客從行事發付南都獄決鞭二百除名後除幷省吏部郎中南陽王友赴晉陽典機密和士開母喪託附者咸往奔哭鄴中富商丁鄒嚴興等並爲義孝有一士人亦在哭限孝琰入弔出謂人曰嚴興之南丁鄒之北有一朝士號叫甚哀聞者傳之士開知而大怒其後會黃門郎李懷奏南陽王綽驕恣士開因譖之曰孝琰從綽出外乘其副馬捨離部伍別行戲語時孝琰女爲范陽王妃爲禮事因假入辭帝遂決馬鞭一百放出又遣高阿那肱重決五十幾死還鄴在集書省上下自此沈廢士開死後爲通直散騎常侍後與周和好以爲聘周使副祖珽輔政奏入文林館撰御覽孝琰文筆不高但以風流自立善談戲威儀閑雅容止進退人皆慕之以祖珽好自矜大佞之云是衣冠宰相異於餘人近習聞之大以爲恨尋以本官兼尚書右丞其所彈射多承意旨時有道人曇獻者爲皇太后所幸賞賜隆厚車服

過度又乞爲沙門統後主意不許但太后欲之遂得居任然後主常憾焉因僧
尼佗事訴者辭引曇獻上令有司推劾孝琰案其受賄致於極法其家珍異悉
以沒官由是正授左丞仍奏門下事性頗簡傲不諧時俗恩遇漸高彌自矜誕
舉動舒遲無所降屈識者鄙之與崔季舒等以正諫同死子君確君靜二人徙
北邊少子君嚴君贊下蠶室南安敗君確等二人皆坐死與之弟延之字祖業
少明辯有世用封琰城子位青州刺史多所受納後行晉州事沙苑之敗延之
棄州北走以隆之故免其死卒贈尚書左僕射司徒公謚文恭子纂嗣鑒長子
琳字彥寶位中書侍郎與侍中南平王馮誕等議定律令有識者稱之歷位太
尉長史司宗下大夫南夏青二州刺史光祿大夫琳弟子肅
肅字元邕博涉經史太傅崔光見而賞焉位尚書左中兵郎中性恭儉不妄交
游唯與崔勱勱從兄鴻尤相親善所制文章多亡失存者十餘卷懿從兄子愷
字思悌奕之孫也父勸慕容垂侍中太常卿愷位給事黃門侍郎散騎常侍後
入代都名出懿子玄之右俱坐司馬氏事死愷妻盧玄女也愷子伯達棄母及

珍倣宋版印

妻李氏南奔河表改婚房氏獻文末伯達子休傑内入祖母盧猶存垂百歲矣
而李已死休傑位冀州咸陽王府諮議參軍
回族叔軌字廣度好學通覽經傳與光祿大夫武邑孫惠蔚同志友善惠蔚每
推軌曰封生之於經義吾所弗如者多矣頗自修潔儀容甚偉或曰學士不事
修飾此賢何獨如此軌聞笑曰君子整其衣冠尊其瞻視何必蓬頭垢面而後
爲賢言者慚退以兼員外散騎常侍銜命高麗高麗王雲恃其偏遠稱疾不親
受詔軌正色詰之喻以大義雲乃北面受旨使還轉考功郎中除本郡中正勃
海太守崔休入爲吏部郎中以兄考事干軌軌曰法者天下之事不可以舊君
故虧之也休歎其守正軌在臺中稱爲儒雅除國子博士假通直散騎常侍慰
勞汾州山胡司空清河王懌表修明堂辟雍詔百寮集議軌議曰周官匠人職
云夏后氏世室殷人重屋周人明堂五室九階四戶八牕鄭玄曰或舉宗廟或
舉正寢或舉明堂互文以見同制然則三代明堂其制一也案周與夏殷損益
不同至於明堂因而弗革明五室之義得天數矣是以鄭玄又曰五室者象五

行也然則九階者法九土四戶者達四時八牕者通八風誠不易之大範有國之恆式若其上圓下方以則天地通水環宮以節觀者茅蓋白盛爲之質飾赤綴白綴爲之戶牖皆典籍所載制度之明義也秦焚滅五典非毀三代變更先聖不依舊憲故呂氏月令見九室之義大戴之禮著十二堂之文漢承秦法亦未能改東西二京俱爲九室是以黃圖白虎通蔡邕應邵等咸稱九室以象九州十二堂以象十二辰夫室以祭天堂以布政依行而祭故室不過五依時布政故堂不踰四州之與辰非所可法九與十二厥用安在今聖朝欲尊道訓人備禮化物宜則五室以爲永制至如廟學之嫌臺沼之雜袁準之徒已論正矣後卒於廷尉少卿贈濟州刺史初軌深爲郭祚所知祚常謂子景尙曰封軌高綽二人並幹國之才必應遠至吾平生不妄進舉而每薦此二人非直爲國進賢亦爲汝等之津梁其見重如此軌既以方直自業高綽亦以風概立名高肇拜司徒綽送迎往來軌竟不詣綽顧不見軌乃遽歸曰吾一生自謂無愆規矩今日舉措不如封生遠矣軌以務德慎言脩身之本姦回讒佞世之巨害乃爲

務德愼言遠佞防姦四戒文多不載長子偉伯字君良博學有才思弱冠除太學博士每朝廷大議偉伯參焉雅爲太保崔光僕射游肇所知賞太尉淸河王懌辟參軍事懌親爲孝經解詁命偉伯爲難例九條皆發起隱漏偉伯又討論禮傳詩易疑事數十條儒者咸稱之時朝廷將經始明堂廣集儒學議其制度九五之論久而不定偉伯乃搜檢經緯上明堂圖說六卷又撰封氏本錄六卷正光末尚書僕射蕭寶夤爲關西行臺引爲行臺郎及寶夤爲逆偉伯與南平王固潛結關中豪右韋子粲等謀舉義兵事發見殺永安中贈瀛州刺史聽一子出身無子轉授弟翼翼弟述

述字君義有幹用天平中爲三公郎中時增損舊事爲麟趾新格其名法科條皆述所删定齊受禪累遷大理卿淸河三年敕與錄尚書趙彥深僕射魏收尚書陽休之國子祭酒馬敬德等議定律令歷位度支五兵殿中三尚書述久爲法官明解律令議斷平允深爲時人所稱而厚積財產一無分饋雖至親密友貧病困篤亦絕於拯濟朝野物論甚鄙之外貌方整而不免請謁回避進趣頗

致嗤駭前妻河內司馬氏一息爲娶隴西李士元女大輸財聘及將成禮猶競懸違述忽取所供養像對士元打像爲誓士元笑曰封公何處常得應急像須誓便用一息娶范陽盧莊之女述又經府訴云送騾乃嫌脚跛評田則云鹹薄銅器又嫌古廢皆爲悋嗇所及每致紛紜子元蒨位太子舍人述弟詢字景文闕涉經史以清素自持位尚書左丞濟南太守歷官皆有幹局才具臨郡甚著聲績隋開皇中卒

論曰崔逞文學器識當年之俊忽微慮遠但以爲災休立身有本當官著稱長儒才望之美禍因驕物雖有周公之才猶且爲累況未足諭其高下能無及乎贍詞韻溫雅風神秀發固人望也王憲名公之孫老見優異元景昆季履道標映人倫美哉封回克光家世隆之勤勞霸業子繪實隆堂構可謂載德者矣君義聚斂嗇悋無乃鄙哉

北史卷二十四

北史卷二十四考證

崔㥄傳別封新豐縣男回授第九弟子約○齊書無子字

瞻傳瞻字彥通○瞻齊書作贍

吏部尚書尉瑾性褊急○褊監本訛偏今改從閣本

昔劉毅在京口○齊書無口字

自天保以後重吏事○天監本訛太今改從閣本

興和中爲丞相掾○興監本訛太今改從閣本

王憲傳坐受所部荊山戍主杜虔財○虔魏書作虞

又取官絹因染遂有割易○魏書無遂有二字

昕傳奉敕送蕭莊於梁爲主○蕭監本訛肅今改從南本

鄭子默私誘昕曰○誘齊作謂

晞傳髡鞭鉗配甲坊○坊監本訛方今改從閣本

吾正欲以正法繩之○齊書法字上無正字

王曰卿何敢須發非所宜言○齊書無須字應從之
朝晡給典御食畢景聽還○典齊書作與應從之
睎陶陶然曰我今段可謂武有餘文不足矣○齊書無段字
睎以手擦胸而退○擦齊書作拊
昨被召已朱顏得無以魚爲致怪○朱顏齊書作來頗
隆之傳恩遇漸高彌自矜誕○恩監本訛意今改從閣本
子纂嗣○齊書子字下有孝字

北史卷二十四考證

珍倣宋版印

北史卷二十五

唐　李　延　壽　撰

列傳第十三

古弼　張黎　劉潔　丘堆　娥清　伊馛　乙瓌

周幾　豆代田　車伊洛　王洛兒　車路頭　盧魯元　陳建

來大干　宿石　萬安國　周觀　尉撥　陸真　呂洛拔

薛彪子子琡　尉元　慕容白曜　和其奴　苟頹　宇文福

古弼代人也少忠謹善騎射初爲獵郎門下奏事以敏正稱明元嘉其真而有用賜名曰筆後改名弼言其有輔佐才也令典西部與劉潔等分綰機要敷奏百揆太武即位以功拜立節將軍賜爵靈壽侯歷位侍中吏部尚書典南部奏事後征馮弘弘將奔高麗高麗救軍至弘乃隨之令婦人被甲居中其精卒及高麗陳兵於外弼部將高苟子擊賊軍弼酒醉拔刀止之故弘得東奔太武大怒黜爲廣夏門卒尋復爲侍中與尚書李順使涼州賜爵建興公鎮長安甚有

威名及議征涼州弼與順咸言涼州乏水草不宜行帝不從既剋姑臧微嫌之
以其有將略弗之責宋將裴方明剋仇池立楊玄庶子保熾於是假弼節督隴
右諸軍討仇池平之未幾諸氐復推楊文德爲主圍仇池弼攻解其圍文德走
漢川時東道將皮豹子聞仇池圍解議欲還軍弼使謂曰若其班師寇衆復至
後舉爲難不出秋冬南寇必來以逸待勞百勝之策也豹子乃止太武聞之曰
弼言長策也制有南秦弼謀多矣景穆總攝萬機徵爲東宮四輔與宜都王穆
壽並參政事遷尚書令弼雖事務殷湊而讀書不輟端謹慎密口不言禁中事
功名等於張黎而廉不及也上谷人上書言苑囿過度人無田業宜減太半以
賜貧者弼入欲陳奏遇帝與給事中劉樹碁志不聽事弼侍坐良久不獲申聞
乃起於帝前捽樹頭掣下牀以手搏其耳以拳毆其背曰朝廷不理實爾之罪
帝失容放碁曰不聽奏事過在朕樹何罪置之弼具狀以聞帝奇弼公直皆可
其奏以與百姓弼曰爲臣逞志於君前者非無罪也乃詣公車免冠徒跣自劾
請罪帝召之謂曰卿其冠履吾聞築社之役蹇蹶而築之端冕而事之神與之

珍倣宋版印

福然則卿有何罪自今以後苟利社稷益國便人者雖復顛沛造次卿則爲之無所顧也太武大閱將校獵於河西弼留守詔以肥馬給騎人弼命給弱者太武大怒曰尖頭奴敢裁量朕也朕還臺先斬此奴弼頭尖帝常名之曰筆頭時人呼爲筆公屬官懼誅弼告之曰吾謂事君使田獵不過盤游其罪小也不備不虞使戎寇恣逸其罪大也今北狄孔熾南虜未滅狡焉之志窺伺邊境是吾憂也故選肥馬備軍實爲不虞之遠慮苟使國家有利吾寧避死乎明主可以理干此自吾罪帝聞而歎曰有臣如此國之寶也賜衣一襲馬二疋鹿十頭後車駕田於山北獲麋鹿數千頭詔尚書發車牛五十乘運之帝尋謂從者曰筆公必不與我汝輩不如馬運之速遂還行百餘里而弼表至曰今秋穀懸黃麻菽布野豬鹿竊食鳥鴈侵費風波所耗朝夕參倍乞賜矜緩使得收載帝謂左右曰筆公果如朕卜可謂社稷之臣初楊難當之來也詔弼悉送其子弟於京師楊玄少子文德以黃金三十斤賂弼弼受金留文德而遇之無禮文德亡入宋太武以其正直有戰功弗加罪責太武崩吳王立以弼爲司徒文成卽位與

張黎並坐議不合旨俱免有怨謗之言其家人告巫蠱俱伏法時人寃之
張黎鴈門平原人也善書計道武知待之明元器其忠亮賜爵廣平公管綜機
要太武以其功舊任以輔弼除大司農卿軍國大議黎常與焉以征赫連定功
進號征北大將軍與樂安王範濟南公崔徽鎮長安清約公平甚著聲稱代下
之日家無餘財太武征涼州蠕蠕吳提乘虛入寇黎與司空長孫道生拒擊走
之景穆初總百揆黎與崔浩等輔政忠於奉上非公事不言詔賜浩黎布帛各
千疋以褒舊勳吳王余立以黎爲太尉後文成卽位與古弼俱誅
劉潔長樂信都人也昭成時慕容氏獻女潔祖父生爲公主家臣乃隨入魏賜
以妻妾生子提位樂陵太守封信都男卒潔襲提爵數從征討進爵會稽公後
與永安侯魏勤及功勞將軍元屈等擊吐京叛胡爲其所執送赫連屈丐潔聲
氣不撓呼其字而與之言神色自若屈丐壯而釋之後得還國典東部事明元
寢疾太武監國潔與古弼等選侍東宮對綜機要太武卽位奇其有柱石用委
以大任及議軍國朝臣咸推其能遷尚書令改爲鉅鹿公車駕西伐潔爲前鋒

沮渠牧犍弟董來距戰於城南潔信卜者之言以日辰不協擊鼓却陣故董來得入城太武微嫌之潔久在樞密恃寵自專帝心稍不平時議伐蠕蠕潔言不如廣農積穀以待其來羣臣皆從其議帝決行乃從崔浩議既出與諸將期會鹿渾谷而潔恨其計不用欲沮諸將乃矯詔更期諸將不至時虜衆大亂景穆欲擊之潔執不可停鹿渾谷六日諸將猶不集賊已遠遁追至石水不及而還師次漢中糧盡士卒多死潔陰使人驚軍勸帝棄軍輕還帝不從潔以軍行無功奏歸罪於崔浩帝曰諸將後期及賊不擊罪在諸將豈在於浩又潔矯事遂發輿駕至五原收潔幽之太武之征也潔私謂親人曰若軍出無功車駕不返即吾當立樂平王潔又使右丞張嵩求圖讖問劉氏應王繼國家後我審有名姓不嵩對曰有姓而無名窮驗款引搜嵩家果得讖書潔與南康公秋鄰及嵩等皆夷三族死者百餘人潔既居勢要內外憚之側目而視籍其家財產鉅萬太武追忿言則切齒

丘堆代人也美容儀初以忠謹入侍明元即位拾遺左右稍遷散騎常侍太武

監國臨朝堆與太尉穆觀等爲右弼及卽位賜爵臨淮公位太僕與宗正娥清
略地關右而宜城王奚斤表留堆合軍與赫連昌相拒斤進擊赫連定留堆守
輜重斤爲定禽堆聞而棄甲走長安帝大怒遣西平公安頡斬堆
娥清代人也少有將略累著戰功稍遷給事黄門侍郎明元南巡幸鄴以清爲
中領軍將軍與宋兵將軍周幾等度河略地至湖陸以功賜爵須昌侯與幾等
遂鎮枋頭太武初乃還京師進爲東平公後從平統萬遂與奚斤討赫連昌至
安定及昌弟定西走斤追之清欲尋水往斤不從遂與斤俱爲定禽剋平涼乃
得還後與古弼等東討馮弘以不急戰弘奔高麗檻車徵黜爲門卒而卒於家
子延賜爵南平公
伊馛代人也少勇健走及奔馬善射力曳牛却行神䴥初擢爲侍郎轉三郎賜
爵汾陽子太武將討涼州議者咸以無水草諫唯司徒崔浩勸行羣臣出後馛
曰涼州若無水草何得爲國宜從浩言帝善之及剋涼州大會於姑臧帝謂羣
臣曰崔公智計有餘吾亦不復奇之正奇馛弓馬士所見能與崔同耳顧謂浩

曰毅智力如此終至公相浩曰何必讀書然後爲學衞青霍去病亦不讀書而致公輔帝欲以馥爲尚書封郡公馥以尚書務殷公爵至重辭之中祕二省多諸文士請參其次帝賢之遂拜祕書監賜爵河南公拜司空清約自守爲政舉大綱而已不爲苛碎大安二年領太子太保三年與司徒陸麗等並平尚書事薨子蘭襲爵位庫部尚書卒子盆生驍勇有膽氣累有戰功遂爲名將以勳賜爵平城子爲西道都督歿贈雍州刺史

乙瓌代人也其先世統部落太武時瓌父匹知遣瓌入貢帝留之瓌善騎射手格猛獸尚太武女上谷公主除駙馬都尉賜爵西平公從駕南征都督前鋒諸軍事勇冠三軍後進爵爲王又爲西道都將薨年二十九贈太尉公諡曰恭子乾歸襲爵乾歸有氣幹頗習書疏尤好兵法尚景穆女安樂公主除駙馬都尉侍中獻文初爲秦州刺史有惠政孝文即位爲中道都將卒諡曰康子海字懷仁位散騎侍郎卒諡曰孝海子瑗字雅珍尚孝文女淮陽公主除駙馬都尉累遷西兗州刺史天平元年舉兵應樊子鵠戰敗死

周幾代人也少以善射爲獵郎明元即位爲左部尚書以軍功封交趾侯太武以幾有智勇遣鎭河南威信著于外境幾常嫌奚斤等綏撫關中失和每至言論形于聲色斤等憚焉進號宋兵將軍率洛州刺史于栗磾以萬人襲陝城卒于軍軍人無不歎惜之歸葬京師諡曰桓子步襲爵

豆代田代人也明元時以善騎射爲內細射從攻武牢詔代田登樓射賊矢不虛發以功遷內三郎從射赫連昌乘勝追賊入其宮門門閉代田踰宮而出太武壯之拜勇武將軍後從討平涼破赫連定得奚斤等以定妻賜之詔斤膝行授酒於代田敕斤曰全爾身命者代田功也以從討和龍戰功封長廣公卒於統萬鎭大將贈長廣王諡曰恭子周求襲爵

車伊洛焉耆胡也世爲東境部落帥恆脩職貢延和中授平西將軍封前部王伊洛規欲歸闕爲沮渠無諱斷路伊洛連戰破之無諱卒伊洛前後遣使招喻其子乾壽等及其戶五百餘家送之京師又率部衆二千餘人伐高昌討破焉耆東關七城正平二年伊洛朝京師拜都官尚書將軍王如故卒諡康王葬禮

依盧魯元故事子歆襲爵

王洛兒京兆人也明元在東宮以善騎射給事帳下謹愿未嘗有過明元嘗獵于灅南冰陷沒馬洛兒投水奉帝出殆將凍死帝解衣賜之自是恩寵日隆天賜末帝避難居外洛兒晨夜侍衞恭勤發於至誠元紹之逆帝左右唯洛兒與車路頭晝居山嶺夜還洛兒家洛兒隣人李道潛相奉給晨復還山衆庶頗知喜而相告紹聞收道斬之洛兒猶冒難往返京都通問於大臣大臣遂出奉迎百姓奔赴明元還宮社稷獲全洛兒有功焉明元卽位拜散騎常侍賜爵新息公加直意將軍又追贈其父爲列侯賜僮隸五十戶卒贈太尉建平王賜溫明祕器載以輼輬車使殿中衞士爲之導從親臨哀慟者四焉乃鴆其妻周氏與合葬子長城襲爵

車路頭代人也少以忠厚選給東宮爲帳下帥天賜末明元出於外路頭隨侍竭力及卽位封宣城公忠意將軍帝性明察羣臣多以職事遇譴至有杖罰故路頭優游不任事性無害每評獄處理常獻寬恕之議以此見重於朝帝亦敬

納之卒明元親臨哀慟贈太保宣城王謚曰忠貞喪禮一依安城王叔孫俊故事陪葬金陵子眷襲爵

盧魯元昌黎徒河人也曾祖副鳩仕慕容氏爲尚書令臨澤公祖父並至大官魯元寬和有雅度明元時選爲通直郎以忠謹給侍東宮太武親愛之即位以爲中書侍郎寵待彌渥而魯元益加謹肅帝愈親待之內外大臣莫不敬憚性多容納善與人交好掩人過揚人美由是公卿咸親附之以工書有文才累遷中書監領祕書事賜爵襄城公贈其父爲信都侯從征赫連昌太武親追擊入其城門魯元隨帝出入是日微魯元幾至危殆後還太保錄尚書事帝貴異之臨幸其第不出旬日欲其居近易往來乃賜甲第於宮門南衣食車馬皆乘輿之副真君三年駕幸陰山魯元以疾不從侍臣問疾醫藥傳驛相屬於路及薨帝甚悼惜之還臨其喪哭之哀慟東西二宮命大官日送奠晨昏哭臨訖則備奏鍾鼓伎樂輿駕比葬三臨之喪禮依安城王叔孫俊故事而賵送有加贈襄城王謚曰孝葬於崞山爲建碑闕自魏興貴臣恩寵無與爲比子統襲爵以父

珍倣宋版印

任侍東宮太武以元舅陽平王杜超女南安長公主所生妻之車駕親自臨送
太官設供具賞賚千計文成即位典選部主客二曹卒贈襄城王諡曰景無子
弟彌娥襲卒贈襄城王諡曰恭魯元少子内給侍東宮景穆深昵之常與臥起
同衣食父子有寵兩宮勢傾天下内性寬厚有父風而恭慎不及正平初宮臣
伏誅太武以魯元故唯殺内而厚撫其兄弟
陳建代人也以善騎射擢爲三郎遷下大夫内行長太武討山胡白龍輕之單
將騎數十每自登山白龍伏壯士出不意帝墜馬幾至不測建以身捍賊奮擊
殺數人被十餘創帝壯之賜別戶二十文成初出爲幽州刺史假秦郡公帝以
建貪暴懦弱遣使就州罰杖五十孝文初徵爲尚書右僕射加侍中進爵趙郡
公建與晉陽侯元仙德長樂王穆亮平原王陸叡密表啓南伐帝嘉之遷司徒
進爵魏郡王帝與文明太后頻幸建第賜建妻宴於後庭薨子念生襲有罪爵
除
來大干代人也父初真從道武避難叱候山㕘掕業功官至後將軍武原侯與

在八議大干驍果善騎射永興初襲爵位中散至於朝賀之日大干常著御鎧盤馬殿庭朝臣莫不嗟嘆還內三郎幢將典宿衞禁旅大干用法嚴明上下齊肅嘗從明元校獵見獸在高巖上持矟直前刺之應手而死帝嘉其勇壯太武踐阼與襄城公盧魯元等七人俱爲常侍常持仗侍衞晝夜不離左右累從征伐以戰功賜爵廬陵公鎭雲中兼統白道軍事太武以其壯勇數有戰功兼悉北境險要詔使巡撫六鎭以防寇虜經略布置甚得事宜後吐京胡反以大干爲都將討平之在吐京卒喪還停於平城南太武出游還見而問之左右以對帝悼歎者良久詔聽其喪入殯城內贈司空謚莊公子丘頽襲爵降爲晉興侯

宿石朔方人赫連屈丐弟文陳之曾孫也天與中文陳父子歸魏道武嘉之以宗女妻焉拜上將軍祖若豆根明元時賜姓宿氏襲上將軍父沓干從太武征平涼有功賜爵漢安男後從討蠕蠕戰沒石年十三襲爵擢爲中散還內行令從於苑中游獵石走馬引前道峻馬倒殞絕久之乃蘇由是御馬得制文成嘉之賜以緜帛駿馬改爵義陽子又常從獵文成親欲射猛獸石叩馬諫引帝至

珍倣宋版印

高原上後猛獸騰躍殺人褒美其忠許後有犯罪宥而勿坐賜駿馬一疋尚上
谷公主拜駙馬都尉位吏部尚書進爵太山公爲北征中道都大將卒追贈太
原王諡康葬禮依盧魯元故事太和初子倪襲爵
萬安國代人也世爲酋帥父振尚高陽長公主拜駙馬都尉位長安鎮將爵馮
翊公安國少明敏以國甥復尚河南公主拜駙馬都尉獻文特親寵之與同臥
起拜大司馬大將軍封安城王安國先與神部長奚買奴不平承明初矯詔殺
買奴於苑中孝文聞之大怒遂賜死年二十三子翼襲王爵有嵇根者世爲紇
奚部帥皇始初率部歸魏尚昭成女生子拔位尚書令拔尚華陰公主生子敬
元紹之逆也主有功超授敬大司馬封長樂王薨子護襲拜外都大官根事迹
遺落故略附云
周觀代人也驍勇有膂力太武以軍功賜爵金城公位高平鎮將善撫士卒號
有威名後拜內都大官出爲秦州刺史撫馭失和部人薛永宗聚衆汾曲以叛
觀討永宗爲流矢所中太武幸蒲坂觀聞帝至驚怖而起瘡重遂卒帝怒絕其

爵云
尉撥代人也父鄁濮陽太守撥爲太學生募從兗州刺史羅忸擊賊於陳汝有功賜爵介休男討和龍擊吐谷渾皆有軍功進爵爲子累遷杏城鎮將大得人和文成以撥清平有惠績賜以衣服獻文卽位爲北征都將南攻懸瓠進爵安城侯位北豫州刺史卒諡敬侯
陸真代人也父洛侯秦州刺史真少善騎射太武以真膂力過人拜內三郎真君中從討蠕蠕以功賜爵關內侯從攻懸瓠登樓臨射城中弦不虛發從太武至江還次盱眙真功居多文成卽位進爵都昌侯位選部尚書後拜長安鎮將時初置長蛇鎮真率衆築城未訖而氐豪仇傉檀等反叛真擊平之卒城長蛇而還東平王道符反于長安以真爲長安鎮將賜爵河南公長安平兵人素伏其威信及至皆怙然安靜在鎮數年甚著威稱卒諡曰烈子延字契胡提頗有氣幹襲爵河南公例降改封汝陽侯位懷朔鎮大將太僕卿受使綏慰秀容爲牧子所害

呂洛拔代人也曾祖渴侯昭成時率戸五千歸魏父匹知太武時爲西部長封滎陽公洛拔以壯勇知名文成末爲平原鎮都將隨尉元攻宋將張永大敗之賜爵成武侯卒長子文祖獻文以其勳臣子補龍牧曹奏事中散以牧産不滋坐徙武川鎮後文祖以舊語譯註皇誥辭義通辯爲外都曹奏事中散後坐事伏法

薛虎子代人也祖達頭自姚萇時率部落歸魏道武賜爵聊城侯待以上客禮賜妻鄭氏卒贈冀州刺史諡曰悼父野賭𢍰太二州刺史封河東公有聲稱卒諡曰簡虎子姿貌壯偉明斷有父風爲內行長典奏諸曹事當官正直內外憚之及文明太后臨朝出爲枋頭鎮將素剛簡爲近臣所嫉因小過黜爲鎮門士及獻文南巡次山陽虎子拜訴於路復除枋頭鎮將累遷開府徐州刺史在州甚多惠政百姓便之沛郡太守邵安下邳太守張攀咸以贓汙虎子案之於法安等遣子弟上書誣虎子南通賊虜孝文曰此妄矣推案果虛卒諡曰文子琡

琡字曇珍形貌瓌偉少以幹用爲典客令每引見儀望甚美宣武謂曰卿風度

峻整姿貌秀異後當升進何以處官琡答曰宗廟之禮不敢不敬朝廷之事不
敢不忠自此之外非庸臣所及正光中行洛陽令部內肅然時以久旱京師見
囚悉召集於都亭理問寃滯洛陽獄唯有三人孝明嘉之賜縑百疋琡本附元
乂乂廢憂懼由是政教廢弛坐免官李神軌有寵於靈太后琡復事之累遷吏
部郎中先是吏部尚書崔亮奏立停年格不簡人才專問勞舊琡乃上書曰臣
聞錦縠雖輕不委之以學㓽瑚璉任重豈寄之以弱力若使選曹唯取年勞不
簡賢否使義均行鴈次若貫魚勘簿呼名一吏足矣數人而用何爲銓衡今黎
元之命繫於守長若其得人則蘇息有地任非其器爲患更深請郡縣之職吏
部先盡擇才幷學通古今曉達政職者以應其選不拘入職遠近年勳多少其
積勞之中有才堪牧人者自在先用之限其餘不堪者既壯藉其力豈容老而
棄之將佐丞尉去人稍遠小小當否未爲多失宜依次補敘以酬其勞書奏不
報後因引見復陳之曰今四方初定務在養人臣請依漢氏更立四科令三公
宰貴各薦時賢以補郡縣明立條格防其阿黨之端庶令塗炭之餘戴仰有地

詔下公卿議之事亦寢元天穆討邢杲以琡爲行臺尚書軍次東郡時元顥已
據酇城邢杲又逼歷下天穆議其所先議者咸以杲盛宜先經略唯琡以杲爲
聚衆無名雖強猶賊元顥皇室昵親來稱義舉自河陰之役人情駭怨今有際
會易生感動待顥事決然後迴師天穆以羣情所願遂先討杲杲降軍還至定
陶天穆留琡行西兗州事尋爲元顥所陷顥執琡自隨尒朱榮破顥天穆謂琡
曰不用君言乃至於此天平初拜七兵尚書齊神武引爲丞相府長史軍國之
事多所關知琡亦推誠盡節屢進忠讜神武大舉西伐將度蒲津琡諫曰西賊
連年饑饉故冒死來入陝州但宜置兵諸道勿與野戰比及來年麥秋人應餓
死寶炬黑獺自然歸降願無渡河侯景亦曰今舉兵極大萬不一捷卒難收斂
不如分爲二軍相繼而進前軍若勝後軍合力前軍若敗後軍承之神武皆弗
納遂有沙苑之敗後范陽盧仲禮反琡與諸軍討平之轉殷州刺史爲政嚴酷
吏人苦之後歷位度支殿中二尚書天保元年卒於兼尚書右僕射臨終敕其
子斂以時服踰月便葬不聽干求贈官自制喪車不加彫飾但用麻爲旒蘇繩

綱絡而已明器等物並不令置玻久在省闥明閑簿領當官剖斷敏速如流然
天性險忌情義不篤外若方格內實浮動受納貨賄曲理舞法深文刻薄多所
傷害人士畏惡之魏東平王元匡妾張氏淫逸放恣玻初與姦通後納以爲婦
惑其讒言遂棄前妻于氏不認其子允家人內忿競相告列深爲世所譏鄙贈
開府儀同三司尚書左僕射青州刺史謚曰威恭子允嗣
尉元字苟仁代人也世爲豪宗父目斤勇略聞於當時位中山太守元以善射
稱爲羽林中郎以匪懈見知稍遷駕部給事中賜爵富城男和平中遷北部尚
書進爵大昌侯天安元年薛安都以徐州內附獻文以元爲持節都督東道諸
軍事與城陽公孔伯恭赴之宋兗州刺史畢衆敬遣東平太守章仇檦歸款元
並納之遂長驅而進宋遣將張永沈攸之等屯于下礚安都出城見元元依朝
旨授其徐州刺史遣中書侍郎高閭李璨等與安都俱還入城別令孔伯恭撫
安內外然後元入彭城元以永仍據險要乃命安都與璨等同守身率精銳揚
兵於外分擊呂梁絕其糧道永遂捐城夜遁於是遣高閭與張讜對爲東徐州

刺史李璨與畢衆敬對爲東兗州刺史拜元開府都督徐州刺史淮陽公太和初徵爲內都大官旣而出爲使持節鎭西大將軍開府統萬鎭都將甚得夷人之心三年進爵淮陽王以舊老見禮聽乘步挽杖於朝齊高帝旣立多遣間諜扇動新人不逞之徒所在蜂起以元威名夙振使總率諸軍以討之東南淸晏遠近怗然入爲侍中都曹尙書遷尙書令進位司徒十年例降庶姓王爵封山陽郡公其年頻表以老乞身詔許之元詣闕謝老引見於庭命升殿勞宴賜玄冠素服又詔曰前司徒山陽郡公尉元前大鴻臚卿新太伯游明根並元亨利貞明允誠素位顯台宿歸老私第可謂知始知卒希世之賢也公以八十之年宜處三老之重卿以七十之齡可充五更之選於是養三老五更於明堂國老庶老於階下孝文再拜三老親袒割牲執爵而饋於五更行肅拜之禮賜國老庶老衣服有差旣而元言曰自天地分判五行施則人之所崇莫重於孝順然五孝六順天下之所先願陛下重之以化四方臣旣年衰不究遠趣心耳所及敢不盡誠帝曰孝順之道天地之經今承三老明言銘之于懷明根言曰夫至

孝通靈至順感幽故詩云孝悌之至通於神明光于四海如此則孝順之道無所不格願陛下念之以濟黎庶臣年志朽弊識見昧然在於愚慮不敢不盡帝曰五更助三老以言至範敷展德音當克己復禮以行來授禮畢乃賜步挽一乘詔曰夫尊老尙更列聖同致欽年敬德綿哲齊軌朕雖道謝玄風識昧叡則然仰稟先誨企遵猷旨故推老以德立更以元父焉斯彰兄焉斯顯矣前司徒公元前鴻臚卿明根並以沖德懸車懿量歸老故尊老以三事更以五雖老更非官耄耋罔祿然況事既高宜加殊養三老可給上公祿五更可食元卿俸供食之味亦同其例十七年元疾篤帝親省疾薨諡景桓公葬以殊禮給羽葆鼓吹假黃鉞班劍四十人子翊襲爵還洛以山陽在畿內改爲博陵郡公卒於恆州刺史諡曰順

慕容白曜慕容晃之玄孫也父琚歷官以廉清著稱賜爵高都侯終尙書左丞諡曰簡白曜少爲中書吏以敦直給事宮中襲爵稍遷北部尙書文成崩與乙渾共執朝政遷尙書右僕射進爵南鄉公宋徐州刺史薛安都兗州刺史畢衆

珍倣宋版印

敬並以城內附詔鎮南大將軍尉元鎮東將軍孔伯恭赴之而宋東平太守申
纂屯無鹽幷州刺史房崇吉屯斗城遏絕王使皇興初加白曜使持節督諸軍
事征南大將軍進爵上黨公屯碻磝爲諸軍後繼白曜攻纂於無鹽拔其東郭
纂遁遣兵追執之迴攻斗城肥城戍主聞軍至棄城遁走獲粟三十萬石又下
襲破麋溝垣苗二戍得粟十餘萬斛由是軍糧充足先是淮陽公皮豹子再征
垣苗不剋白曜一旬內頻拔四城威震齊土獻文下詔褒美之斗城不降白曜
縱兵陵城殺數百人崇吉夜遁白曜撫其人百姓懷之獲崇吉母妻待之以禮
宋遣將吳喜公欲寇彭城鎮南大將軍尉元請濟師獻文詔白曜赴之白曜到
瑕丘遇患因停會崇吉與從弟法壽盜宋盤陽城以贖母妻白曜遣將軍長孫
觀等率騎入自馬耳關赴之觀至盤陽諸縣悉降白曜自瑕丘進攻歷城二年
崔道固及兗州刺史梁鄒守將劉休賓並面縛而降白曜皆釋之送道固休賓
及其寮屬于京師後乃徙二城人望於下館朝廷置平齊郡懷寧歸安二縣以
居之自餘悉爲奴婢分賜百官白曜雖在軍旅而接待人物寬和有禮所獲崇

吉母妻申寡婦女皆別營安置不令士卒喧雜及進克東陽擒沈文秀凡獲倉粟八十五萬斛始末三年築圍攻擊雖士卒死傷無多怨叛三齊欣然安堵樂業剋城之日以沈文秀抗倨不爲之拜忿而撾撻唯以此見譏以功拜開府儀同三司都督青州刺史進爵濟南王初乙渾專權白曜頗所挾附後緣此追以爲責四年見誅云謀反叛時論寃之白曜少子眞安年十一聞父被執將自殺家人止之曰輕重未可知眞安曰王位高功重若小罪終不至此我不忍見父之死遂自縊太和中著作佐郎成淹上表理白曜孝文覽表嘉愍之白曜弟子契輕薄無檢太和初以名家子擢爲中散還宰官中散南安王楨有貪暴之響遣中散閭文祖詣長安察之文祖受楨金寶之賂爲楨隱而不言事發太后引見羣臣謂曰前論貪淸皆云剋脩文祖時亦在中後竟犯法以此言之人心信不可知孝文曰卿等自審不勝貪心者聽辭位歸第契進曰小人之心無定而帝王之法有常以無恆之心奉有常之法非所剋堪乞垂退免帝曰契若知心不可常卽知貪之惡矣何爲求退還宰官令賜爵定陶男後卒於都督朔州刺

史諡曰剋初慕容氏破後種族仍繁天賜末頗忌而誅之時有免者不敢復姓皆以輿爲氏延昌末詔復舊姓而其子女先入掖庭者猶號慕容特多於他族

和其奴代人也少有操行善射御初爲三郎文成初封平昌公累遷尚書左僕射又與河東王閭毗太宰常英等並平尚書事在官慎法不受私請遷司空加侍中文成崩乙渾與林金閭擅殺尚書楊保年等時殿中尚書元郁率殿中宿衞士欲加兵於渾渾懼歸咎於金閭執以付郁時其奴以金閭罪惡未分出之爲定州刺史皇興元年長安鎮將東平王道符反詔其奴討之未至而道符敗軍還薨內外歎惜之贈平昌王諡曰宣子受襲爵

苟頹代人也本姓若干父洛拔內行長頹厚重寡言少嚴毅清直武力過人擢爲中散小心謹敬太武至江賜爵建德男累遷司衞監洛州刺史抑強扶弱山蠻畏威不敢爲寇太和中歷位侍中都曹尚書進爵河南公頹方正好直言雖文明太后生殺不允頹亦言至懇切李惠李新之誅頹並致諫遷司空進爵河東王以舊老聽乘步挽杖於朝大駕行幸三川頹留守京師沙門法秀謀反頹

率禁旅收掩畢獲內外晏然薨諡僖王長子愷襲爵河東王例降爲公
宇文福其先南單于之遠屬也世爲擁部大人祖活撥仕慕容垂爲唐郡內史
遼東公道武之平慕容氏活撥入魏爲第一客福少驍果有膂力太和初累遷
都牧給事及遷洛敕福檢牧馬所福規石濟以西河內以東拒黃河南北千里
爲牧地今之馬場是也及徙代移雜畜牧於其所福善於將養並無損耗孝文
嘉之尋補司衞監後以勳封襄樂縣男歷位太僕卿都官尚書營州太中正瀛
州刺史性忠清在公嚴毅以信御人甚得聲譽後除都督懷朔沃野武川三鎮
諸軍事懷朔鎮將至鎮卒諡曰貞惠子延字慶壽體貌魁岸眉目疎朗位員外
散騎侍郎以父老詔聽隨侍在瀛州屬大乘祅黨突入州城延率奴客逆戰身
被重瘡賊縱火燒齋閤福時在內延突火入抱福出外支體灼爛鬚髮盡焦於
是勒衆與賊苦戰賊乃散走以此見稱累遷直寢與万俟醜奴戰沒
論曰古弼軍謀經國有柱石之量張黎誠謹廉方以勳舊見重並纖介之間一
朝隕覆宥及十世乃徒言耳劉潔咎之徒也丘堆敗以亡身娥清伊馛俱以材

力見用而馘以謀猷取異其殆優乎乙瓌之驍猛周幾之智勇代田之騎射其位遇豈徒然也車伊洛宅心自遠豈常戎乎王洛兒車路頭盧魯元陳建來大干宿石或誠發于衷竭節危難或忠存衞主義足感人茍非志烈亦何能若此宜其生受恩遇歿盡哀榮至如安國以至覆亡害盈之義也周觀尉撥陸真呂洛拔等咸以勇毅自進而觀竟致貶黜異夫數子者矣薛彪子世載強正曇珍克威家聲美矣乎魏之諸將罕方面之績尉元以寬雅之風膺將帥之任威名遠被位極公老自致乞言之地無乃近代之一人歟白曜出專薄伐席卷三齊考績圖勞固不細矣而功名難處追猜嬰戮宥賢議勳未聞於斯日也和其奴之貞正茍頹之剛直宇文福之氣幹咸亦有用之士乎

北史卷二十五

北史卷二十五考證

古弼傳吾謂事君使田獵不過盤遊其罪小也○過魏書作適

劉潔傳潔與南康公秋鄰及嵩等皆夷三族○秋字誤魏書作狄字應從之

豆代田傳子周求襲爵○周求魏書作求周

陳建傳賜建妻宴於後庭○監本脫宴字今從魏書增正

來大干傳至於朝賀之日○日監本訛曰今改從魏書

陸真傳從太武至江還次盱眙真功居多○次魏書作攻應從之

薛琡傳遂棄前妻于氏不認其子允○監本缺認字今從閣本增入

慕容白曜傳以名家子擢為中散遷宰官中散○魏書宰官下無中散二字

皆以輿為氏○輿監本訛與今從魏書改正

北史卷二十五考證

珍倣宋版印

唐　李　延　壽　撰

列傳第十四

宋隱 從子愔 弟子世良 愔孫弁 世軌 弁孫欽道 翻弟世景 弁族弟翻　許彥 五世孫惇

刁雝 子遵 柔 曾孫沖　辛紹先　韋閬 孫子粲　杜銓

宋隱字處默西河介休人也曾祖奭祖活父恭世仕慕容氏位並通顯慕容儁徙鄴恭始家於廣平列人焉隱性至孝專精好學仕慕容垂位本州別駕道武平中山拜隱尚書吏部郎積遷行臺右丞領選以老病乞骸骨不許尋以母喪歸列人既葬被徵乃棄妻子匿於長樂數年而卒臨終謂其子姪曰汝等苟能入順父兄出悌鄉黨仕郡幸而至功曹史以忠清奉之足矣不勞遠詣臺閣恐汝不能富貴徒延門戶累耳若忘吾言是死若父也使鬼有知吾不歸食矣隱弟宣字道茂與范陽盧玄勃海高允博陵崔建從子愔俱被徵拜中書博士後拜侍郎行司徒校尉卒諡曰簡侯宣子謨字乾仁襲爵卒於遼西太守子鸞襲

爵位東莞太守鸞弟瓊字普賢以孝稱母曾病季秋月思瓜瓊夢想見之求而遂獲時人異之卒於家愔歷中書博士員外散騎常侍使江南爵列人子卒於廣平太守長子顯襲爵顯無子養弟子弁爲後

弁字義和父叔珍娶趙郡李敷妹因敷事而死弁至京師見尚書李沖因言論移日沖異之退曰此人一日千里王佐才也顯卒弁襲爵弁與李彪州里迭相祇好彪爲祕書丞請爲著作佐郎遷尚書殿中郎中孝文曾因朝會次歷訪政道弁年少官微自下而對聲姿清亮進止可觀帝稱善者久之因是大被知遇賜名爲弁意取弁和獻玉楚王不知寶之義遷中書侍郎兼員外散騎常侍使齊齊司徒蕭子良祕書丞王融等皆稱美之以爲志氣謇諤不逮李彪而體韻和雅舉止閑邃過之轉散騎侍郎時散騎位在中書之右孝文曾論江左事問弁在南興亡之數弁以爲蕭氏父子無大功於天下既以逆取不能順守必不能貽厥孫謀保有南海若物憚其威身免爲幸後車駕南征以弁爲司徒司馬東道副將軍人有盜馬鞚者斬而狥於是三軍震懼莫敢犯法黃門郎崔光薦

珍倣宋版印

弁自代帝不許亦賞光知人未幾以弁兼司徒左長史時大選內外羣官弁定
四海士族弁專參銓量之任事多稱旨然好言人之陰短高門大族意所不便
者弁因毀之至於舊族淪滯而人非可忌者又申達之弁又爲本州大中正世
族多所降抑頗爲時人所怨遷散騎常侍尋遷右衞將軍領黃門弁屢自陳讓
帝曰吾爲相知者卿亦不可有辭豈得專守一官不助朕爲政且常侍者黃門
之麤冗領軍者三衞之假攝不足空存推讓以棄大委其被知遇如此孝文北
都之選李沖多所參預頗抑宋氏弁恨沖而與李彪交結雅相知重及彪之抗
沖沖謂彪曰爾如狗耳爲人所嗾及沖劾彪不至大罪弁之力也彪除名弁大
相嗟慨密圖申復孝文在汝南不豫大漸旬餘日不見侍臣左右唯彭城王勰
等數人而已小瘳乃引見門下及宗室長幼諸人入者未能皆致悲泣惟弁與
司徒司馬張海歔欷流涕由是益重之車駕征馬圈留弁以本官兼祠部尚書
攝七兵事及行執其手曰國之大事在祀與戎故令卿綰攝二曹弁頓首辭謝
弁劬勞王事恩遇亞於李沖帝每稱弁可爲吏部尚書及崩遺詔以弁爲之與

咸陽王禧等六人輔政而弁先卒年三十八贈瀛州刺史謚曰貞順弁性好矜
伐自許膏腴孝文以郭祚晉魏名門從容謂弁曰卿固當推郭祚之門弁笑曰
臣家未肯推祚帝曰卿自漢魏以來既無高官又無儁秀何得不推弁曰臣清
素自立要爾不推侍臣出後帝謂彭城王勰曰弁人身自不惡乃復欲以門戶
自矜殊爲可怪長子維字伯緒襲父爵爲給事中坐詔事高肇出爲益州龍驤
府長史辭疾不行太尉清河王懌輔政以維名臣子薦爲通直郎辟其弟紀行
參軍靈太后臨政委任元乂侍寵憍盈懌每以公理裁斷乂甚忿恨思害懌遂
與維作計以富貴許之維見乂寵勢日隆乃告司染都尉韓文殊父子謀逆立
懌懌被錄禁中文殊父子懼而逃遁鞫無反狀以文殊亡走懸處大辟置懌於
宮西別館禁兵守之維應反坐乂言於太后欲開將來告者之路乃黜爲燕州
昌平郡守紀爲秦州大羌令維及紀頗涉經史而浮薄無行懌尊親懿望朝野
瞻屬維受懌眷賞而無狀構間天下士人莫不怪忿而賤薄之及乂殺懌專斷
朝政以維兄弟前者告懌徵維爲散騎侍郎紀爲太學博士領侍御史乂甚昵

珍倣宋版印

之維超遷通直常侍又除洛州刺史紀超遷尚書郎紀字仲烈初弁謂族弟世景言維疎險而紀識慧不足終必敗吾業世景以爲不爾至是果然聞者以爲知子莫若父尚書令李崇左僕射郭祚右僕射游肇每云伯緒凶疎終敗宋氏幸得殺身耳論者以爲有徵後除營州刺史靈太后反政以叉黨除名遂還鄉里尋追其前誣告清河王事於鄴賜死子春卿早亡弟紀以次子欽仁嗣欽仁武定末爲太尉祭酒紀明帝末爲北道行臺卒晉陽子欽道

欽道仕齊歷位中山太守長於撫接然好察細事其州府佐吏使人間者先酬錢然後敢食臨莅處稱爲嚴整尋徵爲黃門侍郎又令在東宮教太子吏事時鄭子默以文學見知亦被親寵欽道本文法吏不甚諳識古今凡有疑事必詢子默二人幸於兩宮雖諸王貴臣莫敢不敬憚欽道又遷祕書監仍帶黃門侍郎乾明初還侍中與楊愔同誅贈吏部尚書趙州刺史弁族弟穎字文賢位魏郡太守納貨劉騰騰言之以爲涼州刺史穎前妻劉氏亡後十五年穎夢見之拜曰新婦今被處分爲高崇妻故來辭君泫然流涕穎旦見崇言之崇後數日

而卒穎族弟鴻貴爲定州北平府參軍送戍兵於荆州坐取兵絹四百匹兵欲告之乃斬兵十人又疏凡不達見令律有梟首罪乃生斷兵手以水澆之然後斬決尋坐伏法時人哀兵之苦笑鴻貴之愚弁族弟翻

翻字飛烏少有操行世人以剛斷許之孝莊時除司徒左長史河南尹初翻爲河陰令順陽公主家奴爲劫攝而不送翻將兵圍主宅執主壻馮穆步驅向縣時正炎暑立之日中流汗霑地縣舊有大枷時人號曰彌尾青及翻爲縣主吏請焚之翻曰置南牆下以待豪右未幾有內監楊小駒詣縣請事辭色不遜翻命取尾青以鎖之小駒既免入訴於宣武宣武大怒敕河南尹推之翻具自陳狀詔曰卿故違朝法豈不欲作威以買名翻對曰造者非臣買名者亦宜非臣所以留者非敢施於百姓欲待凶暴之徒如駒者耳於是威振京師及爲洛陽迄於河南尹畏憚權勢更相承接故當世之名大致減損卒官贈侍中衞將軍相州刺史孝武初重贈驃騎大將軍儀同三司尚書左僕射雍州刺史諡曰貞烈翻弟毓字道和敦篤有志行卒於大中大夫子世良

世良字元友年十五便有膽氣後隨伯父翻在南兗州屢有戰功行臺臨淮王彧與語奇之魏朝以尒朱榮有不臣跡帝將圖之密令彧將兵赴洛彧在梁郡稱疾假世良都督令還南兗發兵以聽期世良請簡見兵三千騎五日必到洛陽拜陳三策彧皆不能從尋爲殿中侍御史詣河北括戶大獲浮惰還見汲郡城旁多骸骨移書州郡悉令收瘞其夜甘雨滂沱河內太守田估贓貨百萬世良檢按之未竟遇赦而還孝莊勞之曰知卿所括得丁倍於本帳若官人皆如此用心便是更出一天下也其後遷殿中世良奏殿中主齊會之事請改付餘曹帝曰卿意不欲親庖廚邪宜付右兵以爲永式河州刺史梁景叡枹罕羌首恃遠不敬其賀正使人頻年稱疾秦州刺史侯莫陳悅受其贈遺常爲送表世良並奏科其罪帝嘉之謂長孫承業曰宋郎中實有家風甚可重也後拜清河太守世良才識閑明尤善政術在郡未幾聲問甚高陽平郡移掩劫盜三十餘人世良訊其情狀唯送十二人餘皆放之陽平太守魏明朗大怒云輒放吾賊及推問送者皆實放者皆非明朗大服郡東南有曲堤成公一姓阻而居之羣

盜多萃於此人爲之語曰寧度東吳會稽不歷成公曲堤世良施八條之制盜奔他境人又謠曰曲堤雖險賊何益但有宋公自屏跡齊天保初大赦郡無一囚率羣吏拜詔而已獄內穭生桃樹蓬蒿亦滿每日牙門虛寂無復訴訟者謂之神門其冬醴泉出於界內及代至傾城祖道有老人丁金剛者泣而前謝曰老人年九十記三十五政府君非唯善政清亦徹底今失賢者人何以濟莫不攀轅涕泣後卒於東郡太守贈信州刺史世良強學好屬文撰字略五篇宋氏別錄十卷子伯宗位侍御史性清退好學多所撰述至齊亡不從職遂不入仕隋大業初卒於家世良弟世軌

世軌幼自脩整好法律天保初歷三尚書三公二千石都官郎中兼幷州長史執獄寬平多所全濟爲都官郎中有囚事枉將送垂致法世軌遣騎追止之切奏其狀遂免稍遷廷尉少卿洛州人聚結欲劫河橋吏捕案之連諸元徒黨千七百人崔昂爲廷尉以爲反數年不斷及世軌爲少卿判其事爲劫唯殺魁首餘從坐悉舍焉大理正蘇珍之以平幹知名寺中語曰決定嫌疑蘇珍之視表

珍倣宋版印

見褭宋世軌時人以爲寺中二絶南臺因到廷尉世軌多雪之仍移攝御史將
問其濫狀中尉畢義雲不送移往復不止世軌遂上書極言義雲酷擅文宣引
見二人親敕世軌曰我知臺欺寺久卿能執理抗衡但守此心勿慮不富貴敕
義雲曰卿比所爲誠合死以志在疾惡故且一恕仍顧謂朝臣曰此二人並我
骨鯁臣也及卒廷尉御史諸繫囚皆哭曰宋廷尉死我等豈有生路贈光州刺
史諡曰平無子世良以第五子朝基嗣翻弟世景

世景少自脩立事親以孝聞與弟道璵下帷讀誦博覽羣言尤精經義族兄弁
甚重之舉秀才上第再遷彭城王勰開府法曹行參軍勰愛其才學雅相器敬
孝文甚嘉異之兼司徒法曹行參軍世景明刑理著律令裁決疑獄剖判如流
轉尚書祠部郎彭城王勰每稱曰宋世景精微尚書僕射才也臺中疑事右僕
射游肇常以委之世景既才長從政加之夙勤不怠兼領數曹深著稱績左僕
射源懷引爲行臺郎巡察州鎮十有餘所黜陟賞罰莫不咸允還七鎮別置諸
戍明設亭候以備不虞懷大相委重還薦之宣武以爲不減李沖帝曰朕亦聞

之後爲伏波將軍行滎陽太守鄭氏豪橫號爲難制濟州刺史鄭尙弟遠慶先
爲苑陵令多所受納百姓患之而世景下車召而誡之遠慶行意自若世景繩
之以法遠慶懼棄官亡走於是屬縣畏威莫不改肅終日坐於聽事未嘗寢息
人閒之事巨細必知發姦擿伏有若神明嘗有一吏休滿還郡食人鷄豚又有
一幹受人一帽又食二鷄世景叱而告之吏幹叩頭伏罪於是上下震悚莫敢
犯禁坐弟道璵事除名世景友于之性過絕於人及道璵死哭之酸感行路歲
餘母喪遂不勝哀而卒世景曾撰晉書竟未得就遺腹子季儒位太學博士曾
至譙宋閒爲文弔嵇康甚有理致後夜寢室壞壓而殞時人悼傷惜之道璵少
而敏俊自太學博士轉京兆王愉法曹行參軍坐愉反得罪作詩及挽歌詞寄
之朋親以見寃痛道璵又曾贈著作郎張始均詩其末章云子深懷璧憂余有
當門病道璵既不免難始均亦遇世禍時咸怪之道璵從孫孝王學涉亦好緝
綴文藻形貌矬陋而好臧否人物時論甚疾之爲北平王文學求入文林館不
遂因非毀朝士撰朝士別錄二十卷會周武滅齊改爲關東風俗傳更廣聞見

勒成三十卷以上之言多妄謬篇第冗雜無著述體周大象末預尉迥事誅死
許彥字道謨高陽新城人也祖茂仕慕容氏高陽太守彥少孤貧好讀書從沙
門法叡受易太武徵令卜筮頻驗遂在左右參與謀議彥質厚慎密與人言不
及內事帝以此益親待之賜爵武昌公拜相州刺史在州受納多違法度詔書
切讓之然以彥腹心近臣弗之罪也卒謚宣公子熙襲熙卒子安仁襲安仁卒
子元康襲降爵爲侯熙弟宗之歷位殿中尙書定州刺史封潁川公受敕討丁
零旣平宗之因循郡縣求取不節深澤人馬超毀謗宗之宗之怒毆殺超超家
人告狀宗之上超謗訕朝政文成聞之曰此必宗之懼罪誣超案驗果然遂斬
於都市元康弟護州主簿子恂字伯禮頗有業尙閨門雍睦三世同居吏部尙
書李神儁常稱其家風位司徒諮議參軍脩起居注拜大中大夫卒贈吏部尙
書冀州刺史恂弟惇
惇字季良清識敏速達於從政位司徒主簿以明斷見知時人號爲入鐵主簿
稍遷陽平太守時遷都於鄴陽平爲畿郡軍國責辦賦斂無準又勳貴屬請朝

夕徵求惇並御之以道咸以無怨政爲天下第一特加賞異圖形於闕詔頒天下歷魏尹齊梁二州刺史政並有治聲遷大司農會王思政入據頴城王師出討惇常督軍無乏絕引洧水灌城惇之策也遷殿中尚書惇美鬚下垂至帶省中號長鬣公齊文宣嘗因酒酣提惇鬚稱美以刀截之唯留一握惇懼因不復敢長人又號齊鬚公歷御史中丞滕州刺史司農大理二卿再爲度支尚書太子少保少師光祿大夫開府儀同三司尙書右僕射特進賜爵萬年縣子食邑下邳郡幹惇年老致仕於家三年卒惇少純直晚更浮動齊朝體式本州大中正以京官爲之乾明中邢邵爲中書監德望甚高惇與邵競中正遂憑附宋欽道出邵爲刺史朝議甚鄙薄之雖久處朝行歷官清顯與邢邵魏收陽休之崔劼徐之才比肩同列諸人或談說經史或吟詠詩賦更相嘲戲欣笑滿堂惇不好劇談又無學術或坐杜口或隱几而睡不爲勝流所重子文紀武平末度支郎中文紀弟文經勤學方雅身無擇行口無戲言武平末殿中侍御史隋開元初侍御史兼通直散騎常侍聘陳使副主爵侍郎卒於相州長史惇兄遜字仲

讓有幹局乾明中平原太守卒贈信州刺史遜子文高司徒掾
刁雝字淑和勃海饒安人也曾祖協從晉元帝度江居京口位尙書令父暢晉
右衞將軍初晉相劉裕微時負社錢一萬違時不還暢兄逵執而徵焉及誅桓
玄以嫌先誅刁氏雝與暢故吏遂奔姚興爲太子中庶子及姚泓滅與司馬休
之等歸魏請於南境自効明元假雝建威將軍雝遂於河濟閒招集流散傳檄
邊境雝弟彌時亦率衆入京口親共討裕裕頻遣兵破之明元南幸鄴雝朝於
行宮明元問曰縛劉裕者於卿親疎雝曰伯父帝笑曰劉裕父子當應憚卿於
是假雝鎭東將軍青州刺史東光侯使別立義軍又詔雝令隨機立効雝於是
招集譙梁彭沛人五千餘家置二十七營遷鎭濟陰遷徐州刺史賜爵東安伯
後除薄骨律鎭將雝以西土乏雨表求鑿渠溉公私田又奉詔以高平安定統
萬及薄骨律等四鎭出車牛五千乘運屯穀五十萬斛付沃野以供軍糧道多
深沙車牛艱阻求於牽屯山河水之次造船水運又以所綰邊表常懼不虞造
城儲穀置兵備守詔皆從之詔卽名此城爲刁公城以旌功焉皇興中雝與隴

西王源賀及中書監高允等並以耆年特見優禮錫雍几杖劍履上殿月致珍
羞焉雍性寬柔好尚文典手不釋書明敏多智凡所爲詩賦論頌并諸雜文百
有餘篇又汎施愛士恬靜寡欲篤信佛道著教誡一十餘篇以訓子孫太和八
年卒年九十五謚曰簡子遵

遵字奉國襲爵遵少不拘小節長更脩改太和中例降爲侯嘗經篤疾幾死見
有神明救之言福門子當享長年後卒於洛州刺史謚曰惠侯子楷早卒楷子
沖

沖字文朗十三而孤孝慕過人其祖母司空高允女聰明婦人也哀其早孤撫
養尤篤沖免喪後便志學他方高氏泣涕留之沖終不止雖家世貴達及從師
於外自同諸生于時學制諸生悉日直監廚沖雖有僕隸不令代己身自炊爨
每師受之際發志精專不捨晝夜殆忘寒暑學通諸經偏脩鄭說陰陽圖緯算
數天文風氣之書莫不關綜當世服其精博刺史郭祚聞其盛名訪以疑義沖
應機解辯無不祛其久惑後太守范陽盧尚之刺史河東裴桓並徵沖爲功曹

珍倣宋版印

主簿非所好也受署而已不關事務唯以講學爲心四方學徒就其受業者歲有數百沖雖儒生而執心壯烈不畏強禦延昌中帝舅司徒高肇擅恣威權沖乃抗表極言其事辭旨懇直文義忠憤太傅清河王懌覽而歎息先是沖曾祖酈作行孝論以誡子孫稱古之葬者衣之以薪不封不樹後世聖人易之以棺槨至秦以後生則不能致養死則厚葬過度及於末世至蘧蒢裹尸倮而葬者確而爲論並非折衷既知二者之失豈宜同之當令所存者棺厚不過三寸高不過三尺弗用繒綵斂以時服轜車止用白布爲幔不加畫飾名爲清素車又去挽歌方相幷明器雜物及沖祖遵將卒敕其子孫令奉酈遺旨河南尹丞張普惠謂爲太儉貽書於沖叔整令與通學議之沖乃致書國學諸儒以論其事學官竟不能答神龜末沖以嫡傳祖爵東安侯京兆王繼爲司空也並以高選頻辟記室參軍明帝將親釋奠於是國子助教韓神固與諸儒詣國子祭酒崔光吏部尚書甄琛舉其才學奏而徵焉及卒國子博士高涼及范陽盧道侃盧景裕等復上狀陳沖業行議奏諡曰安憲先生祭以太牢子欽字志儒早亡楷

弟整字景智少有大度頗涉書史太和十五年爲奉朝請孝文都洛親自臨選除司空法曹參軍累遷黄門郎普泰初假征東大將軍滄冀瀛三州刺史大都督尋加車騎將軍右光祿大夫遂逢本鄉賊亂奉母客於齊州旣而母卒母即高允之女崔光崔亮皆經允接待是以涼燠之際光等每致拜焉天平四年卒於鄴贈司空公謚曰文獻整解音律輕財好施交結名勝聲酒自娛然貪而好色爲議者所貶子柔

柔字子温少好學留心儀禮性強記至於氏族内外皆所諳悉居母喪以孝聞初爲魏宣武挽郎解巾司空行參軍齊天保初累遷國子博士中書令魏收撰魏史啓柔等同其事柔性專固自是所聞收常嫌憚又參議律令時議者以爲五等爵邑承襲無嫡子立嫡孫無嫡孫立嫡子弟無嫡子弟立嫡孫弟柔以爲無嫡孫應立嫡曾孫不應立嫡子弟議曰案禮立嫡以長故謂長子爲嫡子嫡子死以嫡子之子爲嫡孫死則曾玄亦然然則嫡子之名本爲傳重故喪服曰庶子不爲長子三年不繼祖與禰也禮公儀仲子之喪檀弓曰我未之前聞也

仲子舍其孫而立其子何也子服伯子曰仲子亦猶行古之道也昔者文王舍伯邑考而立武王發微子舍其孫腯而立其弟衍鄭注曰仲子爲親者諱耳立子非也文王之立武王權也微子嫡子死立弟衍殷禮也子游問諸孔子孔子曰不立孫注商以嫡子死立嫡子之母弟周以嫡子死立嫡子之子爲嫡孫故春秋公羊之義嫡子有孫而死質家親親先立弟文家尊尊先立孫喪服云爲父後者爲出母無服小記云祖父卒而後爲祖母後者三年爲母無服喪者不祭故也爲祖母三年者大宗傳重故也今議以嫡孫死而立嫡子母弟嫡子母弟者則爲父後矣嫡子母弟本非承嫡以無嫡故得爲父後則嫡孫之弟理亦應得爲父後則是父卒然後爲祖後者服斬既得爲祖服斬而不得爲傳重未之聞也若用商家親親之義本不應舍嫡子而立嫡孫若從周家尊尊之文豈宜舍其孫而立其弟或文或質愚用惑焉小記云嫡婦爲舅姑後者則舅姑爲之小功注云謂夫有廢疾他故若死無子不受重者小功庶婦之服凡父母於子舅姑於婦將不傳重於嫡及將所傳重者非嫡服之皆如衆子庶婦也言死

無子者謂絶世無子非謂無嫡子如其子焉得云無後夫雖廢疾無子婦猶以
嫡爲名嫡名既在而欲廢其子者如禮何有損益革代相沿必謂宗嫡可得而
變者則爲後服斬亦宜有因而改七年卒柔在史館未久勒成之際志在偏黨
魏書中與其內外通親者並虛美過實爲時論所譏整弟宣字季達以功封高
城縣侯歷位都官尚書衞大將軍滄州刺史卒贈太尉公謚曰武刁氏世有榮
貴而門風不甚脩潔爲時所鄙雝族孫雙字子山高祖數晉齊郡太守數因晉
亂居青州之安樂至雙始歸本鄉雙少好學兼涉文史雅爲中山王英所知賞
位西河太守爲政清簡吏人安悅及中山王熙起兵誅元叉事敗熙弟略投命
於雙雙藏護周年時購略甚切略懼求送出境雙曰會有一死所難遇耳今遭
知己視死如歸願不以爲慮略復苦求南轉雙乃遣從子昌送達江左靈太后
反政知略因雙獲濟徵拜光祿大夫時略姊饒安主刁宣妻也頻訴靈太后乞
徵略還朝廷乃以徐州所獲俘江革祖暅二人易之以雙與略有舊乃令至境
迎接明帝末除西兗州刺史時賊盜蜂起州人張桃弓等招聚亡命公行劫掠

珍倣宋版印

雙至境先遣使諭桃弓陳示禍福桃弓即隨使歸罪雙捨而不問後有盜發之處令桃弓追捕咸悉禽獲於是州境清肅孝莊初行濟州刺史以功封曲成鄉男孝武初遷驍騎大將軍左光祿大夫與和三年卒贈車騎大將軍儀同三司齊州刺史謚曰清穆

辛紹先隴西狄道人也五世祖怡晉幽州刺史父深仕西涼爲驍騎將軍及涼後主歆與沮渠蒙遜戰於蓼泉軍敗失馬深以所乘授歆而身死於難以義烈見稱西土涼州平紹先內徙家於晉陽明敏有識量與廣平游明根范陽盧度世同郡李承昭等甚相友有至性丁父憂三年口不甘味頭不櫛沐髮遂落盡故常著垂裙皁帽自中書博士轉神部令皇興中薛安都以彭城歸魏時朝廷欲綏安初附以紹先爲下邳太守爲政不甚皦察舉其大綱而已唯教人爲產禦賊之備及宋將陳顯達蕭道成蕭順之來寇道成謂順之曰辛紹先未易侵也宜共慎之於是不歷郡境徑屯呂梁卒於郡贈幷州刺史晉陽侯謚曰惠子鳳達耽道樂古有長者之名卒於京兆王子推國常侍鳳達子祥字萬福舉司

州秀才再遷司空主簿咸陽王禧妃卽祥妻之妹也及禧構逆親知多罹塵謗祥獨蕭然不預轉幷州平北府司馬有白壁還兵藥道顯被誣爲賊官屬咸疑之祥曰道顯面有悲色察獄以色其此之謂乎苦執申之月餘別獲真賊後除郢州龍驤府長史帶義陽太守白早生之反也梁遣來援因此緣淮鎮戍相繼降沒唯祥堅城固守梁又遣將胡武城陶平虜於州南金山之上連營侵逼祥出其不意襲之賊大崩禽平虜斬武城以送京師州境獲全論功方有賞授而刺史婁悅恥勳出其下間之執政事竟不行胡賊劉龍駒作逆華州除祥安定王燮征虜府長史仍爲別將與討胡使薛和滅之卒贈南青州刺史祥弟少雍字季和少聰穎有孝行尤爲祖父紹先所愛紹先性嗜羊肝常呼少雍共食及紹先卒少雍終身不食肝性仁厚有禮義門內之法爲時所重稍遷司空高陽王雍田曹參軍少雍清正不憚強禦積年久訟造次決之請託路絕時稱賢明正始中詔百官各舉所知高陽王雍及吏部郎中李憲俱以少雍爲舉首卒於給事中少雍妻王氏有德義少雍與從弟懷仁兄弟同居懷仁等事之甚謹閨

珍倣宋版印

門禮讓人無間焉士大夫以此稱美子元桓武定中儀同府司馬元桓弟士遜太師開府功曹參軍鳳達弟穆字叔宗舉茂才東雍州別駕初隨父在下邳與彭城陳敬文友善敬文弟敬武少爲沙門從師遠學經久不返敬文病臨卒以雜綾二十匹託穆與敬武穆久不得見經二十年始於洛陽見敬武以物還之封題如故世稱廉信歷東荊州司馬轉長史帶義陽太守領戍雅有恤人之志再轉汝陽太守遇水澇人飢上表請輕租賦帝從之遂敕汝陽一郡聽以小絹爲調除平原相徵爲征虜將軍太中大夫未發卒於郡贈後將軍幽州刺史子子馥字元穎早有學行累遷平原相父子並爲此郡吏人懷安之元顥入洛子馥不從莊帝反政封三門縣男天平中除太尉府司馬白山連接三齊瑕丘數州之界多有賊盜子馥受使檢覆因辯山谷要害宜立鎮戍之所又諸州豪右在山鼓鑄姦黨多依之又得密造兵仗上表請破罷諸冶朝廷善而從之後卒於清河太守子馥以三傳經同說異遂總爲一部傳注並出校比短長會亡未就

韋閬字友觀京兆杜陵人也世爲三輔冠族祖楷晉長樂清河二郡太守父逵慕容垂大長秋卿閬少有器望遇慕容氏政亂避地薊城太武初徵拜咸陽太守轉武都太守卒郡子範試守華山郡賜爵高平男卒範子儁字穎超早有學少孤事祖母以孝聞性溫和廉讓爲州里所稱太和中襲爵歷位都水使者宣武崩領軍于忠矯擅威刑儁與左僕射郭祚昏嫁故亦同時遇害臨終訴枉於尚書元欽欽知而不敢申理儁歎曰吾一生爲善未蒙善報常不爲惡今爲惡終悠悠蒼天抱直無訴時人咸怨傷焉熙平元年追贈洛州刺史諡曰貞子子粲

子粲字暉茂齊王蕭寶夤爲雍州刺史引爲府主簿轉錄事參軍及寶夤反子粲與弟子爽執志不從相率逃免雍州平賜爵長安子普泰中累遷中書侍郎孝武帝入關子粲歷行臺左丞南汾州刺史少弟道諧爲鎮城都督元象中齊神武命將出討子粲及道諧俱被獲送於晉陽子粲累遷南兗州刺史齊天保初封西爽縣男後卒於豫州刺史諡曰忠子粲兄弟十三人並有孝行居父喪

毀瘠過禮既葬廬於墓側負土成墳弟榮亮最知名榮亮字子昱博學有文才
德行仁孝爲時所重歷諫議大夫衞大將軍卒贈河州刺史子綱字世紀有操
行才學見稱領袖本州調爲中正開皇中位趙州長史有子文宗文闕並知名
闡從叔道福父羆爲苻堅丞相王猛所器重以女妻焉仕堅爲東海太守堅滅
奔江左仕宋爲秦州刺史道福有志略仕宋位盱眙南沛二郡太守領鎮北府
錄事參軍與徐州刺史薛安都謀擁州內附賜爵高密侯因家彭城卒贈兗州
刺史諡曰簡子欣宗以歸國勳別賜爵杜縣侯歷位大中大夫行幽州事卒贈
南兗州刺史諡曰簡闡從子崇字洪基父肅字道壽隨劉義真度江位豫州刺
史崇年十歲父卒母鄭氏攜以入魏因寓居河洛少爲舅兗州刺史鄭羲所器
賞位司徒從事中郎孝文納其女爲充華嬪除南頓川太守不好發擿細事恆
云何用小察以傷大道吏人感之郡中大安帝聞而嘉賞賜帛二百匹還洛以
崇爲司州中正尋除咸陽王禧開府從事中郎復爲河南邑中正崇頻居衡品
以平直見稱出爲鄉郡太守更滿應代吏人詣闕乞留復延三年後卒子猷之

釋褐奉朝請轉給事中步兵校尉稍遷前後將軍太中大夫卒猷之弟休之貞和自守未嘗言行忤物歷位給事中河南邑中正安西將軍光祿大夫卒子道建道儒閻族弟珍字靈智孝文賜名焉父子尚字文叔位樂安王良安西府從事中郎卒贈雍州刺史珍少有志操歷位尚書南部郎孝文初蠻首桓誕歸款朝廷思安邊之略以誕爲東荊州刺史令珍爲使與誕招慰蠻左珍至桐柏山窮淮源宣揚恩澤莫不懷附淮源舊有祠堂蠻俗恆用人祭之珍乃曉告曰天地明靈卽人之父母豈有父母甘子肉味自今宜悉以酒脯代用羣蠻從約自此而改凡所招降七萬餘戶置郡縣而還以奉使稱旨賜爵霸城子後以軍功進爵爲侯累遷顯武將軍郢州刺史所在有聲績朝廷嘉之遷龍驤將軍賜驊騮二匹帛五十匹穀三百斛珍乃召集州內孤貧者謂曰天子謂我能撫綏卿等故賜以穀帛吾何敢獨當遂以所賜悉分與之尋轉荊州刺史與尚書盧陽烏征赭陽爲齊將垣歷生蔡道恭所敗免歸鄉里臨別謂陽烏曰主上聖明志吞吳會用兵機要在於上流若有事荊楚恐老夫復不得停耳後車駕征鄧沔

珍倣宋版印

復起珍爲中軍大將軍彭城王勰長史鄧沔既平試守魯陽郡孝文復南伐路經珍郡加中壘將軍正太守珍從至淸水帝曰朕頃戎車再駕卿恆翼務中軍今日之舉亦欲引卿同行但三鵶嶮要非卿無以守也因敕還及孝文崩於行宮祕匿而還至珍郡始發大諱還除中散大夫尋加鎭遠將軍太尉諮議參軍卒贈本將軍青州刺史諡曰懿長子纘字遵彥年十三補中書學生聰敏明辯爲博士李彪所稱再遷侍御中散孝文每與德學沙門談論往復纘掌綴錄無所遺漏頗見知賞累遷長兼尚書左丞壽春內附尚書令王肅出鎭揚州請纘行爲州長史加平遠將軍帶梁郡太守肅薨敕纘行州事任城王澄代肅爲州復啓纘爲長史澄出征之後梁將姜慶眞乘虛攻襲遂據外郭雖尋克復纘坐免官卒纘弟彧字遵慶亦有學識解褐奉朝請稍遷平遠將軍東豫州刺史綏懷蠻左頗得其心蠻酋田益宗子魯生魯賢先叛父南入數爲寇掠自或至州魯生等咸牋啓脩敬不復爲害或以蠻俗不識禮儀乃立太學選諸郡生徒於州總教又於城北置崇武館以習武焉州境淸肅罷還遇大將軍京兆王繼西

征請爲長史尋以本官兼尚書爲豳夏行臺以功封陰盤縣男卒贈撫軍將軍雍州刺史諡曰文子彪襲孝莊末爲藍田太守因仕關西彪弟融以軍功賜爵長安伯稍遷大司馬開府司馬融娶司農卿趙郡李瑾女疑其妻與章武王景哲姦通乃刺殺之懼亦自殺弟朏字遵顯少有志業年十八辟州主簿時屬歲儉朏以家粟造粥以飼飢人所活甚衆解褐太學博士稍遷右軍將軍爲荊郢和糴大使南郢州刺史田夷啓稱朏父珍往任荊州恩洽夷夏乞朏充南道別將領荊州驍勇共爲腹背詔從之未幾行南荊州事還東徐州刺史梁遣其郢州刺史田麤憘率衆來寇朏於石羊岡破斬之以功封杜縣子卒於侍中雍州刺史諡曰宣長子鴻字道衍頗有幹用累遷中書舍人天平三年坐漏泄賜死於家

杜銓字士衡京兆人晉征南將軍預五世孫也祖胄苻堅太尉長史父嶷慕容垂祕書監仍僑居趙郡銓學涉有長者風與盧玄高允等同被徵爲中書博士初密太后父豹喪在濮陽太武欲令迎葬於鄴謂司徒崔浩曰天下諸杜何處

珍倣宋版印

望高朕今方改葬外祖意欲取杜中長老一人以爲宗正令營護凶事浩曰京兆爲美中書博士杜銓其家今在趙郡是杜預後於今爲諸杜最密召見銓器貌瓌雅太武感悅謂浩曰此真吾所欲也以爲宗正令與杜超子道生送豹喪柩致葬鄴南銓遂與超如親超謂銓曰旣是宗正何緣僑居趙郡乃延引同屬魏郡再遷中書侍郎賜爵新豐侯卒贈相州刺史魏縣侯諡曰宣子振字季元舉秀才卒於中書博士振子遇字慶期位尙書起部郎竊官材瓦起立私宅清論鄙之卒於河東太守贈都官尙書豫州刺史諡曰惠銓族孫景字宣明學通經史州府交辟不就景子裕字慶延雖官非貴仕而文學相傳仕齊位止樂陵令齊亡退居教授終于家子正玄字知禮少傳家業耽志經史隋開皇十五年舉秀才試策高第曹司以策過左僕射楊素怒曰周孔更生尙不得爲秀才刺史何忽妄舉此人可附下考乃以策抵地不視時海內唯正玄一人應秀才餘常貢者隨例銓注訖正玄獨不得進止曹司以選期將盡重以啓素素志在試退正玄乃手題使擬司馬相如上林賦王褒聖主得賢臣頌班固燕然山銘張

載劍閣銘白鸚鵡賦曰我不能爲君住宿可至未時令就正玄及時並了素讀數徧大驚曰誠好秀才命曹司錄奏屬吏部選期已過注色令還期年重集素謂曹司曰秀才杜正玄至又試官人有奇器闕並立成文不加點素大嗟之命吏部優敘曹司以擬長寧王記室參軍時素情背曹官及見曰小王不盡其才也晉王廣方鎮揚州妙選府寮乃以正玄爲晉王府參軍後豫章王鎮揚州又爲豫章王記室卒正玄弟正藏字爲善亦好學善屬文開皇十六年舉秀才時蘇威監選試擬賈誼過秦論及尚書湯誓匠人箴連理樹賦几賦弓銘應時並就又無點竄時射策甲第者合奏曹司難爲爲奏抑爲乙科正藏訴屈威怒改爲景第授純州行參軍還梁郡下邑縣正大業中與劉炫同以學業該通應詔被舉時正藏弟正儀貢充進士正倫爲秀才兄弟三人同時應命當世嗟美之著作郎王劭奏追脩史司穀大夫薛道衡奏擬從事並以見任且放還九年從駕征遼爲夫餘道行軍長史還至涿郡卒正藏爲文迅速有如宿構曾令數人並執紙筆各題一文正藏口授俱成皆有文理爲當時所異又爲文軌二十卷

論爲文體則甚有條貫後生寶而行之多資以解褐大行於世謂之杜家新書云

論曰宋隱操行貞白遺略榮名宣愔並保退素咸見徵辟可謂德門者矣義和以才度見知迹參顧命拔萃出類當有以哉無子之歎豈徒羊舌宗祀不亡蓋其幸也翻剛鯁自立猛而斷務世良昆季雅有家風道謨卜筮取達季良累於學淺刁廱才識恢遠著聲立事禮遇優隆世有人爵堂構之義也辛韋不殞門風杜銓所在爲重正玄難兄難弟信爲美哉

北史卷二十六

珍傲朱版邽

北史卷二十六考證

宋隱傳隱弟宣○魏書宣爲隱從弟乃洽之子也

弁傳且常侍者黃門之𨵈冗○𨵈冗監本訛庶兄今改從魏書

世景傳每稱曰宋世景精微尙書僕射才也○微魏書作識

刁雍傳小記云嫡婦爲舅姑後者則舅姑爲之小功○嫡婦下齊書有不字

有損益革代相沿○齊書禮有損益代相沿革

辛紹先傳鳳達弟穆○達監本訛逵今從上文子鳳達改正

韋閬傳儁與左僕射郭祚昏嫁○嫁魏書作家

子粲傳閬從叔道福父羆○羆監本訛罷今改從魏書

稍遷前後將軍○魏書無後字

蠻俗恆用人祭之○俗監本作俚今從魏書及閣本

北史卷二十六考證

北史卷二十七

唐　李延壽　撰

列傳第十五

屈遵字子度昌黎徒何人也博學多才藝慕容垂以爲博陵令道武南伐博陵太守申永南奔河外高陽太守崔宏東走海濱屬城長吏率多逃竄遵獨歸道武道武素聞其名拜中書令中原既平賜爵下蔡子卒子須襲爵除長樂太守進爵信都侯卒贈昌黎公諡曰恭須長子恆字長生沉粹有局量歷位尚書右僕射加侍中以破平涼功賜爵濟北公太武委以大政車駕出征常居中留鎮與襄城公盧魯元俱賜甲第真君四年墜馬卒時帝幸陰山景穆遣使乘傳奏狀帝甚悼惜之謂使人曰汝等殺朕良臣何用乘馬遂令步歸贈征南大將軍

諡曰成公子道賜襲爵道賜善騎射機辨有辭氣太武甚器之位尚書右僕射加侍中卒諡曰哀公子拔襲爵帝追思其父祖年十四以爲南部大人時太武南伐禽守將胡盛之以付拔酒醉不覺盛之逃太武令斬之將伏鑕帝愴然曰若鬼有知長生問其子孫朕將何以應乃赦拔後獻文以其功臣子拜營州刺史

張蒲字玄則河內修武人也本名謨父攀仕慕容垂位兵部尚書以清方稱蒲少有父風仕慕容寶爲尚書左丞道武定中山寶官司敘用多降品秩帝旣素聞蒲名仍拜尚書左丞明元卽位爲內都大官賜爵泰昌子參決庶獄私謁不行後改爲壽張子太武卽位以蒲清貧妻子衣食不給乃以爲相州刺史扶弱抑彊進善黜惡風化大行卒於官吏人痛惜之蒲在謀臣之列屢出爲將朝廷論之常以爲稱首贈平東將軍廣平公諡曰文恭子昭襲以軍功進爵修武侯位幽州刺史以善政見稱

谷渾字元沖昌黎人也父衮彎弓三百斤勇冠一時仕慕容垂位廣武將軍渾

少有父風任俠好氣晚乃折節授經業被服類儒者道武時以善隸書爲內侍左右太武時累遷侍中儀曹尚書賜爵濮陽公渾正直有操行性不苟合然愛重舊故不以富貴驕人時人以此稱之在官廉正爲太武所器重以渾子孫年十五以上悉補中書學生卒諡曰文宣子闡字崇基襲爵位外都大官卒諡曰簡公子洪字元孫位尚書賜爵滎陽公性貪奢僕妾衣服錦綺時獻文舅李峻等初至官給衣服洪輒截沒爲有司所糾幷窮其前後贓罪伏法子頼位太府少卿卒贈營州刺史諡曰貞子士恢字紹達位鴻臚少卿封元城縣侯太后嬖幸鄭儼懼紹達間構於帝因言次以紹達爲州紹達耽寵不願出太后誣其罪殺之渾曾孫楷楷有幹局稍遷奉車都尉眇一目性甚嚴忍前後奉使皆以酷暴爲名時人號曰瞎武累遷城門校尉卒

公孫表字玄元燕郡廣陽人也爲慕容沖尚書郎慕容垂破長子從入中山慕容寶走乃歸爲博士初道武以慕容垂諸子分據勢要權柄推移遂至亡滅表詣闕上韓非書二十卷道武稱善明元初賜爵固安子河西飢胡劉武反於上

黨詔表討之爲胡所敗帝深銜之泰常七年宋武帝殂時議取河南侵地以奚斤爲都督以表爲吳兵將軍廣州刺史表旣剋滑臺遂圍武牢車駕次汲郡始昌子蘇坦太史令王亮奏表置軍武牢東不得形便之地故令賊不時滅明元雅好術數又積前忿及攻武牢士卒多傷乃使人夜就帳中縊殺之以賊未退祕而不宣初表與勃海封愷友善後爲子求愷從女愷不許表甚銜之及封氏爲司馬國璠所逮帝以舊族欲原之表證其罪乃誅封氏表外和內忌時人以此薄之表本與王亮同營署及其出也輕侮亮故及於死第二子軌字元慶明元時爲中書郎出從征討補諸軍司馬太武平赫連昌引諸將帥入其府藏各令任意取金玉諸將取之盈懷軌獨不取帝把手親探金賜之謂曰卿臨財廉朕所以增賜者欲顯廉於衆人後兼大鴻臚持節拜立氐楊玄爲南秦王及境玄不郊迎軌數玄無蕃臣禮玄懼詣郊受命使還稱旨拜尚書賜爵燕郡公出爲武牢鎮將初太武將北征發驢以運糧使軌部調雍州軌令驢主皆加絹一匹乃與受之百姓語曰驢無彊弱輔脊自壯衆共嗤之坐徵還卒軌旣死帝謂

崔浩曰吾過上黨父老皆曰公孫軌爲將受貨縱賊使至今餘姦不除軌之罪也其初來單馬執鞭及去從車百兩載物而南丁零渠帥乘山罵軌軌怒取罵軌者之母以矛刺其陰而死之曰何以生此逆子從下到劈分磔四支於山樹上是忍行不忍之事軌幸而早死至今在者吾必族誅之軌終得娶封氏生子叡字叔文位儀曹長賜爵陽平公時獻文於苑內立殿敕中祕羣官制名叡奏曰臣聞至尊至貴莫崇於帝王天人挹損莫大於謙光臣愚以爲宜曰崇光奏可卒於南部尚書諡曰宣叡妻崔浩弟女也生子良字遵伯聰明好學爲尚書左丞爲孝文所知遇良弟衡字道津良推爵讓之仕至司直良以別功賜爵昌平子子崇基襲軌弟質字元直有經義爲中書學生稍遷博士太武征涼州留宜都王穆壽輔景穆時蠕蠕乘虛犯塞京師震恐壽雅信任質爲謀主質性好卜筮卜筮者咸云必不來故不設備由質幾敗國後屢進讜言超遷尚書卒贈廣陽侯諡曰恭第二子邃字文慶位南部尚書封襄平伯出爲青州刺史以邃在公遺迹可紀下詔褒述卒官孝文在鄴宮爲之舉哀時百度唯新青州佐吏

疑爲邃服詔曰專古也理與今違專今也大乖曩義當斟酌兩途商量得失人吏之情亦不可苟順也主簿云近代相承服斬過葬便可如故自餘無服大成寥落可準諸境內之人爲齊衰三月子同始襲爵卒於給事中邃叡爲從父兄弟叡才器小優又封氏之男崔氏之壻邃母鴈門李氏地望懸隔鉅鹿太守祖季真多識北方人物每云士大夫當須好婚親二公孫同堂兄弟耳吉凶會集便有士庶之異

張濟字士度西河人也父千秋慕容永驍騎將軍永滅來奔道武善之拜建節將軍賜爵成紀侯濟涉獵書傳清辯善儀容道武愛之與公孫表等俱爲行人拜散騎侍郎襲爵先是晉雍州刺史楊佺期乞師於常山王遵以禦姚興帝遣濟爲遵從事郎報之濟自襄陽還帝問濟江南事濟曰司馬昌明死子德宗代立君弱臣彊全無綱紀佺期問臣魏初伐中山幾十萬衆臣答曰十餘萬佺期曰魏被甲戎馬可有幾匹臣答中軍精騎十餘萬外軍無數佺期曰以此討羌豈不滅也又曰魏定中山徙幾戶於北臣答七萬餘家佺期曰都何城臣答都

珍倣宋版印

平城佺期曰有此大衆何用城爲又曰魏帝欲爲久都平城將移也臣答非所
知也佺期聞朝廷不都山東貌有喜色曰洛城救援仰恃於魏若獲保全當必
厚報如爲羌所乘寧使魏取道武嘉其辭厚賞其使許救洛陽後以累使稱旨
拜勝兵將軍卒子多羅襲爵坐事除
李先字容仁中山盧奴人少好學善占相術慕容永迎爲謀主勸永據長子城
仕永位祕書監永滅徙中山皇始初先於井陘歸道武問先曰卿何國人祖父
及身悉歷何官先曰臣本趙郡平棘人大父重晉平陽太守大將軍右司馬父
懋石季龍樂安太守左中郎將臣苻丕左主客郎慕容永祕書監高密侯車駕
還代以先爲尚書右中兵郎再遷博士定州大中正帝問先何者最善可以益
人神智先曰唯有經書三皇五帝政化之典可以補王者神智又問朕欲集天
下書籍如何對曰主之所好集亦不難帝於是班制天下經籍稍集大武討姚
興於柴壁也問計於先對曰兵以正合戰以奇勝聞姚興欲屯兵天渡利其糧
道及其到前遣奇兵先邀天渡柴壁左右嚴設伏兵備其表裏興欲進不得住

又乏糧夫高者爲敵所棲深者爲敵所囚兵法所忌而敵居之可不戰而取帝從其計與果敗歸明元卽位問左右舊臣中誰爲先帝所親信新息公王洛兒曰有李先者爲先帝所知俄而召先讀韓子連珠論二十二篇太公兵法十一事詔有司曰先所知者皆軍國大事自今當宿於內賜先絹綵及御馬一匹拜安東將軍壽春侯賜隸戶二十二卒於內都大官年九十五詔賜金縷命服一襲贈定州刺史中山公謚曰文懿子國襲爵國子鳳中書博士鳳子預字元凱太和初歷祕書令齊郡王友征西大將軍長史帶馮翊太守府解罷郡遂居長安羨古人飡玉法乃採訪藍田躬往攻掘得若環璧雜器形者大小百餘頗有麤黑者亦篋盛以還至而觀之皆光潤可玩預乃椎七十枚爲屑食之餘多惠人後預及聞者更求玉於故處皆無所見馮翊公源懷等得其玉琢爲器佩皆鮮明可寶預服經年云有効驗而世事寢食皆不禁節又加好酒損志及疾篤謂妻子曰吾酒色不絕自致於死非藥過也然吾尸體必當有異勿速殯令後人知飡服之妙時七月中旬長安毒熱預停屍四宿而體色不變其妻常氏以

珍倣宋版印

玉珠二枚唅之口閉常謂曰君自云飡玉有神驗何不受唅言訖齒啓納珠因
嘘其口都無穢氣舉斂於棺堅直不傾委死時有遺玉屑數升囊盛納諸棺中
先少子皎天興中密問先曰子孫永爲魏臣將復事他姓邪先曰國家政化長
遠不可紀極皎爲寇謙之弟子遂服氣絕粒數十年隱於恆山年九十餘顏如
少童一旦沐浴冠帶家人異之俄而坐卒道士咸稱其得尸解仙道皎孫義徽
太和中以儒學博通有才華補清河王懌府記室牋書表疏文不加點清典贍
速當世稱之又爲懌撰輿地圖及顯忠錄性好老莊甚嗤釋教靈太后臨朝屬
有沙門惠憐以呪水飲人云能愈疾百姓奔湊日以千數義徽白懌稱其妖妄
因令義徽草奏以諫太后納其言元乂惡懌徙義徽都水使者俄而懌被害因
棄官隱於大房山少子蘭以純孝著聞不受辟召孝昌中旌表門閭正光中文
宣王亶嗣位思義徽雅正惇篤薦其孫景儒位至奉車都尉自皇始至齊受禪
百五十歲先之所言有明徵焉景儒子昭徽博涉稽古脫略不羈時人稱其爲
播郎因以字行於燕趙焉善談論有宏辯屬文任氣不拘常則志好隱逸慕葛

洪之爲人尋師訪道不遠千里遇高尚則傾蓋如舊見庸識雖王公蔑如初爲道士中年應詔舉爲高唐尉大業中將妻子隱於嵩山號黄冠子有文集十卷爲學者所稱

賈彝字彦倫本武威姑臧人也六世祖敷魏幽州刺史廣川都亭侯子孫因家焉父爲苻堅鉅鹿太守坐訕謗繫獄彝年十歲詣長安訟父獲申遠近歎之僉曰此子英英賈誼之後莫之與京弱冠爲慕容垂遼西王農記室參軍道武先聞其名嘗遣使者求彝於垂垂彌增器敬垂遣其太子寶來寇大敗於參合執彝及其從兄代郡太守潤等道武即位拜尚書左丞參預國政天賜末彝請詣温陽療疾爲叛胡所掠送於姚興積數年遁歸又爲赫連屈丐所執拜祕書監卒太武平赫連昌子秀迎其尸柩葬於代南秀位中庶子賜爵陽都男本州大中正獻文即位進爵陽都子時丞相乙渾妻庶姓而求公主之號屢言於秀秀默然後因公事就第見渾渾夫妻同坐厲色曰爾管攝職事無所不從我請公主不應何意秀慷慨大言對曰公主之稱王姬之號尊寵之極非庶族所宜秀

寧就死於今朝不取笑於後日渾左右莫不失色爲之振懼秀神色自若渾夫
妻默然含忿他日乃書太醫給事楊惠富臂作老奴官慳字令以示秀渾每欲
伺隙陷之會渾伏誅遂免難時秀與中書令勃海高允俱以儒舊重於時皆選
擬方岳以詢訪被留各聽長子出爲郡秀固讓不受許之自始及終歷奉五帝
雖不至大官常當機要廉清儉約不營資產年七十三遇疾詔給醫藥賜几杖
時朝廷舉動及大事不決每遣尚書高平公李敷就第訪決卒贈冀州刺史武
邑公諡曰簡子儁字異隣襲爵位荆州刺史依例降爵爲伯先是上洛置荆州
後改爲洛州在重山人不知學儁表置學官在州五載清靖寡事爲吏人所安
卒贈兗州刺史子叔休襲爵潤曾孫禎字叔願學涉經史居喪以孝聞太和中
以中書博士副中書侍郎高聰使江左還以母老患輒在家定省坐免官後爲
司徒諮議參軍通直散騎常侍加冠軍將軍卒贈齊州刺史禎兄子景儁亦以
學識知名爲京兆王愉府外兵參軍愉起逆於冀州將授其官不受死之贈河
東太守諡曰貞景儁弟景輿清峻鯁正爲州主簿遂栖遲不仕後葛榮陷冀州

稱疾不拜景與每捫膝而言曰吾不負汝以不拜榮也
竇瑾字道瑜頓丘衛國人自云漢司空融之後也高祖成頓丘太守因家焉瑾
少以文學知名自中書博士爲中書侍郎賜爵繁陽子參軍國謀屢有功進爵
衛國侯轉四部尚書初定三秦人猶去就拜長安鎭將毗陵公在鎭八年甚著
威惠徵爲殿中都官尚書太武親待之賞賜甚厚從征蓋吳吳平留瑾鎭長安
還京復爲殿中都官典左右執法太武歎曰國之良輔毗陵公之謂矣出爲冀
州刺史清約沖素著稱當時還爲內都大官興光初瑾女壻鬱林公司馬彌陀
以選尚臨涇公主瑾教彌陀辭託有誹謗呪詛之言與彌陀同誅唯少子遵逃
匿得免遵善楷篆北京諸碑及臺殿樓觀宮門題署多遵書位濮陽太守多所
受納其子僧演姦通人婦爲部人賈邈告坐免後以善書拜庫部令卒官
李訢字元盛小名真奴范陽人也曾祖產產子績二世知名於慕容氏父崇馮
跋吏部尚書石城太守車駕至和龍崇率十餘郡歸降太武甚禮之呼曰李公
爲北幽州刺史固安侯卒謚曰襄侯訢母賤爲諸兄所輕崇曰此子之生相者

言貴吾每觀或未可知遂使入都爲中書學生太武幸中書學見而異之指謂
從者曰此小兒終效用於朕之子孫因識眄之帝舅陽平王杜超有女將許貴
戚帝曰李訢後必官達益人門戶可以妻之遂勸成婚南人李哲常言訢必當
貴達杜超之死也帝親哭三日訢以超女壻得在喪位出入帝指謂左右曰觀
此人舉動豈不異於衆也必爲朕家幹事臣訢聰敏機辯彊記明察初李靈爲
文成博士詔崔浩選中書學士器業優者爲助教浩舉其弟子箱子與盧度世
李敷三人應之給事高讜子祐尚書段霸兒姪等以爲浩阿黨其親戚言於景
穆以浩爲不平聞之於太武太武意在訢曰云何不取幽州刺史李崇老翁兒
浩對曰前亦言訢合選但以其先行在外故不取之帝曰可待訢還箱子等罷
之遂除中書助教博士入授文成經文成卽位訢以舊恩親寵遷儀曹尙書領
中祕書賜爵扶風公贈其母孫氏爲容城君帝顧羣臣曰朕始學之歲情未能
專旣總萬機溫習靡暇是故儒道實有闕焉豈惟子咎抑亦師傅之不勤所以
爵賞仍隆蓋不遺舊也訢免冠拜謝出爲相州刺史爲政清簡百姓稱之訢上

疏求於州郡各立學官使士望之流衣冠之胄就而受業其經藝通明者上王
府書奏獻文從之以訢政爲諸州之最加賜衣服自是遂有驕矜自得之志受
納人財物商胡珍寶兵人告言尚書李敷與訢少長相好每左右之或有勸以
奏聞敷不許獻文聞訢罪狀檻車徵訢拷劾抵罪敷兄弟將見疎斥有司諷以
中旨嫌敷兄弟之意令訢告列敷等隱罪可得自全訢深所不欲且弗之知也
乃謂其女壻裴攸曰吾與李敷族世雖遠情如一家在事既有此勸昨來引簪
自刺以帶自絞而不能致絕且亦不知其事攸曰何爲爲他死敷兄弟事釁可
知有馮闡者先爲敷殺其家切恨之但呼闡弟問之足可知委訢從其言又趙
郡范檦具列敷兄弟事狀有司以聞敷坐得罪詔列訢貪冒應死以糾李敷兄
弟故免百鞭髡刑配爲廝役訢之廢也平壽侯張讜見訢與語奇之謂人曰此
佳士也終不久屈未幾而復爲太倉尚書攝南部事用范檦陳策計令千里之
外戶別轉運詣倉輸之使所在委滯停延歲月百姓競以貨賂各求在前於是
遠近大爲困弊道路羣議曰畜聚斂之人未若盜臣訢弟左軍將軍璞謂訢曰

珍倣宋版印

范標善能降人以色假人以辭未聞德義之言但有世利之說聽其言也甘察其行也賊所謂諂諛讒慝貪冒姦佞不早絕之後悔無及訢不從彌信之腹心事皆以告標訢既寵於獻文參決軍國大議兼典選舉權傾內外百寮莫不曲節以事之標以無功起家拜盧奴令獻文崩訢遷司空進爵范陽公出爲侍中鎮南大將軍開府儀同三司徐州刺史范標知文明太后之忿訢又知內外疾之太和元年希旨告訢外叛文明太后徵訢至京師言其叛狀訢曰無之引標證訢訢言爾妄云知我吾又何言雖然爾不顧余之厚德而忍爲此不仁甚矣標曰公德於標何若李敷之德於公公昔忍於敷標今敢不忍公乎訢慨然曰吾不用璞言自貽伊戚萬悔於心何嗟及矣遂見誅璞字季直性惇厚多識人物賜爵宜陽侯太常卿

韓延之字顯宗南陽堵陽人魏司徒暨之後也仕晉位建威將軍荊州從事轉平西府錄事參軍晉將劉裕伐司馬休之未至江陵密與延之書招之延之報書辭甚激厲曰劉裕足下海內之人誰不見足下此心而復欲欺誑國士其不

屈如此事見南史宋本紀延之以裕父名翹字顯宗於是己字顯宗名子爲翹

蓋示不臣劉氏也後奔姚興泰常二年與司馬文思等俱入魏明元以延之爲

武牢鎮將賜爵魯陽侯初延之曾來往栢谷塢省魯宗之墓有終焉之志因謂

子孫云河洛三代所都朝廷必有居此者我死不勞向北代葬也卽可就此子

從其言遂葬宗之墓次延之後五十餘年而孝文徙都其孫數家卽居於祖墓

之北栢谷塢

袁式字季祖陳郡陽夏人漢司徒滂之後父深晉侍中式在南歷武陵王遵諮

議參軍及劉裕執權式歸姚興及姚泓滅歸魏爲上客賜爵陽夏子與司徒崔

浩一面便盡國士之交時朝儀典章悉出於浩浩以式博於故事每所草刱恆

顧訪之性長者雖羇旅飄泊而清貧守度不失士節時人甚敬重之皆呼曰袁

諮議至延和二年衞大將軍樂安王範爲雍州刺史詔式與中書侍郎高允俱

爲從事中郎辭而獲免式沉靖樂道周覽書傳至於詁訓倉雅偏所留懷作字

釋未就以太安二年卒贈豫州刺史諡蕭侯子濟襲父爵位魏郡太守政有清

稱加寧遠將軍及宋王劉昶開府召爲諮議參軍
毛修之字敬文滎陽陽武人也世仕晉劉裕之平關中留子義真鎮長安以修之爲司馬及義真敗修之沒統萬太武平赫連昌獲之使領吳兵以功拜吳兵將軍修之能爲南人飲食手自煎調多所適意太武親待之累遷尚書賜爵南郡公常在太官主進御膳從討和龍時諸軍攻城行宮人少宋故將朱修之爲雲中將軍欲率吳兵爲逆因入和龍冀浮海南歸以告修之不聽乃止是日無修之大變幾作修之遂奔馮弘修之又以軍功遷特進撫軍大將軍位次崔浩下浩以其中國舊門雖不博洽猶涉獵書傳與共論說之次及陳壽三國志云有古良史風其所著述文義典正班史以來無及壽者修之曰昔在蜀中聞長老言壽曾爲諸葛亮門下書佐得撻百下故其論武侯云應變非其所長浩乃與論曰承祚之評亮乃有故義過美之譽非挾恨之言夫亮之相備英雄奮發之時君臣相得魚水爲喻而不能與曹氏爭天下委棄荊州退入巴蜀守窮崎嶇之地僭號邊夷之間此策之下者可以趙他爲偶而以管蕭之亞匹不亦過

乎且亮既據蜀弗量勢力嚴威切法控勒蜀人欲以邊夷之衆抗衡上國出兵隴右再攻歧山一攻陳倉踈遲失會摧衂而反後入秦川更求野戰魏人知其意以不戰屈之智窮勢盡發病而死由是言之豈合古之善將見可知難乎修之謂浩言爲然後卒於外都大官諡恭公修之在南有四子唯子法仁入魏文成初爲金部尚書襲爵轉殿中尚書法仁言聲壯大至於軍旅田狩唱呼處分振於山谷卒贈征東大將軍南郡王諡曰威朱修之者仕宋爲司徒從事中郎守滑臺爲安頡所禽太武善其固守以宗室女妻之以爲雲中鎮將後奔馮弘弘送之江南頡之剋滑宋陳留太守嚴稜戍倉垣及山陽公奚斤軍至穎川稜率文武五百人詣斤降明元嘉其誠款賜爵郃陽侯假荊州刺史隨駕南討還爲上客及太武踐阼以歸化之功除中山太守有清廉稱卒於家子幼玉襲稜

舊書有傳今附之云修之在宋顯達事並具南史

唐和字幼起晉西宜安人也父繇以涼土喪亂推涼武昭王覇于河右及涼亡和與兄契攜其甥武昭王孫寶避難伊吾招集人衆二千餘家臣於蠕蠕蠕蠕

以契爲伊吾王經二十年和與契遣使降魏爲蠕蠕所逼遂擁部至高昌蠕蠕遣部帥阿若討和至白力城和先攻高寧契與阿若戰沒和收餘衆奔前部王國時沮渠安周屯橫截城和攻拔之斬安周兄子樹又剋高寧白力二城遣使表狀太武嘉之屢賜之璽書後和與前部王車伊洛破安周太武使周公萬度歸討焉耆詔和與伊洛率所領赴度歸喻下柳驢以東六城因共擊波居羅城拔之後同征龜茲度歸令和鎮焉耆時柳驢戍主乙真伽將叛和徑入其城擒斬乙真伽由是西域剋平和有力焉正平元年和詣闕太武優寵之待以爲上客文成以和歸誠先朝封酒泉公太安中爲濟州刺史甚有稱績徵爲內都大官評決獄訟不加捶楚察疑獲實者甚多世以是稱之卒贈征西大將軍太常卿酒泉王謚曰宣子欽字孟真位陝州刺史降爵爲侯卒子景宣襲爵卒於東都太守契子玄達性果毅有父風與叔父和歸闕俱爲上客封晉昌公獻文時位華州刺史太和十六年降爲侯子崇字繼祖襲爵

寇讚字奉國上谷人也因難徙馮翊萬年父修之字延期苻堅東萊太守讚弟

謙有道術太武敬重之故追贈脩之安西將軍秦州刺史馮翊公賜命服諡曰哀公詔秦雍二州爲立碑墓又贈脩之母爲馮翊夫人及宗從追贈太守縣令侯子男者十六人其臨職者七郡五縣讚少以清潔知名身長八尺姿容嚴嶷非禮不動苻堅僕射韋華州里高達雖年時有異恆以風味相待華爲馮翊太守召爲功曹後除襄邑令姚泓滅秦雍人千餘家推讚爲主歸魏拜河南郡太守其後秦雍人來奔河南滎陽河內者戶至萬數拜讚南雍州刺史軹縣侯於洛陽立雍之郡縣以撫之由是流人襁負自遠而至參倍於前進讚爵河南公加安南將軍領南蠻校尉仍刺史分洛豫二州之僑郡以益之雖位高爵重接待不倦初讚之未貴嘗從相者唐文相文曰君頟上黑子入幘位當至方伯封公及其貴也文以百姓禮拜謁曰明公憶疇昔言乎延文坐曰往時卿言杜瓊不得官長人咸謂不然及瓊爲盩厔令卿猶言相中不見而瓊果以暴疾未拜而終昔魏舒見主人兒死自知己必至公吾恆以卿言瓊之驗亦復不息此望也乃賜文衣服良馬讚在州十七年甚收公私之譽年老求致仕卒遺令薄葬

珍倣宋版印

斂以時服太武悼惜之諡曰宣穆子元寶襲爵元寶弟臻字仙勝年十二遭父
憂居喪以孝稱輕財好士獻文末爲中川太守時馮熙爲洛州刺史政號貪虐
仙勝微能附之甚得其意後爲弘農太守坐受納爲御史所彈遂廢卒於家子
祖訓順陽太守祖訓弟祖禮兄弟並孝友敦穆白首同居父母亡雖久猶於平
生所處堂宇備設幃帳几杖以時節開堂列拜垂涕陳薦若宗廟焉吉凶之事
必先啓告遠出行反亦如之祖禮宣武末爲河州刺史在任數年遇郤鐵忽反
又爲城人詰都列其貪狀十六條遇赦免久之兼廷尉卿又兼尚書畏避勢家
承順顏色不能有所執據後鑾反於三鵶爲都督追討戰歿贈衞大將軍七兵
尚書雍州刺史昌平男祖禮弟儁
儁字祖儁性寬雅幼有識量好學彊記性又廉恕不以財利爲心家人曾賣物
與人而利得絹一匹儁於後知之乃曰得財失行吾所不取訪主還之以選爲
孝文帝挽郎除奉朝請大乘賊起燕趙擾亂儁參護軍事東討以功授員外散
騎侍郎累遷司空府主簿時靈太后臨朝減食祿官十分之一造永寧佛寺令

儁典之資費巨萬主吏不能欺隱寺成又極壯麗靈太后嘉之除左軍將軍孝昌中朝議以國用不足乃置鹽池都將秩比上郡前後居職者多有侵隱乃以儁爲之仍主簿永安初華州人史底與司徒楊椿訟田長史以椿勢貴皆言椿直欲以田給椿儁曰史底窮人楊公橫奪其地若欲損不足以給有餘見使雷同未敢聞命遂以地還史底孝莊帝後知之嘉儁守正不撓拜司馬其附椿者咸責焉二年出爲梁州刺史人俗荒獷多爲盜賊儁乃令郡縣爲立庠序勸其耕桑敦以禮讓數年之中風俗頓革梁遣其將曹琰之鎮魏興繼日板築琰之屢擾彊埸邊人患之儁遣長史杜林道攻克其城并禽琰之琰之即梁大將景宗之季弟也於是梁人懼焉屬魏室多故州又僻遠梁人知無外援遂大兵頓魏興志圖攻取儁撫厲將士人思效命梁人知其得衆心也弗之敢逼儁在州清苦不事產業其子等並徒步而還吏人送儁留連於道久之乃得出界大統三年東魏授儁洛州刺史儁因此乃謀歸闕五年將家及親屬四百口入關拜祕書監時軍國草創墳典散逸儁始選置令史抄集經史四部羣書稍得周備

珍倣宋版印

加鎮東將軍封安西縣男十七年加散騎常侍遂稱篤疾不復朝覲恭帝三年賜姓若口引氏孝閔帝踐阼進爵爲子武成元年進驃騎大將軍開府儀同三司儁年齒雖高而志識未衰教授子孫必先典禮明帝尙儒重德特欽賞之數加恩賜思與相見儁不得已乃入朝常與同席而坐顧訪洛陽故事儁身長八尺鬚鬢皓然容止端詳音韻淸朗帝與之談論不覺屢爲之前膝及儁辭還帝親執其手曰公年德俱尊朕所欽尙乞言之事所望於公宜數相見以慰虛想以御輿令於帝前乘出顧謂左右曰如此事唯積善者可以致之何止見重於今亦將傳之萬古時人咸以爲榮卒年八十二武帝歎惜之贈本官加冀定瀛三州諸軍事冀州刺史謚曰元儁篤於仁義期功之中有孤幼者衣食豐約幷與之同少爲司徒崔光所知先命其子勵與儁結友儁每造光常淸談移日小宗伯盧辨以儁業行俱崇待以師友之禮每有閑暇輒詣儁讌語彌日恆謂人曰不見西安君煩憂不遣其爲通人所敬重如此子奉位至儀同大將軍順陽郡守洵州刺史昌國縣公奉弟顒少好學最知名居喪哀毀位儀同大將軍掌

朝布憲為典祀下大夫小納言獲澤郡公

酈範字世則范陽涿鹿人也祖紹慕容寶濮陽太守以郡迎降道武授兗州監軍父嵩天水太守範太武時給事東宮太武踐阼追錄先朝舊勳賜爵永寧男以奉禮郎奉遷太武景穆神主於太廟進爵為子為征南大將軍慕容白曜司馬及定三齊範多進策白曜皆用其謀遂表為青州刺史進爵為侯加冠軍將軍還為尙書右丞後除平東將軍青州刺史假范陽公範前解州還京也夜夢陰毛拂踝他日說之時齊人有占夢者史武進云公豪盛於齊下矣使君臨撫東秦道光海岱必當重牧全齊再祿營丘矣範笑答曰吾將為卿必驗此夢果如言時鎮將元伊利表範與外賊交通孝文詔範曰鎮將伊利表卿造船市玉與外賊交通規陷卿罪窺覦州任有司推驗虛實自顯有罪者今伏其辜矣卿其明為算略勿復懷疑還朝卒京師諡曰穆子道元

道元字善長初襲爵永寧侯例降為伯御史中尉李彪以道元執法清刻自太傅掾引為書侍御史彪為僕射李沖所奏道元以屬官坐免景明中為冀州鎮

珍倣宋版印

東府長史刺史于勁順皇后父也西討關中亦不至州道元行事三年爲政嚴酷吏人畏之姦盜逃于他境後試守魯陽郡道元表立黌序崇勸學教詔曰魯陽本以蠻人不立大學今可聽之以成良守文翁之化道元在郡山蠻伏其威名不敢爲寇延昌中爲東荆州刺史威猛爲政如在冀州蠻人詣闕訟其刻峻請前刺史寇祖禮及以遣戍兵七十人送道元還京二人並坐免官後爲河南尹明帝以沃野懷朔薄骨律武川撫冥柔玄懷荒禦夷諸鎮並改爲州其郡縣戍名令準古城邑詔道元持節兼黃門侍郎馳驛與大都督李崇籌宜置立裁減去留會諸鎮叛不果而還孝昌初梁遣將揚州刺史元法僧又於彭城反叛詔道元持節兼侍中攝行臺尙書節度諸軍依僕射李平故事軍至渦陽敗退道元追討多有斬獲後除御史中尉道元素有嚴猛之稱權豪始頗憚之而不能有所糾正聲望更損司州牧汝南王悅嬖近左右丘念常與臥起及選州官多由於念念常匿悅第時還其家道元密訪知收念付獄悅啓靈太后請全念身有赦敕之道元遂盡其命因以劾悅時雍州刺史蕭寶夤反狀稍露侍中城

陽王徽素忌道元因諷朝廷遣爲關右大使寶夤慮道元圖己遣其行臺郎中
郭子帙圍道元於陰盤驛亭亭在岡上嘗食岡下之井既被圍穿井十餘丈不
得水水盡力屈賊遂踰牆而入道元與其弟道闕二子俱被害道元瞋目叱賊
厲聲而死寶夤猶遣斂其父子殯於長安城東事平喪還贈吏部尚書冀州刺
史安定縣男道元好學歷覽奇書撰注水經四十卷本志十三篇又爲七聘及
諸文皆行於世然兄弟不能篤睦又多嫌忌時論薄之子孝友襲道元第四弟
道慎字善季涉歷史傳有幹局位正平太守有能名遷長樂相卒贈平州刺史
道慎弟道約字善禮樸質遲鈍頗愛琴書性多造請好以榮利干謁乞丐不已
多爲人所笑弄坎壈於世不免飢寒晚歷東萊魯陽二郡太守爲政清靜吏人
安之範弟道峻子惲字幼和好學有文才尤長吏幹舉秀才射策高第歷位尚
書外兵郎行臺長孫承業引爲行臺郎惲頗兼武用恆以功名自許每進計於
承業多見納用以功賞魏昌縣子惲在軍啓求減身官爵爲父請贈詔授征虜
將軍安州刺史惲後與唐州刺史崔元珍固守平陽尒朱榮稱兵赴闕惲與元

珍不受爲榮行臺郎中樊子鵠陷城被害所作文章頗行於世撰慕容氏書不

成子懷則司空長流參軍

韓秀字白武昌黎人也祖宰慕容儁謁者僕射父景皇始初歸魏拜宣威將軍騎都尉秀歷位尙書郎賜爵遂昌子文成稱秀聰敏清辯才任喉舌遂命出納王言并掌機密行幸遊獵隨侍左右獻文卽位轉給事中參征南慕容白曜軍事延興中尙書奏以敦煌一鎭介遠西北寇賊路衝慮或不固欲移就涼州羣臣會議僉以爲然秀獨曰此蹙國之事非闢土之宜愚謂敦煌之立其來已久雖隣彊寇而兵人素習循常置戍足以自全若徙就姑臧慮人懷異意或貪留重遷情不願徙脫引寇內侵深爲國患且捨遠就近遙防有闕一旦廢罷是啓戎心則夷狄交構互相來往關右荒擾烽警不息邊役煩興艱難方甚乃從秀議後爲平東將軍青州刺史卒子務襲爵務字道世性端謹有吏幹爲定州平北長史頗有受納爲御史中尉李平所劾付廷尉會赦免後除龍驤將軍郢州刺史務獻七寶牀象牙席詔曰昔晉武帝焚雉頭裘朕常嘉之今務所獻亦此

珍倣宋版印

之流也奇麗之物有乖風素可付其家人後以詐表破賊免官久之拜太中大夫進號左將軍卒

堯暄字辟邪上黨長子人也本名鍾葵後賜名暄祖僧賴道武平中山與趙郡呂含首來歸國暄聰了美容貌爲千人軍將太武以其恭謹擢爲中散後兼北部尚書于時始立三長暄爲東道十三州使更比戶籍賜獨車一乘廐馬四匹暄前後從征及出使檢案三十許度皆有剋己奉公之稱賞賜衣服綵絹奴婢等物賜爵平陽伯及改置百官授太僕卿轉大司農卒於平城孝文爲之舉哀贈相州刺史初暄至徐州見州城樓觀嫌其華盛乃令往往毀徹由是後更損落及孝文幸彭城聞之曰暄猶可追斬暄長子洪襲爵洪子傑字永壽元象中開府儀同三司樂城縣公洪弟遵位臨洮太守卒謚曰思遵弟榮位員外散騎侍郎

子雄字休武少驍果輕財重氣位燕州刺史平城縣伯隨尒朱兆與齊神武戰敗於廣阿率所部據定州歸神武其從兄傑爲兆滄州刺史亦遣使降神武以

其兄弟俱有誠款使傑便爲行瀛州事使雄代傑爲瀛州刺史進爵爲公時禁網疎闊官司相與聚斂唯雄義然後取接下以恩甚爲吏人所懷魏孝武帝入關雄爲大都督隨高昂破賀拔勝於穰城仍除豫州刺史元洪威據潁川叛叛人趙繼宗殺潁川太守邵招據樂口北應洪威雄討之繼宗敗走城內因雄之出據州引西魏雄復與行臺侯景討平之梁將李洪芝王當伯襲破平鄉城雄並禽之又破梁司州刺史陳慶之復圍南荊州東救未至雄陷其城梁以元慶和爲魏王侵擾南境雄大破之於南頓尋與行臺侯景破梁楚城豫州人上書更乞雄爲刺史復行豫州事潁川長史賀若統執刺史田迅據州降西魏詔雄與廣州刺史趙育揚州刺史是寶隨行臺任祥攻之西魏將怡鋒敗祥等育寶各還據城降敵雄收散卒保大梁周文帝遣其右丞韋孝寬尋攻豫州雄都督程多寶降之執刺史馮邕并雄家屬及部下妻子數千口欲送長安至樂口雄外兵參軍王恆伽都督赫連儁等從大梁邀之斬多寶收雄家口還大梁雄別破樂口禽丞伯進討縣瓠復以雄行豫州事西魏以是寶爲揚州刺史據項城

義州刺史韓顯據南頓雄一日拔其二城禽顯及長史岳寶遁走加驃騎大將軍儀同三司仍隨侯景平魯陽復除豫州刺史雄雖武將性質寬厚爲政舉其大綱而已在邊十年屢有功績愛人物多所施與亦以此稱與和四年卒於鄴贈司徒諡曰武恭子師嗣

柳崇字僧生河東解人也七世祖軌晉廷尉卿崇方雅有器量身長八尺美鬚明目兼有學行舉秀才射策高第解褐太尉主簿轉尚書右外兵郎中于時河東河北二郡爭境其間有鹽池之饒虞坂之便守宰百姓皆恐外割公私朋競紛囂臺府孝文乃遣崇檢斷上下息訟屬荆郢新附南寇窺擾又詔崇持節與州郡經略加慰喻還遷太子洗馬本郡中正累遷河中太守崇初居郡郡人張明失馬疑執十餘人崇見之不問賊事人別借以温顏更問其親老存不農業多少而微察其辭色即獲真賊呂穆等二人餘皆放遣郡中畏服境內怗然卒於官贈岐州刺史諡曰穆崇所製文章寇亂遺失長子慶和性沉靜不競於時位給事中本郡中正卒慶和弟楷字士則身長八尺善草書頗涉文史位撫軍

司馬

論曰屈遵學藝知機恆乃局量受委張蒲谷渾文武爲用人世仍顯不亦善乎公孫表初則一介見知終以輕薄致戾軌始受探金之賞末陷財利之嫌鮮克有終固不虛也張濟使於四方有延譽之美李先學術嘉謀荷遇三世賈彝早播時譽秀則不畏彊禦竇瑾李訢時曰良幹瑾以片言疑似訢以夙故猜嫌而嬰合門之戮良可悲也韓延之忠於所事有國士之烈袁式取遇崔公以博雅而重修之晚著誠款唐和萬里慕義寇讚誠信見嘉酈範智器而達道元遭命有銜鬚之風韓秀議邊得馭遠之策堯暄聰察致位禮加存沒柳崇素業有資器行仍世盛矣乎

北史卷二十七

北史卷二十七考證

屈遵傳屈遵字子度○度魏書作皮

公孫表傳車駕次汲郡○駕監本誤騎今改從南本

生子叡字叔文○叔文魏書作文叔

李先傳李先字容仁○魏書先本字宏仁以犯高祖諱故改容此則不必諱而改之矣

父懋石季龍樂安太守○懋魏書作楙

子國襲爵○國魏書作囧

馮翊公源懷弟得其玉琢爲器佩○弟魏書作等

時人稱其爲播郎○播監本訛潘今從南本

賈彝傳在重山人不知學○一本山字下有中字

景儁弟景輿○輿一本作興

李訢傳此子之生相者言貴吾每觀或未可知○一本觀字下有察字

足可知委○一本委字下有曲字

用范檦陳策計○一本作用范檦陳端等計

寇讚傳讚弟謙有道術○謙魏書作謙之

爲立碑墓○碑字下一本有於字

酈道元傳馳驛與大都督李崇籌宜置立裁減去留○監本置訛等去訛法今俱改從魏書

北史卷二十七考證

北史卷二十八

唐　李延壽　撰

列傳第十六

陸俟　源賀曾孫彪　師從叔雄　玄孫師　劉尼　薛提

陸俟代人也曾祖幹祖引世領部落父突道武初帥部人從征伐數有戰功位離石鎮將上黨太守關內侯俟少聰慧明元踐阼襲爵關內侯位給事中典選部蘭臺事當官無所撓太武征赫連昌詔俟督諸軍鎮以備蠕蠕與西平公安頡攻剋武牢賜爵建鄴公拜冀州刺史時考州郡唯俟與河內太守丘陳爲天下第一轉武牢鎮大將平涼休屠金崖羌狄子玉等叛復轉爲安定鎮大將追討崖等皆獲之遷懷荒鎮大將未期諸高車莫弗訖懼俟嚴急請前鎮將郎孤太武許之徵俟至京朝見言不過周年孤身必敗高車必叛帝疑不實切責之以公歸第明年諸莫弗果殺孤以叛帝聞之大驚召俟問其故俟曰夫高車之俗上下無禮無禮之人難爲其上臣莅以威嚴節之憲網欲漸加訓導使知分

限而惡直醜正實繁有徒故訟臣無恩稱孤之矣孤獲還鎮欣其名譽必加恩於百姓譏臣爲失專欲以寬惠臨之仁恕待之無禮之人易生陵慠不過期年無復上下既無上下然後收之以威則人懷怨懟怨懟既多敗亂彰矣帝歎曰卿身乃短慮何長也卽日復除散騎常侍帝征蠕蠕破涼州常隨駕別督輜重又與高涼王那復渡河南略地仍還長安鎮大將與高涼王那擊蓋吳於杏城獲吳二叔諸將欲送京師侯獨不許曰若不斬吳恐長安之變未已一身藏竄非其親信誰能獲之若停十萬衆追一人非上策也不如私許吳叔免其妻子使自追吳諸將咸曰今獲其二叔唯吳一人何所復至侯曰諸君不見毒蛇乎不斷其頭猶能爲害況除腹心之疾而曰必遺其類可乎遂捨吳二叔與之期及期吳叔不至諸將皆咎侯侯曰此未得其便耳必不背也後數日果斬吳以至皆如其言侯之明略獨決皆此類也遷內都大官安定盧水劉超等叛太武以侯威恩被關中詔以本官加都督秦雍諸軍鎮長安帝曰超等恃險不順王命朕若以重兵與卿則超等必合爲一若以輕兵與卿則不制矣今使卿以方

略定之於是侯單馬之鎭旣至中以威信示以成敗超猶無降意侯乃率其帳
下見超超使人逆曰三百人以外當以弓馬相待三百人以內當以酒食相供
乃將二百騎詣超超備甚嚴遂縱酒盡醉而還後僞獵詣超與士卒約曰今會
發機當以醉爲限侯乃詐醉上馬大呼斬超首士卒應聲縱擊遂平之帝大悅
徵拜外都大官文成踐阼以子麗有定策勳進爵東平王薨年六十七謚成王
有子十二人長子敵多智有父風文成見而悅之謂朝臣曰吾常歎其父智過
其軀是復踰於父矣少爲內都下大夫奉上接下行止取與每能逆曉人意與
其從事者無不愛之興安初賜爵聊城侯出爲相州刺史假長廣公爲政清平
抑彊扶弱州中有德宿老名望素重者以友禮待之詢之政事責以方略如此
者十人號曰十善又簡取諸縣彊門百餘人以爲假子誘接殷勤賜以衣服令
各歸家爲耳目於是發姦擿伏事無不驗百姓以爲神明無敢劫盜者在州七
年家至貧約徵爲散騎常侍百姓乞留敵者千餘人獻文不許謂羣臣曰敵之
善政雖古人何以加之賜絹五百匹奴婢十口敵之代還也吏人大斂布帛以

遺之皷皆不受人亦不取於是以此物起佛寺焉因名長廣公寺後襲父改封
建安王時宋司州刺史常珍奇以懸瓠內附新人猶懷去就皷銜旨撫慰諸有
陷軍爲奴婢者皷皆免之百姓欣悅人情乃定車駕討蠕蠕詔皷爲選部尚書
錄留臺事及獻文將禪位於京兆王子推任城王雲隴西王源賀並固諫皷抗
言曰皇太子聖德承基四海瞻望不可橫議干國之紀臣請刎頸殿庭有死無
貳久之帝乃解詔曰皷直臣也其能保吾子乎遂以皷爲太保與太尉源賀持
節奉皇帝璽紱傳位于孝文延興四年薨贈以本官謚曰貞王皷有六子琇凱
知名琇字伯琳皷第五子也母赫連氏身長七尺九寸甚有婦德皷有以爵傳
琇之意琇年九歲皷謂之曰汝祖東平王有十二子我爲嫡長承襲家業今已
年老屬汝幼沖詎堪爲陸氏宗首乎琇對曰苟非鬬力何患童幼皷奇之遂立
琇爲世子皷薨襲爵琇沉毅少言雅好讀書以功臣子孫爲侍御長累遷祠部
尚書司州大中正會從兄叡事免官景明初試守河內郡咸陽王禧謀反令子
曇和等先據河內琇聞禧反斬曇和首時以琇不先送曇和禧敗始斬責其通

情徵詣廷尉少卿崔振窮罪狀案琇大逆陸宗大小咸見收捕會將赦先斃於
獄琇弟凱仍上書訴冤宣武詔復琇爵子景祚襲凱字智君謹重好學位太子
庶子給事黃門侍郎凱在樞要十餘年以忠厚見稱後遇患頻上書乞骸骨除
正平太守在郡七年號爲良吏初孝文將議革變舊風大臣並有難色又每引
劉芳郭祚等常與規謀共論政事而國戚謂遂疏己怏怏有不平之色帝乃令
凱私喻之曰至尊但欲廣知前事直當問其古式耳終無寵彼而疏國戚舊人
意乃稍解及兄琇陷罪凱亦被收遇赦乃免凱痛兄之死哭無時節目幾失明
訴冤不已至正始初宣武復琇官爵凱大喜置酒集諸親曰吾所以數年之中
抱病忍死者顧門計耳今願已遂以其年卒贈龍驤將軍南青州刺史諡曰惠
長子暐字道暉與弟恭之並有時譽洛陽令賈禎見其兄弟歎曰僕以老年更
覩雙璧又嘗兄弟共候黃門郎孫惠蔚謂諸賓曰不意二陸復在坐隅吾德謝
張公無以延譽暐位尚書右戶三公郎坐事免後除伏波將軍卒贈冠軍恆州
刺史暐擬急就篇爲悟蒙章及七誘十醉章表數十篇暐與恭之晚不和睦爲

時所鄙子元規位尚書郎元規子撥陰陽律曆多所通解位并州長流參軍恭之字季順有操尚位東荊州刺史贈吏部尚書謚曰懿恭之所著文章詩賦凡千餘篇子彝字仁崇篤志文學齊律序則仁崇之詞位終通直散騎常侍弟寬字仁惠太子中舍人待詔文林館寬兄弟並有才品議者稱爲三武皦弟歸位東宮舍人駕部校尉子珍夏州刺史贈太僕卿謚曰靜珍子旭性雅淡好易緯候之學撰五星要決及兩儀真圖頗得其指要太和中徵拜中書博士稍遷散騎常侍知天下將亂遂隱於太行山屢徵不起卒後贈幷汾恆肆四州刺史子騰

騰字顯聖少慷慨有大節從尒朱榮平葛榮以功賜爵清河縣伯稍遷通直散騎常侍及孝武西遷時使青州遂留鄴爲陽城郡守大統九年大軍東討陽城被執周文帝釋而與語騰盛論東州人物又敘述時事辭理抑揚周文歎曰卿真不背本也即拜帳內大都督未幾除太子庶子還武衛將軍騰既爲周文所知思欲立功不願內職及安康賊黃衆寶等作亂攻圍東梁州城中糧盡詔騰

珍倣宋版印

率軍大破之軍還拜龍州刺史使通江由路直出南秦周文謂曰此是卿取杜國之日卽解所服金帶賜之州人李廣嗣李武等憑據巖險歷政不能制騰密令多造飛梯夜襲破之執廣嗣等於鼓下其黨有任公忻圍逼州城請免廣嗣及武卽散兵請罪騰謂將士曰吾不殺廣嗣等可謂墮軍實而長寇讎卽斬廣嗣及武以首示之於是出兵奮擊盡獲之進位驃騎大將軍開府儀同三司轉江州刺史進爵上庸縣公陵州木籠獠恃險每行抄劫詔騰討之獠因山爲城攻之未可拔騰遂於城下多設聲樂及諸雜伎示無戰心諸賊果棄其兵仗或攜妻子臨城觀樂騰知其無備遂縱兵討擊盡殺破之周明帝初陵眉等八州夷夏並反攻破郡縣騰率兵討平之及齊公憲作鎮於蜀以騰爲隆州刺史令憲入蜀兵馬鎮防皆委騰統攝趙公招代憲復請留之還隆州總管領刺史保定二年資州石槃人反殺郡守據險自守州軍不能制騰率軍討擊盡破斬之而蠻子反所在蠭起山路險阻難得掩襲遂量山川形勢隨便開道蠻獠畏威承風請服所開之路多得古銘並是諸葛亮桓溫舊道是年鐵山獠抄斷內江

路使驛不通騰乃進軍討之一日下其三城招納降附者三萬戶帝以騰母在
齊未令東討適有其親屬自齊還朝者晉公護奏令告騰云齊已誅公母兄蓋
欲發其怒也騰乃發哀泣血志在復讎四年齊公憲與晉公護東征請騰爲副
趙公招時在蜀復欲留之晉公護與招書於是令騰馳傳還朝副憲東伐天和
初信州蠻蜑據江硤反叛連結二千餘里又詔騰討之騰沿江南而下軍至湯
口分道奮擊所向摧破乃築京觀以旌武功涪陵郡守蘭休祖又阻兵爲亂方
二千餘里復詔騰討之巴蜀悉定詔令樹碑紀功績焉騰自在龍州至是前後
破平諸賊凡賞得奴婢八百口馬牛稱是四年還江陵總管陳遣其將章昭達
圍江陵衞王直聞有陳寇遣大將軍趙誾李遷哲等率步騎赴之並受騰節度
時遷哲等守外城陳將程文季雷道勤夜來掩襲遷哲等驚亂不能抗禦騰夜
遣開門奮擊大破之陳人奔潰道勤中流矢而斃陳人決龍川寧朔堤引水灌
江陵城騰親率將士戰於西堤破之陳人乃遁加位柱國進爵上庸郡公建德
二年徵拜大司空尋出爲涇州總管宣政元年冬薨於京師贈太尉公謚曰定

子玄嗣玄字士鑒入關時年七歲仕齊爲奉朝請成平縣令齊平武帝見玄特
加勞勉卽拜地官府都上士大象末爲隋文帝相府內兵參軍玄弟融字士傾
最知名少歷顯職大象末位至大將軍定陵縣公弟麗少以忠謹入侍左右太
武特親昵之舉動審慎初無愆失賜爵章安子稍遷南部尚書太武崩南安王
余立既而爲常侍宗愛等所殺百寮憂惶莫知所立麗首建大議與殿中尚書
長孫渴侯尚書源賀羽林中郎劉尼奉迎文成於苑中而立之社稷獲安麗之
謀也由是受心膂之任在朝者無出其右與安初封平原王麗頻讓不聽乃啓
以讓父文成曰朕爲天下主豈不能得二王封卿父子也以其父侯爲東平王
麗尋遷侍中撫寧大將軍司徒公復其子孫賜妻妃號麗以優寵既頻固辭不
受帝益重之領太子太傅麗好學愛士常以講習爲業甚孝遭父憂毀瘠過禮
和平六年文成崩先是麗療疾於代郡温泉聞凶欲赴左右止之曰宮車晏駕
王德望素重姦臣若疾人譽慮有不測之禍麗曰安有聞君父之喪方慮禍難
便馳赴初乙弗渾悖傲每爲不法麗數諍之由是見忌害之謚曰簡王陪葬金

陵孝文追錄先朝功臣以麗配饗廟庭麗二妻長曰杜氏次張氏長子定國杜
氏所生次叡張氏所出定國在襁抱文成幸其第詔養宮內至於游止常與獻
文同處年六歲爲中庶子及獻文踐阼拜散騎常侍賜封東郡王定國以承父
爵辭不許又以父爵讓弟叡乃聽之俄遷侍中儀曹尚書轉殿中尚書前後大
駕征巡擢爲行臺錄都曹事超遷司空定國恃恩不循法度延興五年坐事免
官爵爲兵太和初復除侍中鎮南將軍秦益二州刺史復王爵八年薨於州贈
以本官謚曰莊王
子昕之字慶始風望端雅襲爵例降爲公尚獻文女常山公主拜駙馬都尉歷
通直郎景明中以從叔琇罪免官尋以主壻除通直散騎常侍歷兗青二州刺
史並有政績轉安北將軍相州刺史卒贈鎮東將軍冀州刺史謚曰惠初定國
娶河東柳氏生子安保後娶范陽盧度世女生昕之二室俱爲舊族而嫡妾不
分定國亡後兩子爭襲父爵僕射李沖有寵於時與度世子伯源婚親相好沖
遂左右助之昕之由是承爵尚主職位赫奕安保沉廢貧賤不免飢寒昕之容

貌柔謹孝文以其主壻特垂昵眷宣武時年未四十頻撫三藩當世以此榮之昕之卒後母盧悼念傷過而亡公主奉姑有孝稱神龜初與穆氏琅邪長公主並爲女侍中又性不妬忌以昕之無子爲納妾媵而皆育女公主有三女無男以昕之從兄希道第四子子彰爲後子彰字明遠本名士沉年十六出後事公主盡禮丞相高陽王雍常言曰常山妹雖無男以子彰爲兒乃過自生矣正光初襲爵東郡公累遷給事黃門侍郎子彰妻卽咸陽王禧女禧誅養於彭城王第莊帝親之略同諸姊建義初尒朱榮欲循舊事庶姓封王由是封子彰濮陽郡王尋而詔罷仍復先爵天平中拜衞將軍潁州刺史以母憂去職元象中以本將軍除齊州刺史又加驃騎將軍行懷州事轉北豫州刺史仍除徐州刺史將軍並如故一年歷三州當世榮之還朝除衞大將軍右光祿大夫行瀛州事尋拜侍中復行滄州事進號驃騎大將軍行冀州事除侍讀兼七兵尚書行青州事子彰初爲州以聚斂爲事晚節脩改自行青冀滄瀛甚有時譽加以虛己納物人士敬愛之除中書監卒贈開府儀同三司謚曰文宣子彰崇好道術曾

嬰重病藥中須桑螵蛸子彰不忍害物遂不服焉其仁如此教訓六子雅有法

度子卬

卬字雲駒少機悟美風神好學不倦博覽羣書五經多通大義善屬文甚爲河間邢邵所賞邵又與子彰交游嘗謂子彰曰吾以卿老蚌遂出明珠意欲爲羣拜紀可乎由是名譽日高雅爲搢紳所推許起家員外散騎侍郎歷文襄大將軍主簿中書舍人兼中書侍郎以本職兼太子洗馬自梁魏通和歲有交聘卬每兼官讌接在席賦詩卬必先成雖未能盡工以敏速見美除中書侍郎修國史以父憂去職居喪盡禮哀毀骨立詔以本官起文襄時鎮鄴嘉其至行親詣門以慰勉之卬母魏上庸公主初封藍田高明婦人也甚有志操卬昆季六人並主所出故邢邵常謂人云藍田生玉固不虛矣主教訓諸子皆以義方雖創巨痛深出於天性然動依禮度亦母氏之訓焉卬兄弟相率廬於墓側負土成墳朝廷所嗟尚發詔褒揚改其所居里爲孝居里服竟當襲不忍嗣侯使迄未應受齊天保初常山王薦卬器幹文宣面授給事黃門侍郎遷吏部郎中上洛

王思宗爲清都尹辟爲邑中正食貝丘縣幹遭母喪哀慕毀悴殆不勝喪遂至沉篤頓伏牀枕又成風疾第五弟搏遇疾臨終謂其兄弟曰大兄尪病如此性至慈愛搏之死日必不得使大兄知之哭泣聲必不可聞徹致有感動家人至於祖載方始告之卬聞而悲痛一慟便絕年四十八卬自在朝行篤慎周密不說人短不伐己長言論清遠有人倫鑒裁朝野甚悲惜之贈衞將軍青州刺史諡曰文所著文章十四卷行於世齊之郊廟諸歌多卬所制子乂字旦襲爵始平侯乂聰敏博學有文才年十九舉司州秀才歷祕書郎南陽王文學通直散騎侍郎侍詔文林館兼散騎侍郎迎陳使還兼中書舍人加通直散騎常侍乂於五經最精熟館中謂之石經人謂之語曰五經無對有陸乂卬第二弟駿字雲驤自中書舍人歷黃門侍郎散騎常侍卒於東廣州刺史駿弟杳字雲邁亦歷中書舍人黃門常侍假儀同三司秦州刺史武平中爲寇所圍經百餘日就加開府儀同三司城中多疫癘死者過半人無異心遇疾卒及城陷陳將吳明徹以杳有善政吏人所懷啓陳主還其屍家累貲物無所犯贈開府儀同三司

尙書僕射子玄卿位尙書膳部郎杳弟騫字雲儀亦歷中書舍人黃門常侍武平末吏部郎中騫弟搏字雲征好學有行檢卒於著作佐郎搏弟彥師字雲房少以行檢稱及長好學解屬文魏襄城王元旭引爲參軍事以父艱去職哀毀殆不勝喪與兄卬廬於墓次鄉人重之皆就墓側存問晦朔之際車馬不絕中書令河間邢邵表薦之未報彭城王澂爲司州牧召補主簿後歷中外府東閤祭酒兄卬當襲父始平侯以彥師昆弟中最幼表讓封焉彥師固辭而止世稱友悌孝義總萃一門爲中書舍人通直散騎侍郎每陳使至必高選主客彥師所接對者前後六輩歷中書黃門侍郎後以不阿宦者遇讒出爲中山太守有惠政數年徵爲吏部郎中散騎常侍又拜銀青光祿大夫假儀同三司行鄭州刺史尋除給事黃門侍郎武平末車駕如晉陽北平王鎮鄴彥師留臺機密以重愼見知周武帝平齊授彥師下大夫轉少納言賜爵臨水縣男及隋文爲丞相彥師遇疾請假還鄴尉遲迥將爲亂彥師知之遂將妻子潛歸長安文帝嘉之授內史下大夫拜上儀同及帝授禪拜尙書左丞進爵爲子彥師素多病未

幾以務劇病動乞解所職有詔聽以本官就第歲餘轉吏部侍郎隋承周制官
無清濁彥師在職凡所任人頗甄别於士庶論者美之後復以病出爲汾州刺
史卒官
叡字思弼年十餘襲爵撫軍大將軍平原王沉雅好學折節下士年未二十時
人便以宰輔許之娶東徐州刺史博陵崔鑒女時孝文尚未改北人姓鑒謂所
親云平原王才度不惡但恨其姓名殊爲重複叡婚自東徐還經鄴見李彪甚
敬悅之仍與趣京以爲館客後爲北征都督擊蠕蠕大破之遷侍中都曹尚書
時蠕蠕又犯塞詔叡討之追至石磧禽其帥赤阿突等數百人還加散騎常侍
遷尚書左僕射領北部尚書十六年降五等之爵以麗勳著前朝封叡鉅鹿郡
公尋爲使持節鎭北大將軍尚書令衞將軍討蠕蠕大破之而還以母憂解孝
文將有南伐之事以本官起授征南將軍叡固辭請終情禮敕有司敦喻不許
復除使持節都督恆州刺史行尚書令時車駕南征上表諫帝不從叡又表請
車駕還代親臨大師馮熙葬坐削奪都督三州諸軍事尋進號征北大將軍以

有順還之表加邑四百戶時穆泰爲定州刺史以疾病請恆州自効乃以叡爲定州刺史未發遂與泰等同謀構逆賜死獄中聽免孥戮徙其妻子於遼西叡長子希道字洪度有風貌美鬚髯歷覽經史頗有文致初拜中散還通直郎坐父事徙於遼西於後得還從征自效以軍功賜爵淮陽男拜諫議大夫累遷前將軍郢州刺史希道善於馭邊甚有威略轉平西將軍涇州刺史卒官贈撫軍將軍定州刺史希道有六子士懋字元偉天平中以其曾祖麗有翼戴之勳詔特復鉅鹿郡公令士懋襲位營州刺史士懋弟士宗字仲彥尚書左外兵郎中士宗弟士述字幼文符璽郎中建義初並於河陰遇害士述弟士沉出繼叔昕之士沉弟士廉字季修建州平北府長史永安末尒朱世隆攻陷州城見害士廉弟士佩字季偉武定中安東將軍司州從事希道弟希悅尚書外兵郎中麗季弟騏驎侍御史中散轉侍御史太和初新平太守子高貴孝昌中兗州鎮東府法曹參軍高貴子操字仲志高簡有風格早以學業知名雅好文操仕魏兼散騎常侍聘梁使還爲廷尉卿齊文襄爲世子甚好色崔季舒爲掌媒焉薛氏寡

書妻元氏有色迎入欲通之元氏正辭且哭世子使季舒送付廷尉罪之操曰
廷尉守天子法須知罪狀世子怒召操命刀環築之更令科罪操終不撓乃口
責之後徙御史中丞天保中卒於殿中尙書子孔璋武平中卒於高陽太守高
貴弟孟遠位奉朝請孟遠子槩之位司農卿槩之子爽字開明少聰敏年九歲
就學日誦二千餘言齊尙書僕射楊遵彥見而異之曰陸氏世有人焉仕齊位
中書侍郎齊滅周武帝聞其名與陽休之袁叔德等俱徵入關諸人多將輜重
爽獨載數千卷書至長安授宣納上士隋文帝受禪頻遷太子洗馬與左庶子
宇文愷等撰東宮典記七十卷朝廷以其博學有口辯陳人至境常令迎勞卒
官贈上儀同宣州刺史子法言敏學有家風釋褐承奉郎初爽之爲洗馬常奏
文帝云皇太子諸子未有嘉名請依春秋之義更立名字上從之及太子廢上
追怒爽曰我孫製名寧不自解陸爽乃爾多事扇惑於勇亦由此人其身雖故
子孫並宜屏黜終身不齒法言竟坐除名
源賀西平樂都人私署河西王禿髮傉檀之子也傉檀爲乞伏熾盤所滅賀自

樂都奔魏賀偉容貌善風儀太武素聞其名及見器其機辯賜爵西平侯謂曰
卿與朕同源因事分姓今可爲源氏從擊叛胡白龍又討吐京胡皆先登陷陣
以功進號平西將軍大武征涼州以爲鄉導問攻戰之計賀曰姑臧外有四部
鮮卑各爲之援然皆臣祖父舊人臣願軍前宣國威信必相率請降外援既服
然後攻其孤城拔之如反掌耳帝曰善乃遣賀招慰下三萬餘落及圍姑臧由
是無外慮故得專力攻之涼州平以功進爵西平公又從征蠕蠕擊五城吐京
胡討蓋吳諸賊皆有功拜散騎常侍從駕臨江爲前鋒大將善撫士卒加有料
敵制勝之謀賀爲人雄果每遇強寇輒自奮擊帝深誡之賀本名破羌是役也
帝謂曰人之立名宜保其實何可濫也賜名賀焉拜殿中尚書南安王余爲宗
愛所殺賀部勒禁兵靜遏外內與南部尚書陸麗決議定策翼戴文成令麗與
劉尼馳詣苑中奉迎賀營中爲內應俄而麗抱文成單騎而至及卽位賀有力
焉以定策勳進爵西平王及班賜百僚敕賀任意取之辭以江南未賓漢北不
款府庫不宜致匱固使取之唯取戎馬一疋時斷獄多濫賀上書曰案律謀反

之家其子孫雖養他族追還就戮所以絶罪人之類彰大逆之辜其爲劫賊應誅者兄弟子姪在遠道隔關津皆不坐竊惟先朝制律之意以不同謀非絶類之罪故特垂不死之詔若年十三已下家人首惡計所不及臣愚以爲可原其命沒入官帝納之出爲冀州刺史改封隴西王旣受除上書曰臣聞人之所寶莫寶於生命德之厚者莫厚於宥死然犯死之罪難以盡恕權其輕重有可矜恤今勍寇游魂於北狡賊負嶮於南其在疆埸猶須戍防臣愚以爲自非大逆赤手殺人之罪其坐贓及盜與過誤之僁應入死者皆可原命謫守邊境是則已斷之體更受生成之恩傜役之家漸蒙休息之惠刑措之化庶幾在茲帝嘉納之已後入死者皆恕死徙邊久之帝謂羣臣曰昔源賀勸朕宥諸死刑徙充北藩諸戍自爾至今一歲所活殊爲不少濟命之理旣多邊戍之兵有益苟人人如賀朕臨天下復何憂哉羣臣咸曰非忠臣不能進此計非聖明不能納此言賀之臨州鞫獄以情傜役簡省清約寬裕甚得人心時武邑郡姦人石華告沙門道可與賀謀反有司以聞文成曰賀保無此乃精加訊檢華果引誣乃遣

使慰勉之帝顧左右曰賀忠誠尙致誣謗其不若是者可無愼乎時考殿最賀政爲上第賜衣馬器物班宣天下後徵拜太尉蠕蠕寇邊賀從駕討破之及獻文將傳位于京兆王子推時賀都督諸軍事屯漠南乃馳傳徵賀賀至正色固執不可卽詔持節奉皇帝璽綬以授孝文是歲河西叛敕遣賀討之多所降破賀依古今兵法及先儒耆舊說略採至要爲十二陳圖上之獻文覽而嘉焉又都督三道諸軍屯漠南時每歲秋冬遣軍三道並出以備北寇至春中乃班歸賀以勞役京都又非禦邊長計乃上言請募諸州鎮有武勇者三萬人復其徭賦厚加振恤分爲三部二鎮之間築城城置萬人給強弩十二牀武衛三百乘弩一牀給牛六頭武衛一乘給牛二頭多造馬槍及諸器械使武略大將二人以鎮撫之冬則講武春則種植並戍並耕則兵未勞而有盈蓄矣又於白道南三處立倉運近州鎮租粟以充之足食足兵以備不虞於事爲便不可歲常舉衆事寢不報上書稱病乞骸骨至于再三乃許之朝有大議皆就詢訪又給衣藥珍羞太和元年二月療疾於温湯孝文文明太后遣使屢問消息太醫視疾

珍倣宋版印

患篤還于京師乃遺令諸子曰吾頃以老患辭事不悟天慈降恩爵逮於汝汝
其毋慠慆毋荒怠毋奢越毋嫉妬疑思問言思審行思恭服思度遏惡揚善親
賢遠佞目觀必真耳屬必正忠勤以事君清約以臨己吾終之後所葬時服單
櫝足申孝心芻靈明器一無用也三年薨贈侍中太尉隴西王印綬謚曰宣王
賜輼輬車及命服温明祕器陪葬金陵長子延性謹厚少好學位侍御中散賜
爵廣武子卒贈涼州刺史廣武侯謚曰簡子鱗襲延弟思禮後賜名懷謙恭寬
雅有大度文成末爲侍御中散父賀辭老詔受父爵後持節督諸屯於漠南蠕
蠕甚憚之還除殿中尚書出爲長安鎮將雍州刺史清儉有惠政善撫恤劫盜
息止復拜殿中尚書加侍中參都曹事又督諸軍征蠕蠕六道大將咸受節度
還尚書令參議律令後例降爲公除司州刺史又從駕南征加衞大將軍領中
軍事以母憂去職賜帛三百匹穀一千石車駕幸代詔使者弔慰景明二年除
尚書左僕射加位特進時詔以姦吏犯罪每多逃遁肆眚乃出並皆釋然自今
犯罪不問輕重藏竄者悉皆遠流若永避不出兄弟代徙懷乃奏曰謹案條制

逃吏不在赦限竊惟聖朝之恩事異前宥諸流徙在路尚蒙旋返況有未發而仍遣邊戍案守宰犯罪逃走者衆祿潤既優尚有茲失及蒙恩宥卒然得還今獨苦此等恐非均一之法書奏門下以成式既班駮奏不許懷重奏曰臣以爲法貴經通政尚簡要刑憲之設所以網羅罪人苟理之所備不在繁典伏尋條例制勳品以下罪發逃亡遇恩不宥雖欲抑絕姦途匪爲通式謹按事條侵官敗法專據流外豈九品已上人皆貞白也其諸州守宰職任清流至有貪濁事發逃竄而遇恩免罪勳品已下獨求斯例如此則寬縱上流法切於下育物有差惠罰不等又謀逆滔天經恩尚免吏犯微罪獨不蒙赦使大宥之經不通開生之路致壅進違古典退乖今律臣少踐天官老荷樞要每見訴訟出入嗟苦輒率愚見以爲宜停書奏宣武納之其年除車騎大將軍涼州大中正懷又表曰昔世祖升遐南安在位出拜東廟爲賊臣宗愛所賊時高宗避難龍潛苑中宗愛異圖神位未立先臣賀與長孫渴侯陸麗等奉迎高宗纂徽寶命麗以扶負聖躬親所見識蒙授撫軍司徒公平原王興安二年追論定策之勳進先臣

爵西平王皇興季年顯祖將傳大位於京兆王先臣時都督諸將屯於武川被
徵詣京特見顧問先臣固執不可顯祖久乃許之遂命先臣持節授皇帝璽綬
於高祖至太和十六年麗息叡狀祕書稱其亡父與先臣援立高宗朝廷追錄
封叡鉅鹿郡開國公臣時丁艱草土不容及例至二十年除臣雍州刺史臨發
奉辭面奏先帝申先臣舊勳時蒙敕旨但赴所臨尋當別判至二十一年車駕
幸雍臣復陳聞時蒙敕旨征還當授自宮車晏駕遂爾不申竊惟先臣遠則援
立高宗寶曆不墜近則陳力顯祖神器有歸如斯之勳超世之事也麗以父功
而獲山河之賞臣有家勳不霑茆土之錫得否相懸請垂裁處詔曰宿老元臣
云如所訴訪之史官頗亦言此可依授北馮翊郡開國公食邑九百戶又詔為
使持節加侍中行臺巡行北邊六鎮恆燕朔三州賑給貧乏兼採風謠考論殿
最事之得失先決後聞自京師遷洛邊朔遙遠加以連年旱儉百姓困弊懷銜
命撫導存恤有方便宜運轉有無通濟時后父于勁勢傾朝野勁兄子祚與懷
宿昔通婚時為沃野鎮將頗有受納將入鎮祚郊迎道左懷不與相聞即劾祚

免官懷朔鎮將元尼須與懷少舊亦貪穢狼籍置酒請懷曰命之長短由卿之口豈可不相寬貸懷曰今日之集乃是源懷與故人飲酒之坐非鞫獄之所也明日公庭始爲使人檢鎮將罪狀之處尼須揮淚而已無以對之旣而懷表劾尼須其奉公不撓皆此類也時百姓爲豪強陵壓積年枉滯一朝見申者日有百數所上事宜便於北邊者凡三十餘條皆見嘉納正始元年九月有告蠕蠕率十二萬騎六道並進欲直趣沃野懷朔南寇恆代詔懷以本官加使持節侍中出據北蕃指授規略隨須徵發諸所處分皆以便宜從事又詔懷子直寢徽隨懷北行詔賜馬一匹細鎧一具御矟一枚懷拜受旣訖乃於其庭跨鞍執矟躍馬大呼顧謂賓客曰氣力雖衰尚得如此蠕蠕雖畏壯輕老我亦未便可欺今奉廟勝之規總驍捍之衆足以禽其酋帥獻俘闕下耳時年六十一懷至雲中蠕蠕亡遁旋至恆代乃案視諸鎮左右要害之地可以築城置戍之處皆量其高下揣其厚薄及儲糧積仗之宜犬牙相救之勢凡表五十八條宣武並從之卒贈司徒公諡曰惠懷性寬簡不好煩碎恆語人曰爲政貴當舉綱何必須

大子細也如爲屋但外望高顯楹棟平正足矣斧斤不平非屋病也性不飲酒
而喜以飲人好接賓客雅善音律雖在白首至晏居之暇常自操絲竹子邕
字靈和少好文雅篤志於學推誠待士士多歸之累遷夏州刺史時沃野鎮人
破六韓拔陵首爲反亂統萬逆徒寇害應接子邕嬰城自守城中糧盡煮馬皮
而食之子邕善綏撫無有離貳以饑饉轉切欲自出求糧留子延伯據守寮屬
僉云未若棄城俱去更展規略子邕泣請於衆曰吾世荷國恩此是吾死地更
欲何求遂自率羸弱向東夏運糧延伯與將士送出城哭而拜辭三軍莫不嗚
咽子邕爲朔方胡帥曹阿各拔所邀力屈被執乃密遣人齎書間行與城中云
大軍在近汝其奉忠勿移其操子邕雖被囚束雅爲胡人所敬常以百姓禮事
之子邕爲陳安危禍福之端勸阿各拔令降將從之未果而死拔弟桑生代總
部衆竟隨子邕降時北海王顥爲大行臺子邕具陳諸賊可滅狀顥給子邕兵
令其先出時東夏合境反叛所在屯結子邕轉戰而前九旬之中凡數十戰乃
平東夏徵稅租粟運糧統萬於是二夏漸寧及蕭寶寅等爲賊所敗關右騷擾

時子邕新平黑城遂率士馬幷夏州募義人鼓行南出賊帥康維摩守鋸谷斷
紹甗棠橋子邕與戰大破之禽維摩又攻破賊帥契官斤於楊氏堡出自西夏
至於東夏轉戰千里至是朝廷始得委問除兼行臺尚書復破賊帥紇單步胡
提於曲沃明帝璽書勞勉之子邕在白水郡破賊率宿勤明達子阿非軍多所
斬獲除給事黃門侍郎封樂平縣公以葛榮久逼信都詔子邕爲北討都督時
相州刺史安樂王鑒據鄴反敕子邕與都督李神軌先討平之改封陽平縣公
遂與裴衍發鄴討葛榮而信都城陷除子邕冀州刺史與裴衍俱進子邕戰敗
而歿贈司空諡曰莊穆子邕弟子恭字靈順聰敏好學稍遷尚書北主客郎攝
南主客事時梁亡人許周自云梁給事黃門侍郎朝士咸共信待子恭奏以爲
眞僞難辯請下徐揚二州密訪周果以罪歸闕詐假職位如子恭所疑河州羌
却鐵忽反詔子恭爲行臺討之子恭示以威恩兩旬間悉降朝廷嘉之正光元
年爲行臺左丞巡北邊轉爲起部郎中明堂辟雍並未建就子恭上書求加經
綜書奏從之稍遷豫州刺史頻以軍功加鎮南將軍兼尚書行臺元顥之入洛

珍倣宋版印

也加子恭車騎將軍子恭不敢拒之而頻遣間使參莊帝動靜未幾顥敗車駕還洛錄前後征討功封臨穎縣侯侍中尒朱榮之死也世隆度律斷據河橋詔子恭爲都督以討之尋而太府卿李苗夜燒河橋世隆退走以子恭兼尚書僕射爲大行臺大都督節閔帝初以預定策勳封臨汝縣子永熙中入爲吏部尚書以子恭前在豫州戰功追賞襄城縣男又論子恭餘效封新城縣子子恭尋表請轉授第五子文盛許之天平初除中書監三年拜魏尹又爲齊神武王軍司卒贈司空公諡曰文獻子彪

彪字文宗學涉機警少有名譽魏永安中以功賜爵臨穎縣伯天平四年爲涼州大中正及齊文襄攝選沙汰臺郎以文宗爲尚書祠部郎中皇建二年累遷涇州刺史文宗以恩信待物甚得邊境之和爲隣人所欽服前政被抄掠者多被放遣累遷秦州刺史乘傳之府特給後部鼓吹時李貞聘陳陳主云齊朝還遣源涇州來在瓜步真可謂通和矣武平三年授祕書監陳將吳明徹寇淮南歷陽瓜步相尋失守趙彥深於起居省密訪文宗討捍之計文宗曰國家待遇

淮南失之同於蒿箭以為宜以淮南委之王琳琳於曇頊不背北面事之明矣
彥深曰第此良圖但以口舌爭來十日已是不見從時事如此安可盡言因相
顧流涕及齊平與陽休之等十八人入京授儀同大將軍司成下大夫隋開皇
中拜莒州刺史遇病去官卒文宗以貴族子弟升朝列才識敏贍以幹局見知
然好游貴要之門時論以為善附會子師

師字踐言少知名明辯有識悟尤以吏事自許仕齊為尚書左外兵郎中又攝
祠部後屬孟夏以龍見請雩時高阿那肱為錄尚書事謂為真龍出見大驚喜
問龍所在云作何顏色師整容云此是龍星初見依禮當雩祭郊壇非謂真龍
別有所降阿那肱忿然作色曰漢兒多事強知星宿祭事不行師出竊歎曰國
家大事在祀與戎禮既廢也其能久乎齊亡無日矣尋周武帝平齊授司賦上
士隋文帝受禪累遷尚書左丞以明幹著稱時蜀王秀頗違法度乃以師為益
州總管司馬俄而秀被徵秀恐京師有變將謝病師數勸之不可違命秀乃作
色曰此我家事何預卿也師垂涕苦諫秀乃從徵秀發後州官屬多相連坐師

以此獲免後加儀同三司煬帝即位拜大理少卿帝在顯仁宮敕宮外衞士不
得輒離所守有一主帥私令衞士出外帝付大理師據法奏徒帝令斬之師奏
曰若陛下初便殺之自可不關文墨既付有司義歸恆典脫宿衞近侍者更有
此犯將何以加之帝乃止師居職強明有口辯而無廉平之稱卒於刑部侍郎
子恭弟纂字靈秀位太府少卿遇害河陰贈定州刺史子雄
雄字世略少寬厚美姿容初仕魏歷位祕書郎在周以伐齊功封朔方公歷冀
平二州刺史檢校徐州總管及尉遲迥作亂時雄家累在相州迥潛以書誘之
雄卒不顧隋文帝遺書慰勉之迥遣其將畢義緒據蘭陵席毗陷昌慮下邑雄
遣衆悉平之陳人見中原多故遣其將陳紀蕭摩訶任蠻奴周羅睺樊毅等侵
江北自江陵東距壽陽人多應之攻陷城鎮雄與吳州總管于顗等擊走之悉
復故地進位上大將軍拜徐州總管遷朔州總管平陳之役從秦王俊出信州
道陳平以功進位上柱國賜子崇爵端氏縣伯褒爲安化縣伯復鎮朔方後歲
上表乞骸骨徵還京師卒于家子蒿嗣大業中爲尚書虞部郎討北海賊力戰

死之贈正議大夫
劉尼代人也曾祖敦有功於道武爲方面大人父婁爲冠軍將軍尼勇果善射
太武見而善之拜羽林中郎賜爵昌國子宗愛旣殺南安王余於東廟祕之唯
尼知狀尼勸愛立文成愛自以負罪於景穆聞而驚曰君大癡人皇孫若立豈
忘正平時事乎尼曰若爾立誰愛曰待還宮擢諸王子賢者而立之尼懼其有
變密以狀告殿中尙書源賀時與尼俱典兵宿衛仍共南部尙書陸麗謀密奉
皇孫於是賀與尙書長孫渴侯嚴兵守衛尼與麗迎文成於苑中麗抱文成於
馬上入於京城尼馳還東廟大呼曰宗愛殺南安王大逆不道皇孫已登大位
有詔宿衛之士皆可還宮衆咸唱萬歲賀及渴侯登執宗愛賈周等勒兵而入
奉文成於宮門外入登永安殿以尼爲內行長封東安公尋遷尙書右僕射爲
定州刺史在州淸愼然率多酒醉文成末爲司徒獻文卽位以尼有大功於先
朝特加尊重賜別戶四十皇興四年車駕北征帝親誓衆而尼昏醉兵陳不整
帝以其功重特恕之免官而已延興四年薨子社生襲

薛提太原人皇始中補太學生拜侍御史累遷晉王丕衛兵將軍冀州刺史封太原公有政績徵拜侍中攝都曹事太武崩祕不發喪尚書左僕射蘭延侍中和延等議以皇孫幼沖宜立長君徵秦王翰置之祕室提曰皇孫有世嫡之重人望所係春秋雖少令問聞於天下廢所宜立而更別求必有不可延等未決中常侍宗愛知其謀矯皇后令徵提等入殺之文成卽位以提有謀立之誠詔提弟浮子襲先爵太原公有司奏降爲侯

論曰陸俟以智識見稱馛乃不替風範雅杖名節自立功名其傳芳銘典豈徒然也麗忠國奉主鬱爲梁棟資忠履義赴難如歸世載克昌名不虛得叡琇以沉雅顯達何末亦披猖子彰令終之美家聲孔振卬及彥師俱以孝爲本出處之譽並可作範人倫爽學業有聞亦人譽也源賀堂堂非徒武節觀其翼佐文成廷抑禪讓殆乎社稷之臣懷幹略兼舉出內馳譽繼迹賢孝不墮先業子邕功立夏方身亡冀野彪著名齊朝師雄官成隋代美矣劉尼忠國豈徒驍猛之用薛提正議忠謀見害姦閹痛乎

北史卷二十八

北史卷二十八考證

陸俟傳平涼休屠金崖羌狄子玉等叛○子監本誤于今改從魏書

又與高涼王那復渡河南略地○魏書無復字疑衍

後襲父改封建安王○父字下似脫爵字

抱病忍死者顧門計耳○一本門字下有戸字應從之

弟麗○麗俟之子馥之弟今敘於馥五世從孫融之後而云弟麗誤亦甚矣此蓋因引魏書後復歷引齊周隋書而至此復引魏書不及檢耳

卬傳卬字雲駒○卬魏書作昂

歛傳高貴弟孟遠位奉朝請○魏書高貴弟順宗員外郎祕書中散與此小異

源賀傳擊五城吐京胡○吐監本訛以今改從魏書

賊帥康維摩守鋸谷斷紹甗棠橋○魏書無紹字疑衍

河州羌却鐵忽反○忽監本訛忠今改從南本

彪傳子師字踐言○閣本脫子字今從齊書增正

北史卷二十八考證

北史卷二十九

唐　李　延　壽　撰

列傳第十七

司馬休之　司馬楚之曾孫裔　司馬景之　劉昶

司馬叔璠　司馬天助

蕭寶夤兄子贊　蕭正表　蕭祗　蕭退　蕭泰

蕭撝　蕭圓肅　蕭大圜

司馬休之字季豫河內温人晉宣帝季弟譙王進之後也晉度江之後進子孫襲封譙王至休之父恬爲鎮北將軍青兗二州刺史天興五年休之爲荊州刺史被桓玄逼逐遂奔慕容德及玄誅還建業復爲荊州刺史休之頗得江漢人心其子文思繼其兄尚之爲譙王謀圖劉裕裕執送休之令爲其所休之表廢文思并與裕書陳謝神瑞中裕收休之子文寶兄子文祖並殺之乃討休之休之與魯宗之及宗之子軌起兵討裕兵敗遂與子文思及宗之奔姚興裕滅姚泓休之與文思及晉河間王子道賜等數百人皆將妻子降長孫嵩卒贈征西

大將軍右光祿大夫始平公謚曰聲文思與淮南公國璠池陽子道賜不平而僞親之國璠性疎直因醉欲外叛文思告之皆坐誅以文思爲廷尉賜爵鬱林公文思善於其職聽斷百姓不得匿其情進爵譙王位懷荒鎮將薨

司馬楚之字德秀晉宣帝太常馗之八世孫也父榮期晉益州刺史爲其參軍楊承祖所殺楚之時年十七送父喪還丹陽會劉裕誅夷司馬氏叔父宣期兄貞之並遇害楚之乃逃匿諸沙門中濟江至汝潁閒楚之少有英氣能折節待士及宋受禪規欲報復收衆據長社歸之者常萬餘人宋武深憚之遣刺客沐謙圖害楚之楚之待謙甚厚謙夜詐疾知楚之必來欲因殺之楚之聞謙病果自齎湯藥往省之謙感其意出匕首於席下以狀告遂委身以事之其推誠信物得士心皆此類也明元末山陽公奚斤略地河南楚之遣使請降授荊州刺史奚斤既平河南以楚之所率人戶分置汝南汝陽南頓新蔡四郡以益豫州太武初楚之遣妻子內居於鄴尋徵入朝授安南大將軍封琅邪王以拒宋師賜前後部鼓吹破宋將到彥之別軍於長社又與冠軍安頡攻拔滑臺禽宋將

珍倣宋版印

朱修之李元德及東郡太守申謨俘萬餘人上疏求更進討太武以兵久勞不從以散騎常侍徵還宋將裴方明胡崇之寇仇池楚之與淮南公皮豹子等督關中諸軍擊走方明禽崇之仇池平而還車駕征蠕蠕楚之與濟陰公盧中山等督運以繼大軍時鎮北將軍封沓亡入蠕蠕說令擊楚之以絕糧運蠕蠕乃遣覘楚之軍截驢耳而去有告失驢耳者楚之曰必覘賊截之爲驗耳賊將至矣乃伐柳爲城灌水令凍城立而賊至不可攻逼乃走散太武聞而嘉之尋拜假節侍中鎮西大將軍開府儀同三司雲中鎮大將朔州刺史在邊二十餘年以清儉著聞及薨贈征南大將軍領護西戎校尉揚州刺史謚貞王陪葬金陵長子寶胤與楚之同入魏拜中書博士鴈門太守卒楚之後尚諸王女河内公主生子金龍字榮則少有父風後襲爵拜侍中鎮西大將軍開府雲中鎮大將朔州刺史吏部尚書薨贈司空公謚康王金龍初納太尉隴西王源賀女生子延宗次纂次悅後娶沮渠氏生子徽亮卽河西王沮渠牧犍女太武妹武威公主所生也有寵於文明太后故以徽亮襲例降爲公坐連穆泰罪失爵卒悅字

慶宗歷位豫州刺史時有汝南上蔡董毛奴者齎錢五千死於道路郡縣人疑張提爲劫又於提家得錢五千提懼掠自誣言殺至州悅觀色疑其不實引見毛奴兄靈之謂曰殺人取錢當時狼狽應有所遺得何物靈之曰唯得一刀削悅取視之曰此非里巷所爲也乃召州內刀匠示之有郭門前曰此刀削門手所作去歲賣與郭人董及祖悅收及祖詰之及祖款引靈之又於及祖身上得毛奴所衣皂襦及祖伏法悅察獄多此類也俄與鎮南將軍元英攻克義陽詔改梁司州爲郢州以悅爲刺史改爲豫州刺史論前勳封漁陽子永平元年城人白早生謀爲叛遂斬悅首送梁詔揚州移購悅首贈青州刺史諡曰莊子子朏襲朏尙宣武妹華陽公主拜駙馬都尉員外散騎常侍卒贈滄州刺史子鴻字慶雲性麤武襲爵位都水使者坐通西魏賜死子孝政襲齊受禪例降朏弟

裔

裔字遵胤少孤有志操起家司徒府參軍事後爲員外散騎常侍大統三年大軍復弘農乃於溫城送款歸西魏六年授北徐州刺史八年入朝周文帝嘉之

特蒙賞勞頃之河內有四千餘家歸附並裔之鄉舊乃命領河內郡守令安集流人十五年周文令山東立義諸將等能率衆入關者並加重賞裔領戶千室先至周文欲以封裔裔辭曰立義之士遠歸皇化者皆是其誠心內發豈裔能率之乎今以封裔便是賣義士以求榮周文善而從之授帥都督拜其妻元爲襄城郡公主周孝閔帝踐阼除巴州刺史進使持節驃騎大將軍開府儀同三司進爵琅邪縣伯四年爲御正中大夫進爵爲公大軍東討裔與少師楊摽守軹關卽授懷州刺史天和初隨上庸公陸騰討信州反蠻冉令賢等裔自開州道入先遣使宣示禍福羣蠻率服歷信潼二州刺史六年徵拜大將軍除西寧州刺史未及部卒於京師裔性清約不事生產所得俸祿並散之親戚身死之日家無餘財宅宇卑陋喪庭無所詔爲起祠堂焉贈本官加泗州刺史諡曰定子侃嗣侃字道遷少果勇未弱冠便從戎旅位樂安郡守以軍功加驃騎大將軍開府儀同三司遷兗州刺史未之部卒贈本官加豫州刺史諡曰惠子運嗣金龍弟躍字寶龍尚趙郡公主拜駙馬都尉代兄爲雲中鎮將拜朔州刺史假

安北將軍河內公表求罷河西苑封丐人墾殖有司執奏此苑麋鹿所聚太官
取給若丐人懼有所闕躍固請孝文從之還爲祠部尚書大鴻臚卿潁川王師
卒楚之父子相繼鎮雲中朔土服其威德司馬氏桓玄劉裕之際歸北者又有
司馬景之叔璠天助位並崇顯
景之字洪略晉汝南王亮之後明元時歸闕賜爵蒼梧公加征南大將軍清直
有節操卒贈汝南王子師子襲爵景之兄準字巨之以泰常末歸魏封新安公
除廣寧太守改密陵侯卒子安國襲爵
叔璠晉安平獻王孚之後父曇之晉河間王桓玄劉裕之際叔璠與兄國璠奔
慕容超後投姚泓泓滅奔屈丐統萬平兄弟俱入魏國璠賜爵淮南公叔璠賜
爵丹陽侯
天助自云晉驃騎將軍元顯之子歸闕封東海公歷青兗二州刺史
劉昶字休道宋文帝子也在宋封義陽王位徐州刺史及廢主子業立疑昶有
異志昶和平六年遂委母妻攜妾吳氏間行降魏朝廷嘉重之尚武邑公主拜

侍中征南將軍駙馬都尉封丹陽王歲餘主薨更尚建興長公主皇興中宋明帝使至獻文詔昶與書爲兄弟式宋明帝不答責昶以母爲其國妾宜如春秋荀罃對楚稱外臣之禮尋敕昶更爲書辭曰臣若改書事爲二敬猶修往文彼所不納請停今答朝廷從之拜外都坐大官公主復薨更尚平陽長公主昶好犬馬愛武事入魏歷紀猶布衣皂冠同凶素之服然呵罵僮僕音雜夷夏雖在公坐諸王每侮弄之或戾手齧臂至於痛傷笑呼之聲聞于御聽孝文每優假之不以怪閒至於陳奏本國事故語及征役則斂容涕泗悲動左右而天性偏躁喜怒不恆每至威忿楚朴特苦引待南士禮多不足緣此人懷畏避太和初轉內都坐大官及齊初詔昶與諸將南伐路經徐州哭拜其母舊堂哀感從者乃徧循故居處處隕涕左右亦莫不酸鼻及至軍所將臨陣四面拜諸將士自陳家國滅亡蒙朝廷慈覆辭理切至聲氣激揚涕泗橫流三軍咸爲感歎後昶恐水雨方降表請還師從之又加儀同三司領儀曹尚書於時改革朝儀詔昶與蔣少遊專主其事昶條上舊式略不遺忘孝文臨宣文堂引武與王楊集始

入宴詔昶曰集始邊方之酋不足以當諸侯之禮但王者不遺小國之臣故勞公卿於此又爲中書監開建五等封昶齊郡公加宋王之號十七年孝文臨經武殿大議南伐語及劉蕭篡奪之事昶每悲泣不已帝亦爲之流涕禮之彌崇十八年除使持節都督吳越楚彭城諸軍事大將軍開府鎭徐州昶頻表辭大將軍詔不許及發帝親餞之命百僚賦詩贈昶又以其文集一部賜昶帝因以所製文筆示之曰時契勝殘事鍾文業雖則不學欲罷不能脫思一見故以相示雖無足味聊復爲一笑耳其重昶如是自昶背彭城至是久矣昔齊宇山池並尚存立昶更脩繕還處其中不能綏邊懷物撫接義故而閨門喧猥內外奸雜舊吏莫不慨歎預營墓於彭城西南與三公主同塋而異穴發石累之墳崩壓殺十餘人後復移改公私費害十九年昶朝京師孝文臨光極堂大選曰國家昔在恆代隨時制宜非通世之長法或言唯能是寄不必拘門朕以爲不然何者淸濁同流混齊一等君子小人名品無別此殊爲不可我今八族以上士人品第有九九品之外小人之官復有七等若苟有其人可起家爲三公正恐

賢才難得不可止爲一人混我典制故令班鏡九流使千載之後我得髣像唐
虞卿等依稀元凱及論大將軍帝曰劉昶即其人也後給班劍二十人薨於彭
城孝文爲之舉哀給温明祕器贈假黃鉞太傅領揚州刺史加以殊禮備九錫
給前後部羽葆鼓吹依晉琅邪王伷故事諡曰明昶嫡子承緒主所生也少而
尫疾尙孝文妹彭城長公主爲駙馬都尉先昶卒承緒子暉字重昌爲世子襲
封尙宣武第二姊蘭陵長公主主嚴妬暉嘗私幸主侍婢有身主笞殺之剖其
孕子節解以草裝實婢腹裸以示暉暉遂忿憾疏薄公主公主姊因入聽講言
其故於靈太后太后敕清河王懌窮其事懌與高陽王雍廣平王懷奏其不和
狀請離婚削除封位太后從之公主在宮內周歲雍等屢請聽復舊義太后流
涕送公主誡令謹敕正光初暉又私淫張陳二氏女公主更不檢忌主姑陳留
公主共將扇獎與暉復致忿諍暉推主墜牀手脚毆蹈主遂傷胎暉懼罪逃逸
靈太后召清河王懌決其事二家女髡笞付宮兄弟皆坐鞭刑徙配敦煌爲兵
主因傷致薨太后親臨慟哭舉哀太極東堂出葬城西太后親送數里盡哀而

還後執暉於河內温縣幽于司州將加死刑會赦免後復其官爵遷征虜將軍中散大夫卒家遂衰頓

蕭寶夤字智亮齊明帝第六子廢主寶卷之母弟也在齊封建安王及和帝立改封鄱陽王梁武克建業以兵守之將加害焉其家閹人顏文智與左右麻拱黃神密計穿牆夜出寶夤具小船於江岸脫本衣服着烏巾襦腰繫千許錢潛赴江畔躡屩徒步脚無全皮防守者至明追之寶夤假爲釣者隨流上下十餘里追者不疑待散乃渡西岸遂委命投華文榮文榮與其從天龍惠連等三人棄家將寶夤遁匿山澗賃驢乘之晝伏宵行景明二年至壽春東城戍戍主杜元倫推檢知實蕭氏子以禮延待馳告揚州刺史任城王澄澄以車馬侍衛迎之時年十六徒步憔悴見者以爲掠賣生口也澄待以客禮乃請喪君斬衰之服澄遣人曉示情禮以喪兄之制給其齊衰寶夤從命澄率官僚赴弔寶夤居處有禮不飲酒食肉輟笑簡言一同極哀之節壽春多其故義皆受慰唁唯不見夏侯一族以其同梁故也改日造澄澄深器重之及至京師宣武禮之甚重

珍倣宋版印

伏訴闕下請兵南伐雖遇暴風大雨終不暫移是年梁江州刺史陳伯之與其長史褚胄等自壽春歸降請軍立效帝謂伯之所陳時不可失以寶夤懇誠除使持節都督東揚州刺史鎮東將軍丹陽郡公齊王配兵一萬令據東城待秋冬大舉寶夤明當拜命其夜慟哭至晨備禮策授賜車馬什物事從豐厚猶不及劉昶之優隆也又任其募天下壯勇得數千人以文智三人等為積弩將軍文榮等三人為強弩將軍並為軍主寶夤雖少羈寓而志性雅重過期猶絕酒肉慘悴形色蔬食麤衣未嘗嬉笑及被命當南伐貴要多相憑托門庭賓客若市而書記相尋寶夤接對報復不失其理正始元年寶夤行達汝陰東城已陷遂停壽春之栖賢寺逢梁將姜慶真內侵圍逼壽春寶夤率眾力戰破走之寶夤勇冠諸軍聞見者莫不壯之還改封梁郡公及中山王英南伐寶夤又表求征與英頻破梁軍乘勝攻鍾離淮水汎溢寶夤與英狼狽引退士卒死沒者十四五有司奏處以極法詔恕死免官削爵還第尋尚南陽長公主公主有婦德寶夤盡雍和之禮雖好合而敬事不替寶夤每入室公主必立以待之相遇如

賓自非太妃疾篤未嘗歸休寶夤器性溫順自處以禮奉敬公主內外諧穆清河王懌親而重之永平四年盧昶克梁朐山戍以琅邪戍主傅文驥守之梁師攻文驥昶督衆軍救之詔寶夤爲使持節假安南將軍別將長驅往赴授昶節度寶夤受詔泣涕橫流哽咽良久後昶軍敗唯寶夤全師而還延昌初除瀛州刺史復其齊王還冀州刺史及大乘賊起寶夤遣軍討之頻爲賊破臺軍至乃滅之靈太后臨朝還京師梁將康絢於浮山堰淮以灌揚徐除寶夤使持節都督東討軍事鎭東將軍以討之復封梁郡公熙平初梁堰既成淮水將爲揚徐之患寶夤乃於堰上流更鑿新渠水乃小減乃遣壯士千餘人夜度淮燒其竹木營聚破其三壘火數日不滅又分遣將破梁將垣孟孫張僧副等於淮北仍度淮南焚梁徐州刺史張豹子等十一營及還京師爲殿中尚書寶夤之在淮堰梁武寓書招誘之寶夤表送其書陳其忿毒之意志存雪復屢請居邊神龜中爲都督徐州刺史車騎大將軍乃起學館於清東朔望引見土姓子弟接以恩顏與論經義勤於聽理吏人愛之正光二年徵爲尚書左僕射善於吏職甚

有聲名四年上表曰竊惟文武之名在人之極地德行之稱爲生之最首忠貞之美立朝之譽仁義之號處身之端自非職惟九官任當四嶽授曰爾諧讓稱僉往將何以克厭大名允茲令問自比以來官罔高卑人無貴賤皆飾辭假說用相褒舉求者不能量其多少與者不能覈其是非遂使冠履相貿名實皆爽謂之考功事同汎陟紛紛漫漫焉可勝言又在京之官積年十考其中或所事之主遷移數四或所奉之君身亡廢絕雖當時文簿記其殿最日久月遙散落都盡累年之後方求追訪無不苟相悅附共爲脣齒飾垢掩疵妄加丹素趣令得階而已無所顧惜賢達君子未免斯患中庸已降夫復何論官以求成身以請立上下相蒙莫斯爲甚又勤恤人隱咸歸守令厥任非輕所責實重然及其考課悉以六載爲約既而限滿代還復經六年而敘是則歲周十二始得一階於東南兩省文武閑職公府散佐無事冗官或數旬方應一直或朔望止於暫朝及其考日更得四年爲限是則一紀之中便登三級彼以實勞劇任而還貴之路至難此以散位虛名而升陟之方甚易何內外之相縣令厚薄之若此孟

子曰仁義忠信天爵也公卿大夫人爵也古之人修其天爵而人爵從之故雖文質異時汚隆殊世莫不寶茲名器不以假人是以賞罰之科恆自持也乃至周之藹藹五叔無官漢之察察館陶徒請誠以賞罰一差則無以懲勸至公暫替則覬覦相欺故至慎至惜殷勤若此況乎親非肺腑才乖秀逸或充單介之使始無汗馬之勞或說興利之規終縣十一之潤皆虛張無功妄指羸益坐獲數階之官籍成通顯之貴於是巧詐萌生僞辯鋒出役萬慮以求榮開百方而逐利抑之則其流已往引之則有何紀極夫琴瑟在於必和更張求其適調去者既不可追來者猶或宜改案周官太宰之職歲終則令官府各正所司受其會計聽其事致而詔於王三歲則大計羣吏之政而誅賞之愚謂今可粗依其準見居官者每歲終本曹皆明辯在官日月具覈才行能否審其實用而注其上下游辭宕說一無取焉列上尚書覆其合否如此紕繆即正而罰之不得方復推詰委下容其進退既定其優劣善惡交分經奏之後考功曹別書於黃紙油帛一通則本曹尚書與令僕印署留於門下一通則以侍中黃門印署掌在

尚書嚴加緘密不得開視考績之日然後對共裁量其外內考格裁非庸管乞求博議以爲畫一若殊謀異策事關廢興遐邇所談物無異議者自可臨時斟酌匪拘恒例至如援流引比之訴貪榮求級之請如不限以關鍵肆其傍通則蔓草難除涓流遂積穢我彝章撓茲大典謂宜明加禁斷以全至化詔付外博議以爲永式竟無所改時梁武弟子西豐侯正德來降寶夤表曰正德既不親親安能親人脫包此凶醜寘之列位百官是象其何誅焉臣釁結禍深痛纏骨髓日暮途遙報復無日豈區區於一豎哉但才雖庸近職居獻替愚衷寸抱敢不申陳正德既至京師朝廷待之尤薄歲餘還叛初秦州城人薛伯珍劉慶杜遷等反執刺史李彥推莫折大提爲首自稱秦王大提尋死其第四子念生竊號天子年曰天建置官僚以息阿胡爲太子其兄阿倪爲西河王弟天生爲高陽王伯珍爲東郡王安保爲平陽王天生率衆出隴東遂寇雍州屯於黑水朝廷甚憂之除寶夤開府西道行臺爲大都督西征明帝幸明堂以餞之寶夤與大都督崔延伯擊天生大破之追奔至小隴進討高平賊帥万俟醜奴於安定

更有負捷時有天水人呂伯度兄弟始共念生同逆後與兄衆保於顯親聚衆
討念生戰敗奔於胡琛琛以伯度爲大都督秦王資其士馬還征秦州大破念
生將杜粲於城紀又破其金城王莫折普賢於永洛城遂至顯親念生率衆身
自拒戰又大敗伯度乃背胡琛遣其兄子忻和率騎東引大軍念生事迫乃詐
降於寶夤朝廷嘉伯度立義之功授涇州刺史平秦郡公而大都督元脩義高
聿停軍隴口久不西進念生復反伯度爲醜奴所殺故賊勢更甚寶夤不能制
孝昌二年除寶夤侍中驃騎大將軍儀同三司假大將軍尚書令給前後部鼓
吹寶夤初自黑水終至平涼與賊相對年年攻擊賊亦憚之關中保全寶夤之
力三年正月除司空公出師既久兵將疲弊是月大敗還雍州有司處寶夤死
罪詔恕爲編戶四月除征西將軍雍州刺史開府西討大都督自關以西皆受
節度九月念生爲其常山王杜粲所殺合門皆盡粲降寶夤十月除尚書令復
其舊封時山東關西寇賊充斥王師屢北人情沮喪寶夤自以出師累年糜費
尤廣一旦復敗慮見猜責內不自安朝廷頗亦疑阻及遣御史中尉酈道元爲

珍做宋版印

關中大使寶夤謂密欲取己將有異圖問河東柳楷楷曰大王齊明帝子天下
所屬今日之舉實允人望且謠言鸞生十子九子㱩一子不㱩關中亂武王有
亂臣十人亂者理也大王當理關中何所疑慮道元行達陰盤驛寶夤密遣其
將郭子恢等攻殺之而詐收道元尸表言白賊所害遂反僭舉大號大赦其部
內稱隆緒元年立百官詔尚書僕射行臺長孫承業討之時北地毛鴻賓與其
兄遐紀率鄉義將討寶夤寶夤遣其將侯終德往攻遐終德還圖寶夤軍至白
門寶夤始覺與終德戰敗攜公主及其少子與部下百餘騎從後門出遂奔万
俟醜奴醜奴以寶夤爲太傅尒朱天光遣賀拔岳等破醜奴於安定追禽醜奴
及寶夤並送京師詔置閶闔門外都街中京師士女聚觀凡經三日吏部尚書
李神儁黄門侍郎高道穆並與寶夤素舊二人相與左右言於莊帝云其逆迹
事在前朝冀將救免會應詔王道習時自外至莊帝問道習在外所聞道習曰
唯聞陛下欲不殺蕭寶夤人云李尚書高黄門與寶夤周款並居得言之地必
能全之道習因曰若謂寶夤逆在前朝便將恕之敗在長安爲醜奴太傅豈非

陛下御歷之日賊臣不翦法欲安施帝然其言乃於太僕馳牛署賜死將刑神傳攜酒就之敘故舊因對之下泣寶夤夷然自持了不憂懼唯稱推天委命恨不終臣節公主攜男女就寶夤訣別慟哭極哀寶夤亦色貌不改寶夤三子皆公主所生並凡劣長子烈復尙明帝妹建德公主拜駙馬都尉坐寶夤反伏法次子權與小子凱射戲凱矢激中之死凱妻長孫承業女也輕薄無禮公主數加罪責凱竊銜恨妻復或說之天平中凱遣奴害公主乃轘凱於東市妻梟首家遂滅寶夤兄子贊

贊字德文本名綜初梁武滅齊齊廢主東昏侯寶卷宮人吳氏始孕匿不言及生贊梁武以爲己子封豫章王及長學涉有才思其母告之以實贊晝則談謔夜則銜悲涕泣有濟陰苗文寵安定梁話贊曲加禮接割血自誓布以心腹寵話感其情義深相然諾會元法僧以彭城叛入梁梁武命贊都督江北諸軍事鎮彭城時明帝遣安豐王延明臨淮王彧討之贊與寵話夜奔延明孝昌元年秋屆于洛陽陛見後就館舉哀追服三載寶夤時在關西遣使觀察問其形貌

斂眉悲感朝廷賞賜豐渥禮遇隆厚授司空封高平郡公丹陽王及寶夤反贊怖欲奔白鹿山至河橋爲北中所執朝議明其不相干預仍蒙慰免建義初轉司徒遷太尉尙帝姊壽陽長公主拜駙馬都尉出爲都督齊州刺史驃騎大將軍開府儀同三司寶夤見禽贊拜表請寶夤命尒朱兆父洛爲城人趙洛周所逐公主被錄送京尒朱世隆欲相陵逼公主守操被害贊旣棄州爲沙門潛詣長白山未幾至陽平病卒贊機辯文義頗有可觀而輕薄俶儻猶有父風普泰初迎其喪以王禮與公主合葬嵩山元象初吳人盜其喪還江東梁武猶以爲子祔葬蕭氏墓焉贊江南有子在魏無後

蕭正表字公儀梁武帝弟臨川王宏之子也在梁封山陰縣侯位北徐州刺史鎭鍾離正表長七尺九寸雖質貌豐美而性理短暗初梁武未有子以正表兄西豐侯正德爲子及自有子正德歸本私懷忿憾以正光三年背梁奔魏魏朝以其人才庸劣不禮焉尋逃歸梁梁武不之罪封爲臨賀王侯景將濟江知正德有恨密與交通許推爲主正德以船迎之景度攻揚州正表聞正德爲侯景

所推盤桓不赴援景尋以正表爲南兗州刺史封南郡王正表遂於歐陽立柵斷梁援軍南兗州刺史南康王蕭會理遣兵擊破之正表走還鍾離以武定七年據州内屬封蘭陵郡王尋除侍中太子太保開府儀同三司薨贈司空公諡曰昭烈子廣壽

蕭祗字敬式梁武帝弟南平王偉之子也少聰敏美容儀在梁封定襄縣侯位東揚州刺史于時江左承平政寬人慢祗獨莅以嚴切梁武悅之遷北兗州刺史太清二年侯景圍建業祗聞臺城失守遂來奔以武定七年至鄴齊文襄令魏收邢卲與相接對歷位太子少傅領平陽王師封清河郡公齊天保初授右光祿大夫領國子祭酒時梁元帝平侯景復與齊通好文宣欲放祗等還南俄而西魏克江陵遂留鄴卒贈中書監車騎大將軍揚州刺史子放字希逸隨祗至鄴祗卒放居喪以孝聞所居廬室前有二慈烏來集各據一樹爲巢自午以前馴庭飲啄午後更不下樹每臨時舒翅悲鳴全似哀泣家人則之未嘗有闕時以爲至孝所感服闋襲爵武平中待詔文林館放性好文詠頗善丹青因此

一珍倣宋版印

在宮中披覽書史及近世詩賦監畫工作屏風雜物見知遂被眷待累遷太子中庶子散騎常侍

蕭退梁武帝弟司空鄱陽王恢之子也退在梁封湘潭侯位青州刺史建業陷與從兄祗俱入東魏齊天保中位金紫光祿大夫卒子慨深沉有體表好學善草隸書南士中稱爲長者歷著作佐郎待詔文林館卒於司徒從事中郎

蕭泰字世怡亦恢之子也在梁封豐城侯位譙州刺史侯景襲而陷之因被執尋逃至江陵梁元帝平侯景以泰爲兼太常卿桂陽內史未至郡屬于謹平江陵遂隨兄修佐郢州及修卒卽以泰爲刺史湘州刺史王琳襲泰泰以州輸琳時陳武帝執政徵爲侍中不就乃奔齊爲永州刺史保定四年大將軍權景宣略地河南泰遂歸西魏以名犯周文帝諱稱字焉拜開府儀同三司封義興郡公授蔡州刺史政存簡惠深爲吏人所安卒官子寶嗣寶字季珍美風儀善談笑未弱冠名重一時隋文帝輔政引爲丞相府典籤開皇中至吏部侍郎後坐太子勇事誅時人寃之

蕭撝字智遐梁武帝弟安成王秀之子也性溫裕有儀表在梁封永豐縣侯東魏遣李諧盧元明使梁梁武帝以撝辭令可觀令兼中書侍郎受幣於賓館歷黃門侍郎累遷東巴西梓潼二郡守及侯景作亂武陵王紀稱尊號時宗室在蜀唯撝一人封撝秦郡王紀率衆東下以撝爲尚書令征西大將軍都督益州刺史守成都又令梁州刺史楊乾運守潼州周文帝知蜀兵寡弱遣大將軍尉遲迥總衆討之迥入劍閣長驅至成都撝見兵不滿萬人而倉庫空竭於是率文武於益州城北共迥升壇歃血立盟以城歸魏授侍中開府儀同三司封歸善縣公周閔帝踐阼進爵黃臺郡公武成中明帝令諸文儒於麟趾殿校定經史仍撰世譜撝亦豫焉尋以母老兼有疾疹請在外著書詔許之保定元年授禮部中大夫又以歸款功別賜食多陵縣五百戶收其租賦三年出爲上州刺史爲政以禮讓爲本嘗至元日獄中囚繫悉放歸家聽三日然後赴獄主者爭之撝曰昔王長虞延見稱前史吾雖寡德竊懷景行以之獲罪彌所甘心諸囚荷恩並依限而至吏人稱其惠化秩滿回還部人李漆等三百餘人上表乞留

珍倣宋版印

更兩載詔雖不許甚嘉美之及撝入朝屬置露門學武帝以撝與唐瑾元偉王褒等四人俱爲文學博士撝以母老表請歸養私門帝弗許尋以母憂去職歷少保少傅改封蔡陽郡公卒武帝舉哀於正武殿贈使持節大將軍大都督少傅益州刺史諡曰襄撝善草隸書名亞王褒算數醫方咸亦留意所著詩賦雜文數萬言頗行於世子濟字德成少仁厚頗好屬文爲東中郎將從撝入朝周孝閔帝踐阼除中外府記室後至蒲陽郡守

蕭圓肅字明恭梁武帝之孫武陵王紀之子也風度淹雅敏而好學紀稱尊號封宜都王除侍中紀下峽令圓肅副蕭撝守成都及尉遲迥至與撝俱降授開府儀同三司侍中封安化縣公周明帝初進棘城郡公以歸款勳別賜食思君縣五百戶收其租賦後拜咸陽郡守甚有政績尋改授太子少傅作少傅箴太子見而悅之致書勞問改授豐州刺史尋進位上開府儀同大將軍歷司宗中大夫洛州刺史進位大將軍隋開皇初授貝州刺史以母老請歸就養許之卒於家有文集十卷又撰時人詩筆爲文海四十卷廣堪十卷淮海離亂志四卷

行於世

蕭大圜字仁顯梁簡文帝第二十子也幼而聰敏年四歲能誦三都賦及孝經論語七歲居母喪便有成人性梁大寶元年封樂梁郡王丹陽尹屬侯景殺簡文大圜潛遁獲免景平歸建業時喪亂之後無所依乃寓居善覺佛寺人有以告王僧辯乃給船餼得往江陵梁元帝見之甚悅賜以越衫胡帶改封晉熙郡王除瑯邪彭城二郡太守時大圜兄汝南王大封等猶未通謁元帝性忌刻甚恨望之乃使大圜召之大圜卽日曉諭兩兄相繼出謁元帝乃安之大圜恐讒愬生乃屏絶人事門客左右不過三兩人不妄遊狎兄姊閒止牋疏而已恆以讀詩禮書易爲事元帝嘗自問五經要事數十條大圜詞約指明應答無滯帝甚歎美之因曰昔河閒好學爾既有之臨淄好文爾亦兼之然有東平爲善彌高前載及于謹軍至元帝乃令大封充使請和大圜副焉其實質也出至軍所信宿元帝降魏恭帝二年大圜至長安周文帝以客禮待之保定二年大封爲晉陵縣公大圜始寧縣公尋加大圜車騎大將軍儀同三司俄而開麟趾殿招

集學士大圜預焉梁武帝集四十卷簡文集九十卷各止一本江陵平後並藏祕閣大圜入麟趾方得見之乃手寫二集一年並畢識者稱歎之大圜深信因果心安閑放嘗云拂衣褰裳無吞舟之漏網挂冠縣節慮我志之未從儻獲展禽之免有美慈明之進如蒙北叟之放實勝濟南之徵其故何哉夫閭閻者有優遊之美朝廷者有簪佩之累蓋由來久矣留侯追蹤於松子陶朱成術於辛文良有以焉況乎智不逸羣行不高物而欲辛苦一生何其僻也豈如知足知止蕭然無累北山之北棄絕人閒南山之南超踰世網面修原而帶流水倚郊甸而枕平皋築蝸舍於叢林構環堵於幽薄近瞻烟霧遠睇風雲藉纖草以蔭長松結幽蘭而援芳桂仰翔禽於百仞俯泳鱗於千尋果園在後開窗以臨花卉蔬圃居前坐簷而看灌畎二頃以供饘粥十畝以給絲麻侍兒五三可充紝織家僮數四足代耕耘沽酪牧羊協潘生之志畜雞種黍應莊叟之言穫菽尋氾氏之書露葵徵尹君之錄烹羔豚而介春酒迎伏臘而候歲時披良書採至賾歌纂纂唱烏烏可以娛神可以散慮有朋自遠揚榷古今田畯相過劇談稼

稽斯亦足矣樂不可支永保性命何畏憂責豈若蹙足入絆申頸就羈遊帝王之門趨宰衡之勢不知飄塵之少選寧覺年祀之斯須萬物營營靡存其意天道昧昧安可問哉嗟乎人生若浮朝露寧俟長繩繫景實所願言執燭夜遊驚其迅邁百年幾何擎跽曲拳四時如流俛眉躡足出處無成語默奚當非直丘明所恥抑亦宣尼恥之建德四年除滕王逌友逌嘗問大圜曰吾聞湘東王作梁史有之乎餘傳乃可抑揚帝紀奚若隱則非實記則攘羊對曰言之妄也如使有之亦不足怪昔漢明為世祖紀章帝為顯宗紀殷鑒不遠足為成例且君子之過如日月之蝕彰於四海安得而隱之蓋子為父隱直在其中諱國之惡抑又禮也逌乃大笑後大軍拔晉州或問大圜師遂克不對曰高歡昔以晉州肇基偽迹今本既拔矣能無亡乎所謂君以此始必以此終居數月齊氏果滅聞者以為知言隋開皇初拜內史侍郎卒於西河郡守撰梁舊事三十卷寓記三卷士喪儀注五卷要決兩卷幷文集二十卷大封位開府儀同三司陳州刺史

論曰諸司馬以亂亡歸命楚之最可稱乎其餘碌碌未足論也而以往代遺緒並當位遇可謂幸矣劉昶猜疑懼禍蕭賁亡破之餘並潛骸竄影委命上國俱稱曉了咸當位遇雖有枕戈之志終無鞭墓之成昶諸子狂疎喪其家業寶夤背恩忘義梟獍其心蕭贊臨邊脫身晚去雖賊寵祿頓臻顛狽旋至信吉凶之相倚也梁氏云季子弟奔亡正表動不由仁胡顏之甚祗退泰攜圓肅大圓等雖羈旅異國而終享榮名非素有鎡基懷文抱質亦何能至於此也方武陵擁衆東下任攜以蕭何之事君臣之道既篤家國之情亦隆金石不足比其心河水不足明其誓及魏安之至城下旬日而智力俱竭委金湯而不守舉庸蜀而來王若乃見機而作誠有之矣守節沒齒則未可焉

北史卷二十九

珍傲朱版邨

北史卷二十九考證

司馬楚之傳唯得一刀削○削魏書作鞘

劉昶傳承緒子暉字重昌為世子襲封○魏書昶長子文遠次輝字重昌今上文云昶嫡子承緒此云承緒子暉恐有誤

蕭寶夤傳文榮與其從天龍惠連等三人○從字下魏書有子字

尋尚南陽長公主公主有婦德寶夤盡雍和之禮○寶夤上魏書有事字

初秦州城人薛伯珍劉慶杜遷等反○魏書無伯字殆因下文莫折念生有弟伯珍而誤也

贊傳孝昌元年○元年監本誤宗悲今改從魏書

蕭正表傳景度攻楊州○度字下一本有江字

北史卷二十九考證

珍倣宋版印

北史卷三十

唐　李延壽　撰

列傳第十八

盧玄 玄孫思道 昌衡 元明 潛　盧柔 子愷　盧觀 弟仲宣 叔彪 從子文偉

盧同 子斐 兄子景裕 景裕弟辯 光 光子賁 光從弟勇　盧誕

盧玄字子真范陽涿人也曾祖諶晉司空劉琨從事中郎祖偃父邈並仕慕容氏偃為營丘太守邈為范陽太守皆以儒雅稱神䴥四年太武辟召天下儒儁以玄為首授中書博士遷侍郎本州大中正使馮弘稱臣請附外兄司徒崔浩每與言輒歎曰對子真使我懷古之情更深浩大欲齊整人倫分明姓族玄曰創制立事各有其時樂為此者詎幾人也宜三思浩當時雖無以異之竟於不納浩敗頗亦由此後賜爵固安子散騎常侍使宋宋文帝與之言嘉歎良久曰中郎卿曾祖也還遇疾歸鄉卒贈平東將軍幽州刺史固安侯謚曰宣子度世字子遷幼聰達有計數為中書學生應選東宮弱冠與從兄遐俱以學行為時

流所重遐特爲崔浩所敬位至尚書光祿大夫范陽子度世後以崔浩事棄官逃於高陽鄭羆家羆匿之使者因羆長子將加捶楚羆誡之曰君子殺身以成仁汝雖死勿言子奉父命遂被拷掠乃至火爇其體因以物故卒無所言度世後令弟娶羆妹以報其恩大武臨江宋文使其殿上將軍黃延年至帝問曰盧度世坐與崔浩親通逃命江表應已至彼延年對曰都下無聞當必不至帝詔東宮赦度世宗族逃亡籍沒者度世乃出拜中書侍郎襲爵興安初兼太常卿立保太后父遼西獻王廟進爵爲侯後除散騎侍郎使宋應對宋侍中柳元景失衷還被禁劾經年乃釋除濟州刺史州接邊境將士數相侵掠度世乃禁勒所統還其俘虜二境以寧後坐事免尋除青州刺史未拜卒諡曰惠四子伯源敏昶尚之初玄有五子唯度世嫡餘皆別生崔浩之難其庶兄弟桓欲害之度世常深忿恨及度世有子每誡絕妾孽以防後患至伯源兄弟婢妾生子雖形貌相類皆不舉接爲識者所非伯源小名陽烏性温雅寡欲有祖父風敦尚學業閨門和睦襲侯爵降爲伯累加祕書監本州大中正時孝文帝將立馮后先

問伯源請更餉卜帝曰以先后之姪朕意已定伯源曰雖奉勑如此然臣心實有未盡及朝臣集議執意如前馮誕有盛寵深以爲恨伯源不以介懷及孝文議伐齊伯源表以爲萬乘親戎轉運難繼詔雖不從而優答之尋以齊武帝殂停師時涇州羌叛殘破城邑伯源以步騎六千號三萬徐行而進未經三旬賊衆逃散降者數萬口唯梟首惡餘悉不問詔兼侍中初伯源年十四嘗詣長安將還餞送者五十餘人別於渭北有相者扶風人王遶曰諸君皆不如此盧郎雖位不副實然得聲名甚盛望踰公輔後二十餘年當制命關右願不相忘此行也相者年過八十詣軍門請見言敘平生未幾守儀曹尚書及齊雍州刺史曹武請降乃以伯源爲使持節安南將軍督前鋒諸軍徑赴樊鄧辭以儒生不行軍事帝不許伯源曰臣恐曹武爲周魴耳陛下宜審之武果僞降伯源乃進攻赭陽師敗坐免官爵尋遭母憂服闋兼太尉長史後爲徐州京兆王愉兼長史愉時年少事無巨細多決於伯源伯源以誠信御物甚得東南人和南徐州刺史沈陵密謀叛伯源屢有表聞朝廷不納陵果逃叛陵之餘黨伯源皆撫而

赦之唯歸罪於陵由是衆心乃安景明初卒於祕書監年四十八贈幽州刺史復本爵固安伯謚曰懿初湛父志法鍾繇書子孫傳業累世有能名至邈以上兼善草跡伯源習家法代京宮殿多其所題白馬公崔宏亦善書世傳衛瓘體魏初工書者崔盧二門伯源與李沖特相友善沖重伯源門風伯源私沖才官故結爲婚姻往來親密至於伯源荷孝文意遇頗亦由沖伯源有八子長子道將字祖業應襲父爵而讓第八弟道舒詔不許道將引清河王國常侍韓子熙讓弟采魯陽男之例詔乃許之道將涉獵經史風氣謇諤頗有文才爲一家後來之冠諸父並敬憚之彭城王勰任城王澄皆虛衿相待勰爲中軍大將軍辟行參軍累遷燕郡太守道將下車表樂毅霍原之墓爲之立祠優禮儒生厲勸學業敦課農桑墾田歲倍卒於司徒司馬贈太常卿謚曰獻所爲文筆數十篇子懷祖太學博士員外散騎侍郎卒子莊少有美名位都水使者卒官懷祖弟懷仁字子友涉學有辭性恬靜蕭然有閑雅致歷太尉記室弘農郡守不之任卜居陳留界所著詩賦銘頌二萬餘言撰中表實錄二十卷懷仁有行檢善與

人交與琅邪王衍隴西李壽之情好相得常語衍云昔太丘道廣許劭知而不顧嵇生峭立鍾會遇而絶言吾處季孟之間去其太甚衍以爲然子彥卿有學尙仕隋位御史撰後魏紀三十卷貞觀中位石門令東宮學士道將弟道亮字仲業隱居不仕子思道

思道字子行聰爽俊辯通侻不羈年十六中山劉松爲人作碑銘以示思道思道讀之多所不解乃感激讀書師事河閒邢子才後復爲文示松松不能甚解乃喟然歎曰學之有益豈徒然哉因就魏收借異書數年閒才學兼著然不持操行好輕侮人物齊天保中魏史成思道多所非毀由是前後再被笞辱因而落泊不調後左僕射楊遵彥薦之於朝解褐司空行參軍長兼員外散騎侍郎直中書省文宣帝崩當朝文士各作挽歌十首擇其善者而用之魏收陽休之祖孝徵等不過得一二首唯思道獨有八篇故時人稱爲八米盧郎後漏泄省中語出爲丞相西閤祭酒歷太子舍人司徒錄事參軍每居官多被譴辱後以擅用庫錢免歸家嘗於薊北悵然感慨爲五言詩見意世以爲工後爲給事黃

門侍郎待詔文林館周武帝平齊授儀同三司追赴長安與同輩陽休之等數人作聽蟬鳴篇思道所爲詞意清切爲時人所重新野庾信徧覽諸同作者而深歎美之未幾母疾還鄉遇同郡祖英伯及從兄昌期等舉兵作亂思道預焉柱國宇文神舉討平之思道罪當斬已在死中神舉素聞其名引出令作露布援筆立成文不加點神舉嘉而宥之後除掌教上士隋文帝爲丞相遷武陽太守位下不得志爲孤鴻賦以寄其情其序曰余志學之歲自鄉里遊京師便見識知音歷受羣公之眷年登弱冠甫就朝列談者過誤遂竊虛名通人楊令君邢特進以下皆分庭致敬倒屣相接翦拂吹噓長其光價而才本駑拙性實疎嬾勢力貨殖淡然不營雖籠絆朝市且三十載而獨往之心未始去懷抱也攝生舛和有少氣疾分符坐嘯作守東原洪河之湄沃野彌望囂務既屏魚鳥爲隣有離羣之鴻爲羅者所獲野人馴養貢之於余置諸池庭朝夕賞翫既用銷憂兼以輕疾大易稱鴻漸於陸羽儀盛也揚子曰鴻飛冥冥鶱翥高也淮南子云東歸碣石違溽暑也平子賦南翔衡陽避祁寒也若其雅步清音遠心高韻

鵷鸞已降罕見其儔而鍛翮牆陰偶影獨立唼喋粃稗雜鶩爲伍不亦傷乎余
五十之年忽焉已至永言身事慨然多緒乃爲之賦聊以自慰云開皇初以母
老表請解職優詔許之思道恃才地多所陵轢由是官塗淪滯旣而又著勞生
論指切當世歲餘奉詔郊勞陳使頃之遭母憂未幾起爲散騎侍郎參內史侍
郎事于時議置六卿將除大理思道上奏曰省有駕部寺留太僕省有刑部寺
除大理斯則重畜產而賤刑名誠爲不可又陳殿庭非杖罰之所朝臣犯笞罪
請以贖論上悉嘉納之是歲卒于京師上甚惜之遣使弔祭焉集二十卷行於
世子赤松大業中位河東縣長道亮弟道裕字寧祖少以學尙知名風儀兼美
尙獻文女樂浪長公主拜駙馬都尉歷位中書侍郎太子中庶子幽州大中正
卒於涇州刺史謚曰文道裕弟道虔字慶祖粗閑經史兼通算術尙孝文女濟
南長公主拜駙馬都尉公主驕淫聲穢遐邇無疾暴薨時云道虔所害宣武祕
其事不苦窮之後靈太后追主薨事黜道虔令終身不仕道虔外生李彧尙莊
帝姊豐亭公主因相藉託永安中除輔國將軍通直常侍以議曆勳賜爵臨淄

伯天平中歷都官尚書本州大中正幽州刺史加衞大將軍卒官贈尚書右僕
射司空公瀛州刺史諡曰文恭道虔好禮學難齊尚書令王儉喪服集記七十
餘條爲尚書同寮於草屋下設鷄黍之膳談者以爲高昧旦將上省必見其弟
然後去奴在馬上彈琵琶道虔聞之杖奴一百公主二子昌寓昌仁昌寓不慧
昌仁早卒道虔又娶司馬氏有子昌裕後司馬氏見出更娉元氏甚聰悟常升
高座講老子道虔從弟元明隔紗幃以聽焉元氏生二子昌期昌衡昌衡最知
名
昌衡字子均小字龍子沉靖有才識風神澹雅容止可法博涉經史工草行書
從弟思道小字釋奴宗中稱英妙昌衡與之俱被推重故幽州語曰盧家千里
釋奴龍子仕魏兼太尉外兵參軍齊受禪歷平恩令右僕射祖孝徵薦爲尚書
金部郎孝徵每曰吾用盧子均爲尚書郎自謂無愧幽明始天保中尚書王昕
以雅談獲罪諸弟尚守而不墜自茲以後此道浸微昌衡與頓丘李若彭城劉
珉河南陸彥師隴西辛德源王循並爲後進風流之士後兼散騎侍郎迎勞周

使周武平齊授司玉中士與太宗伯斛斯徵修禮令隋開皇初拜尚書祠部侍郎文帝嘗大集羣下令自陳功人皆競進昌衡獨無所言左僕射高熲目而異之陳使賀徹周濆相繼來聘朝廷每令昌衡接對之未幾出爲徐州總管長史甚有能名吏部尙書蘇威考之曰德爲世表行爲士則論之者以爲美談常行至浚儀所乘馬爲人牛所觸致死牛主陳謝求還價直昌衡謂曰六畜相觸自關常理此豈人情也君何謝焉拒而不受性寬厚不校皆此類也轉壽州總管長史宇文述甚敬之委以州務歲餘遷金州刺史仁壽中奉詔持節爲河南道巡省大使及還以奉使稱旨授儀同三司賜物二百段昌衡自以年在懸車上表乞骸骨優詔不許大業初徵爲太子左庶子行詣洛陽道卒子寶素寶胤道虔弟道侃字希祖沉雅有學尙位州主簿卒以弟道約子正達爲後道侃弟道和字叔雍兄弟之中人望最下位冀州中軍府中兵參軍卒子景猷弘農太守景猷子士彥有風概隋開皇中爲蜀王秀屬以秀所爲不軌辭疾終於家道和弟道約字季恭位司徒屬幽州大中正興和末除衛大將軍兗州刺史在州頗

得人和卒贈儀同三司幽州刺史子正通少有令譽位開府諮議卒妻謝氏與
正通弟正思淫亂爲御史所劾人士疾之正思弟正山字公順早以文學見知
爲符璽郎待詔文林館正思兄弟以齊太后舅氏武平中並得優贈道約弟道
舒字幼安襲父爵位中書侍郎卒子熙裕清虛守道有古人風襲熙裕爲親表
所敬伯源弟敏字仲通小字洪崖少有大量孝文器之納其女爲嬪位儀曹郎
早卒贈威遠將軍范陽太守諡曰靖五子長義僖字遠慶早有學尚識度沈雅
年九歲喪父便有至性少爲僕射李沖所歎美起家祕書郎累遷冠軍將軍中
散大夫以母憂去職幽州刺史王誦與之交款每與故舊李神儁等書曰盧冠
軍在此時復惠存輒連數日得以諮詢政道其見重若此後拜征虜將軍太中
大夫散秩多年澹然自得李神儁勸其干謁當途義僖曰旣學先王之道貴行
先王之志何得苟求富貴也孝昌中除散騎常侍時靈太后臨朝黃門侍郎李
神軌勢傾朝野求結婚姻義僖慮其必敗拒而不許王誦謂義僖曰昔人不以
一女易五男卿易之也義僖曰所以不從正謂此耳從恐禍大而連速誦乃握

義僖手曰我聞有命不敢以告人遂適他族臨婚之夕靈太后遣中常侍服景就家勑停內外惶怖義僖夷然自若普泰中除都官尚書驃騎大將軍左光祿大夫義僖寬和畏慎不妄交款性清儉不營財利少時幽州頻遭水旱先有數萬石穀貸人義僖以年穀不熟乃燔其契州閭悅其恩德雖居顯位每至困乏麥飯蔬食怡然甘之卒贈大將軍儀同三司瀛州刺史諡曰孝簡子遜之清靖寡欲位太尉記室參軍義僖四弟並遠不逮兄也

敏弟昶字叔達小字師顏學涉經史早有時譽太和中兼員外散騎常侍使於齊孝文詔昶曰密邇江揚不早當晚會是朕物卿等欲言便言無相疑難又勑副使王清石曰卿莫以南人語致疑盧昶若彼先有知識欲見但見須論即論昶正寬柔君子無多文才或主客命卿作詩莫以昶不作便罷也凡使人以和爲貴勿相矜夸見於色貌及至彼遇齊明立孝文南討昶兄伯源爲別道將而齊明以朝廷加兵遂酷遇之昶等本非骨鯁大怖淚汗橫流齊明以腐米臭魚莝豆供之而謁者張思寧辭氣謇愕遂以壯烈死於館中昶還孝文責之曰銜

命之禮有死無辱雖流放海隅猶宜抱節致殞卿不能長纓羈首已是可恨乃俛眉飲啄自同犬馬有生必死修短幾何卿若殺身成名貽之竹素何如甘彼芻菽以辱君父縱不能遠慚蘇武寧不近愧思寧遂見罷黜景明初除中書侍郎遷給事黃門侍郎本州大中正散騎常侍兼尚書時洛陽縣獲白鼠昶奏以爲案瑞典外鎮刺史二千石令長不祗上命刻暴百姓怨嗟則白鼠至因陳時政多所勸誡詔書褒美其意轉侍中又兼吏部尚書尋卽正仍侍中昶守職而已無所激揚與侍中元暉等更相朋附爲宣武所寵時人鄙之出爲徐州刺史昶既儒生本少將略又羊祉子燮爲昶司馬專任戎事掩昶耳目將士怨之朐山戍主傅文驥糧樵俱罄以城降梁昶見城降先走退諸軍相尋奔遁遇大寒軍人凍死及落手足者太半自魏經略江右唯中山王英敗於鍾離昶於朐山失利最爲甚焉宣武遣黃門甄琛馳驛鎖昶窮其敗狀詔以免官論月餘將統以下悉聽依赦復任未幾拜太常卿仍除雍州刺史進號鎮西將軍加散騎常侍卒官諡曰穆昶寬和矜恕善於綏懷其在徐州戍兵有疾親自檢恤至番兵

年滿不歸容充後役終䘏一政然後始還人庶稱之

子元聿字仲訓無他才能尙孝文女義陽長公主拜駙馬都尉位太尉司馬光祿大夫卒贈中書監子士晟儀同開府掾元聿第五弟元明字幼章涉歷羣書兼有文義風彩閑潤進退可觀永安初長兼尙書令臨淮王彧欽愛之及彧開府引爲兼屬仍領部曲孝武登阼以郎任行禮封城陽縣子遷中書侍郎永熙末居洛東緱山乃作幽居賦焉於時元明友人王由居頴川忽夢由攜酒就之言別賦詩爲贈及明憶其詩十字云自茲一去後市朝不復遊元明歎曰由性不狎俗旅寄人間乃有今夢詩復如此必有他故經三日果聞由爲亂兵所害尋其亡日即是發夢之夜天平中兼吏部郎中副李諧使梁南人稱之還拜尙書右丞相轉散騎常侍監起居積年在史館了不措意又兼黃門郎本州大中正元明善自標置不妄交遊飲酒賦詩遇與忘返性好玄理作史子雜論數十篇諸文別有集錄少時常從鄉還洛途遇相州刺史中山王熙熙博識之士見而歎曰盧郎有如此風神唯須誦離騷飲美酒自爲佳器遂留之數日贈帛及

馬而別元明凡三娶次妻鄭氏與元明兄子士啓淫汙元明不能離絶又好以
世地自矜時論以此貶之元明弟元緝字幼緒兇麤好酒曾於婦氏飲宴小有
不平手刃其客位輔國將軍司徒司馬贈驃騎大將軍吏部尚書幽州刺史諡
曰宣昶弟尙之字季儒小字羨夏亦以儒素見重位司徒左長史前將軍濟州
刺史光祿大夫長子文甫字元祐涉歷文史有名譽於時位司空行參軍文甫
弟文翼字仲祐少甚輕躁晚頗改節以軍功賜爵范陽子位太中大夫文翼弟
文符字叔偉性通率位通直散騎侍郎子潛潛容貌瓌偉善言談少有成人志
尙累遷大將軍府中兵參軍機事強濟爲文襄所知言其終可大用王思政見
獲於潁川文襄重其才識潛常從容白文襄思政不能死節何足可重文襄謂
左右曰我有盧潛便是更得一王思政天保中除左戶郎中坐譏議魏書與王
松年李庶等俱被禁止會清河王岳救江陵特赦潛爲岳行臺郎還歷中書黃
門侍郎爲奴誣告謀反文宣明之以奴付潛潛不之責黃門鄭子默奏潛從清
河王岳南討岳令潛說梁將侯瑱大納瑱賂遺還不奏聞文宣杖潛一百仍截

珍倣宋版印

其鬢潛顏色不變歷魏尹丞司州別駕江州刺史所在有善政孝昭作相以潛爲揚州道行臺左丞先是梁將王琳擁其主蕭莊歸壽陽朝廷以琳爲揚州刺史勑潛與琳爲南討經略後除行臺尚書儀同三司王琳銳意圖南潛以爲時事未可由是與琳有隙更相表列武成追琳入鄴除潛揚州刺史領行臺尚書潛在淮南十三年大樹風績爲陳人所憚陳主與其邊將書云盧潛猶在鄉宜深備之文宣初平淮南給復十年年滿後逮天統武平中徵稅頗雜又高元海執政斷漁獵人家無以自資諸商胡負官責息者宦者陳德信縱其妄注淮南富家令州縣徵責又勑送突厥馬數千匹於揚州管內令士豪貴買之錢直始入便出勑括江淮間馬並送官廐由是百姓騷擾切齒嗟怨潛隨事撫慰兼行權略故得寧靖武平三年徵爲五兵尚書揚州吏人以潛斷酒肉篤信釋氏大設僧會以香花緣道流涕送之潛歎曰正恐不久復來耳至鄴未幾復爲揚州道行臺尚書四年陳將吳明徹來寇領軍封輔相赴援陳兵及峴輔相不從潛固爭不得憂情發病臥幕下果敗陳人遂圍壽陽壅芍陂以水灌之詔王長春

爲南討都督長春軍次河南多給兵士糧便鳴角欲引而賤糴其米及頓兵更
貴糴其米乃之虔景和擁衆十萬於淮北不進壽陽城中青黑龍升天城尋陷
濳及行臺僕射王貴顯特進巴陵王王琳扶風王可朱渾孝裕武衛將軍奚永
樂儀同索景和仁州刺史酈伯偉霍州刺史封子繡泰州刺史高子植行臺左
丞李騊駼等督將五十八軍士一萬皆沒焉陳人殺王琳餘皆囚於東冶陳主
欲知齊之虛實乃出濳曰因本屬幽州於河北最小口有五十萬落陳者唯與
酈伯偉二人耳時李騊駼將逃歸并要濳濳曰我此頭面何可誑人吾少時相
者云沒在吳越地死生已定弟其行也因寄書與弟士邃曰吾夢汝以某月某
日得患某月某日漸損皆如其言旣而歎曰壽陽陷吾以頸血濺城而死佛教
不聽自殺故荏苒偷生今可死矣於是閉氣而絕其家購屍歸葬贈開府儀同
三司尙書左僕射兗州刺史無子以弟士邃子元孝嗣濳雅性貞固祖珽常要
濳陷仁州刺史劉逖許以高位濳曰如此事吾不爲也行臺慕容特德常所推
重有疾謂其子曰盧尙書教我爲人有如昆弟我死持上驛馬與之其子以他

馬往恃德柩出門自停不可動巫祝以爲恃德聲怒曰何不與盧尚書我所騎騂馬其子遽奉命柩乃行潛以馬價爲營福事其爲時重如此士遽字子淹少爲崔昂所知昂云此昆季足爲後生之俊但恨其俱不讀書耳位尚書左右丞吏部郎中中山太守帶定州長史齊亡後卒度世之爲濟州也魏初平升城無鹽房崇吉母傅度世繼外祖母兄之子婦也兗州刺史申纂妻賈氏崇吉之姑女也皆亡被老病憔悴而度世推計中表致其供恤每覲見傅氏跪問起居隨時奉送衣被食物亦存賑賈氏供其服膳青州既陷諸崔墜落多所收贖及伯源昶等並循父風遠親疎屬敘爲尊行長者莫不畢拜致敬閨門之禮爲世所推謙退簡約不與世競父母亡後同居共財自祖至孫家內百口在洛時有饑年無以自贍然尊卑怡穆豐儉同之親從昆季常旦省諸父出坐別室暮乃入內朝府之外不妄交遊其相勗以禮如此又一門二主當世以爲榮伯源兄弟亡及道將卒後家風衰損子孫多有非法帷薄混穢爲時所鄙度世從祖弟神寶位中書博士孝文爲弟高陽王雍納其女爲妃初玄從祖兄溥慕容寶之末

統攝鄉部屯海濱殺其鄉姻諸祖十餘人稱征北大將軍幽州刺史攻掠郡縣天興中討禽之溥玄孫洪字曾孫太和中位中書博士樂陵陽平二郡太守幽州中正洪三子長子崇少立美名有識者許之以遠大卒於驃騎府曹參軍崇子柔

柔字子剛少孤爲叔母所養撫視甚於其子柔盡心温清亦同己親親族歎重之性聰敏好學未冠解屬文但口吃不能持論頗使酒誕節爲世所譏司徒臨淮王彧見而器之以女妻焉及魏孝武與齊神武有隙詔賀拔勝出牧荊州柔謂因此可著功績遂從勝之荊州以柔爲大行臺郎中掌書記軍之機務柔多預之及勝爲太保以柔爲掾孝武後召勝引兵赴洛勝以問柔柔曰高歡託晉陽之甲意實難知公宜席卷赴都與決勝負存沒以之此忠之上策也若北阻魯陽南幷舊楚東連兗預西接關中帶甲十萬觀釁而動亦中策也舉三荊之地通款梁國可以庇身功名去矣策之下者勝輕柔年少笑而不應及孝武西遷東魏遣侯景襲穰勝敗遂南奔梁柔亦從之勝頻表梁武帝求歸關中梁武

珍倣宋版印

帝覽表嘉其辭彩旣知柔所製因遣舍人勞問幷遺縑錦後與勝俱還行至襄陽齊神武懼勝西入遣侯景以輕騎邀之勝及柔懼乃棄船山行贏糧冒險經數百里時屬秋霖徒侶凍餒者大半至於死大統二年至長安封容城縣男周文帝引爲行臺郎中除從事中郎與郎中蘇綽掌機密時沙苑之役大軍屢捷汝潁之間多舉義來附書翰往反日百餘牒柔隨機報答皆合事宜進爵爲子累遷中書侍郎兼著作撰起居注後爲黃門侍郎周文知其貧解衣賜之後還中書監周孝閔帝踐阼拜小內史大夫進位開府儀同三司卒於位所作詩頌碑銘檄表啓行於世者數十篇子愷嗣

愷字長仁性孝友神清穎悟涉獵經史有當世幹能頗解屬文周齊王憲引爲記室從憲伐齊說齊柏社鎭下之遷小吏部大夫時染工王神歡者以賂自進冢宰宇文護擢爲計部下大夫愷諫曰古者登高能賦可爲大夫求賢審官理須詳愼今神歡出自染工更無殊異徒以家富自通遂與搢紳並列實恐鵜翼之刺聞之外境護竟寢其事轉內史下大夫武帝在雲陽宮敕諸屯簡老牛欲

以享士愷諫曰昔田子方贖老馬君子以爲美談向奉明勑欲以老牛享士有虧仁政帝美其言而止轉禮部大夫爲聘陳使副先是行人多行其國禮及愷爲使一依本朝陳人莫能屈建德四年李穆攻拔軹關柏崖二鎮命愷作露布帝讀大悅曰盧愷文章大進荀景倩故是令君之子大象元年拜東都吏部大夫隋開皇初加上儀同三司除尚書吏部侍郎進爵爲侯仍攝尚書左丞每有敷奏侃然正色雖逢喜怒不改其常加散騎常侍八年上親考百寮以愷爲上固讓不敢受文帝曰當仁不讓何愧之有皆在朕心無勞飾讓歲餘拜禮部尚書攝吏部尚書事會國子博士何妥與右僕射蘇威不平奏威陰事愷坐與相連憲司奏愷曰房恭懿者尉遲迥之黨不當仕進威愷二人曲相薦達累轉海州刺史吏部預選者甚多愷不即授官皆注色而遣威之從父弟徹肅二人並以鄉正徵詣吏部徹文狀後至而先任用肅左足攣蹇才用無算愷以威故授朝請郎愷之朋黨事甚明白上大怒曰愷敢將天官以爲私惠愷免冠頓首曰皇太子將以通事舍人蘇夔爲舍人夔威之子臣以夔未當遷固啓而止臣若

與威有私豈當如此上曰威子朝廷共知卿乃固執以徼身幸至所不知便行
朋附姦臣之行也於是除名卒於家自周氏以降選無清濁及愷攝吏部與薛
道衡陸彥師等甄別士流故涉黨固之譖遂及於此崇弟仲義字小黑知名於
世位員外散騎侍郎幽州刺史崇兄弟官雖不達婚姻常與玄家齊等洪弟光
宗位尚書郎光宗子觀
觀字伯舉少好學有儁才舉秀才射策甲科除太學博士著作佐郎與太常少
卿李神儁光祿大夫王誦等在尚書上省撰定朝儀遷尚書儀曹郎中孝昌元
年卒
觀弟仲宣小名金才學優洽乃踰於觀但文體頗細兄弟俱以文章顯論者美
之位太尉屬魏孝莊帝初遇害河陰乃兄觀並無子文集莫爲撰次罕有存者
仲宣弟叔虎
叔虎少機悟豪率輕俠好奇策慕諸葛亮之爲人爲賀拔勝荊州開府長史勝
不用其計棄城奔梁叔虎歸本縣築室臨陂優遊自適齊文襄降辟書辭疾不

到天保初復徵不得已布裙露車至鄴楊愔往候之以爲司徒諮議辭疾不受
孝昭即位召爲中庶子問以世事叔彪勸討關西畫地陳兵勢請立重鎮於平
陽與彼蒲州相對深溝高壘運糧實之帝深納之又願自居平陽成此謀略帝
命元文遙與叔彪參謀撰平西策一卷未幾帝崩事寢武成即位拜儀同三司
判都官尚書出爲金州刺史遷太子詹事叔彪在鄉時有粟千石每至春夏鄉
人無食者令自載取至秋任還其價而不計歲歲常得倍餘既在朝通貴自以
年老兒子又多遂營一大屋曰歌於斯哭於斯魏收常來詣之訪以洛京舊事
不待食而起云難爲子費叔彪留之良久食至但有粟飧葵菜木椀盛之片脯
而已所將僕從亦盡設食一與此同齊滅歸范陽遭亂城陷與族弟士邃皆以
寒餒斃周將宇文神舉以二人有名德收而葬之洪從弟附伯附伯弟侍伯並
有學識附伯位滄州平東府長史侍伯南岐州刺史侍伯從弟文偉
文偉字休族父敞位議郎後以文偉勳贈幽州刺史文偉少孤有志尚頗涉經
史州辟主簿年三十八始舉秀才除本州平北府長流參軍說刺史裴儁案舊

迹修督亢陂漑田萬餘頃人賴其利脩立之功多以委之文偉既善於營理兼展私力家素貧儉因此致富及北方將亂文偉積稻穀於范陽城時經荒儉多所振贍彌爲鄉里所歸及韓樓據薊城文偉率鄉閭守范陽樓平以功封大夏縣男除范陽太守莊帝崩文偉與幽州刺史劉靈助同謀起義靈助克瀛州留文偉行州事自率兵赴定州爲尒朱榮將侯深所敗文偉走還本郡仍與高乾兄弟相影響屬神武至信都文偉遣子懷道奉啓陳謝中興初除安州刺史不之官尋轉幽州刺史安州刺史盧曹亦從靈助舉兵靈助敗因據幽州降爾朱兆兆仍以爲刺史儀城不下文偉不得入後除青州刺史文偉輕財愛客善於撫接好爲小惠是以所在頗得人情經紀生資常若不遺致財積聚承候寵要餉遺不絶卒贈司徒公尚書右僕射謚曰孝威子恭道性温良頗有文學位范陽郡太守有德惠先文偉卒贈度支尚書謚山定子詢祖襲祖爵大夏男有術學文辭華美爲後生之俊舉秀才至鄴趙郡李祖勳嘗宴諸文士齊文宣使小黄門勑祖勳母曰蠕蠕既破何無賀表使者時之諸賓皆爲表詢祖俄頃便

成其詞云昔十萬橫行樊將軍請而受屈五千深入李都尉降而不歸時重其工後朝廷大遷除同日催拜詢祖立於東止車門外爲二十餘人作表文不加點辭理可觀詢祖初襲爵有宿德朝士謂曰大夏初成詢祖應聲曰且得燕雀相賀天保末爲築長城子使自負其才內懷鬱怏遂毀容服如賤役者以見楊愔愔曰故舊皆有所縻唯大夏未加處分詢祖厲聲曰是誰之咎既至役所作築長城賦以寄其意其略曰板則紫柏杵則木瓜何斯材而斯用也草則離離靡靡緣岡而殖但使十步而有一芳余亦何辭間於荊棘邢邵常戲曰卿小年才學富盛戴角者無上齒恐卿不壽對曰詢祖初聞此言實懷惕懼見丈人蒼蒼在鬢差以自安邵甚重其敏贍既有口辯好臧否人物衆共嫉之言其淫於從妹宗人思道謂曰大夏何爲招四海議詢祖曰骨肉還相殘何況執玉帛者萬國與思道俱爲北州人後魏收揚譽思道而以詢祖爲不及詢祖謂人曰見未能高飛者借其羽毛知逸勢沖天者翦其翅翮既諸謗毀日至素論皆薄其爲人長廣太守邢子廣曰詢祖有規檢禰衡思道無冰稜文舉後頗折節歷太

子舍人司徒記室卒有文集十卷皆遺逸恭道弟懷道性輕率好酒頗有慕尚旣家預義舉神武親待之卒於烏蘇鎮城都督懷道弟宗道性麤率動作狂俠位南營州刺史嘗於晉陽置酒賓遊滿座中書舍人馬士達目其彈箜篌女妓云手甚纖素宗道卽以遺之士達固辭宗道便命其家人將解其腕士達不得已而受之將赴營州於督亢城坡大集鄉人殺牛聚會有一舊門人醉言疏失宗道令沈之於水後坐酷濫除名玄族子輔字顯光本州別駕子同

同字叔倫身長八尺容貌魁偉善於處世太和中起家北海王詳國常侍熙平初累遷尚書左丞時相州刺史奚康生徵百姓歲調皆長七八十尺以邀奬公之譽部內患之同於歲祿官給長絹同乃舉案康生度外徵調書奏詔科康生罪兼褒同在公之績明帝世朝政稍衰人多竊冒軍功同閱吏部勳書因加檢覈得竊階者三百餘人乃表言竊見吏部勳簿多皆改換乃校中兵奏案並復乖舛愚謂罪雖恩免猶須刊定請遣一都令史與令僕省事各一人總集吏部中兵二局勳簿對句奏案若名級相應者卽於黃素楷書大字具件階級數令

本曹尚書以朱印印之明造兩通一關吏部一留兵局與奏案對掌進則防揩洗之僞退則無改易之理從前以來勳書上省唯別姓名不載本屬致令竊濫之徒輕爲茍且今請征職白身具列本州郡縣三長之所其實官正職者亦列官名曹別錄曆皆仰本軍印記其上然後印縫各上所司統將都督並皆印記然後列上行臺行臺關太尉太尉檢練精實乃始關刺省重究括然後奏申奏出之日黃素朱印關付吏部頃來非但偷階冒名改換勳簿而已或一階再取或易名受級凡如此者其人不少良由吏部無法防塞失方何者吏部加階之後簿不注記緣此之故易生僥倖自今敘階之後名簿具注加補日月尚書印記然後付曹郎中別作抄目遷代相付此制一行差止姦罔詔從之同又奏曰臣伏思黃素勳簿政可麤止姦僞然在軍虛詐猶未可盡請自今在軍閱簿之日行臺軍司監軍都督各明立文案處處記之斬首成一階以上即令給券其券一紙之上當中大書起行臺統軍位號勳人甲乙斬三賊及被傷成階以上亦具書於券各盡一行當行豎裂其券前後皆起年號日月破某處陣某官某

勳印記為驗一支付勳人一支行臺記至京師送門下別函守錄又自遷都以
來戎車屢捷所以征勳轉多叙不可盡者艮由歲久生姦積年長為巧吏階緣
偷增遂甚請自今為始諸有勳簿已經奏賞者卽廣下遠近云某處勳判咸令
知聞立格酬叙以三年為斷其職人及出身限內悉令銓除實官及外號隨才
加授庶使酬勳速申立効者勸事不經久僥倖易息或遭窮難州無中正者不
在此限又勳簿之法征還之日卽應申送然頃來行臺督將至京始造或一年
二歲方上勳書姦僞之原實自由此於今以後軍還之日便通勳簿不聽隔月
詔復依行元乂之廢靈太后也相州刺史中山王熙起兵於鄴敗之乂以同為
持節兼黃門侍郎慰勞使乃就州刑熙還授正黃門同善事在位為乂所親戮
熙之日深窮黨與以希乂旨論者非之同兄琇少多大言常云公侯可致至此
始為都水使者同啓求回身二階以加琇琇遂除安州刺史論者稱之營州城
人就德興謀反除同度支尚書持節使營州慰勞聽以便宜從事同乃遣賊家
口三十人幷免家奴為艮齎書喻之德興乃降安輯其人而還德與復反詔同

爲幽州刺史兼尚書行臺慰勞之同慮德與難信勒衆而往爲德與所擊大敗
而還靈太后反政以同乂黨除名莊帝踐阼詔復本秩除都官尚書復兼七兵
以前慰勞德與功封章武縣伯正除七兵轉殿中普泰初除侍中進號驃騎將
軍左光祿大夫同時久病牽強啓乞儀同初同之爲黃門也與節閔帝俱在門
下同異其爲人素相款託帝以恩舊許之除儀同三司永熙初薨贈尚書右僕
射四子長子斐嗣
斐字子章性殘忍以彊斷知名齊文襄引爲大將軍府刑獄參軍謂云狂簡斐
然成章非嘉名字也天保中稍遷尚書左丞別典京畿詔獄酷濫非人情所爲
無問事之大小拷掠過度於大棒車輻下死者非一或嚴冬至寒置囚於冰雪
之上或盛夏酷熱暴之日下枉陷人致死者前後百數人伺察官人罪失動卽
奏聞朝士見之莫不重跡屏氣皆目之爲校事斐揚揚得志言必自矜後以謗
史事與李庶俱病鞭杖死獄中斐弟鵮青州中從事同兄靜好學有風度飲酒
至數斗不亂終於太常丞大統初贈太僕卿平州刺史靜子景裕

景裕字仲孺小字白頭少敏專經爲學居拒馬河將一老婢作食妻子不自隨從又避地大寧山不營世事居無二業唯在注解其叔父同職居顯要而景裕止於園舍情均郊野謙恭守道貞素自得由是世號居士節閔初除國子博士參議正聲甚見親遇待以不臣之禮永熙初以例解天平中還鄉里與邢子才魏季景魏收邢昕等同徵赴鄴景裕寓託僧寺講聽不已未幾歸本郡河閒邢摩納與景裕從兄仲禮據鄉作逆逼其同反以應西魏齊神武命都督賀拔仁討平之聞景裕經明行著驛馬特徵既而舍之使教諸子在館十日一歸家隨以鼎食景裕風儀言行雅見嗟賞先是景裕注周易尚書孝經論語禮記老子其毛詩春秋左氏未訖齊文襄入相於第開講招延時儁令景裕解所注易景裕理義精微吐發閑雅時有問難或相詆訶大聲厲色言至不遜而景裕神彩儼然風誦如一從容往復無際可尋由是士君子嗟美之初元顥入洛以爲中書郎普泰中復除國子博士進退其間未曾有得失之色性清靜淡於榮利弊衣麤食恬然自安終日端嚴如對賓客興和中補齊王開府屬卒於晉陽神武

悼惜之景裕雖不聚徒教授所注易大行於世又好釋氏通其大義天竺胡沙
門道俙每譯諸經論輒託景裕爲之序景裕之敗也繫晉陽獄至心誦經枷鏁
自脫是時又有人負罪當死夢沙門教講經覺時如所夢謂誦千遍臨刑刃折
主者以聞赦之此經遂行號曰高王觀世音景裕弟辯
辯字景宣少好學博通經籍正光初舉秀才爲太學博士以大戴禮未有解詁
辯乃注之其兄景裕爲當時碩儒謂辯曰昔侍中注小戴今汝注大戴庶纂前
修矣節閔帝立除中書舍人屬齊神武起兵信都既破尒朱氏遂鼓行指洛節
閔遣辯持節勞之於鄴神武令辯見其所奉中興主辯抗節不從神武怒曰我
舉大義誅羣醜車駕在此誰遣爾來辯抗言酬答守節不撓神武異之捨而不
逼孝武即位除辯爲廣平王贊師永熙二年平等浮屠成孝武會萬僧於寺石
佛低舉其頭終日乃止帝禮拜之辯曰石立社移自古有此陛下何怪及帝入
關事起倉卒辯不及至家單馬而從或問辯曰得辭家不辯曰門外之道以義
斷恩復何辭也孝武至長安封范陽縣公歷位給事黃門侍郎領著作加本州

珍倣宋版印

大中正周文帝以辯有儒術甚禮之朝廷大議常召顧問遷太子少保領國子祭酒趙青雀之亂魏太子出居渭北辯時隨從亦不告家人其執志敢決皆此類也尋除太常卿太子少傅轉少師魏太子及諸王等皆行束修之禮受業於辯進爵范陽郡公自孝武西遷朝儀湮墜于時朝廷憲章乘輿法服金石律呂晷刻渾儀皆令辯因時制宜皆合軌度多依古禮性彊記默識能斷大事凡所創制處之不疑加驃騎大將軍開府儀同三司累遷尚書令及建六官爲師氏中大夫明帝即位遷小宗伯進位大將軍帝嘗與諸公幸其第儒者榮之出爲宜州刺史以患不之部卒謚曰獻配食文帝廟庭子慎嗣位復州刺史慎弟銓性矯捷善騎射位儀同三司隋開皇初以辯前代名德追封沈國公初周文欲行周官命蘇綽專掌其事未幾而綽卒乃令辯成之於是依周禮建六官革漢魏之法以魏恭帝三年始命行之六卿之外置太師太傅太保各一人是曰三孤時未建東宮其太子官員改創未畢尋又改典命爲大司禮置中大夫自茲厥後世有損益武成元年增御正四人位上大夫保定四年改宗伯爲納言禮

部爲司宗大司禮爲禮部大司樂爲樂部五年左右武伯各置大夫一人以建
德元年改增宿衛官員二年省六府諸司中大夫以下官府置四司以下大夫
爲官之長士貳之是歲又增改東宮官員三年初置太子諫議大夫員四人文
學十人皇弟皇子友員各二人學士六人四年又改置宿衛官員其司武司衛
之類皆後所增改太子正宮尹之屬亦後所創置而典章散滅弗可復知宣帝
嗣位事不師古官員班品隨情變革至如初置四輔官及六府諸司復置中大
夫并御正內史增置上大夫等則今載於外史餘則朝出夕改莫能詳錄于時
雖行周禮內外衆職又兼用秦漢等官今略舉其名號及命數附之於左其紀
傳內更有餘官而於此不載者亦史之闕文也柱國大將軍建德四年增置上
柱國上將軍也正九命驃騎大將軍開府儀同三司建德四年爲開府儀同
大將軍仍增上開府儀同大將軍車騎大將軍儀同三司建德四年改爲儀同
大將軍仍增上儀同大將軍雍州牧九命驃騎大將軍右光祿大夫車騎將軍
左光祿大夫戶三萬以上州刺史正八命征東征南征西征北等將軍右金紫

光祿大夫中軍鎮軍撫軍等將軍左金紫光祿大夫大都督戶二萬以上州刺史京兆尹八命平東平西平南平北等將軍右銀青光祿大夫前右左後等將軍左銀青光祿大夫帥都督柱國大將軍府長史司馬司錄戶一萬以上州刺史正七命冠軍將軍太中大夫輔國將軍中散大夫都督戶五千以上州刺史戶一萬五千以上郡守七命鎮遠將軍建議大夫建忠將軍誠議大夫別將開府長史司馬司錄戶不滿五千以下州刺史戶一萬以上郡守正六命中堅將軍右中郎將寧朔將軍左中郎將儀同府正八命州長史司馬司錄戶五千以上郡守大呼藥六命寧遠將軍右員外常侍揚烈將軍左員外常侍統軍驃騎車騎將軍府八命州長史司馬司錄柱國大將軍府中郎掾屬戶一千以上郡守長安萬年縣令正五命伏波將軍奉車都尉輕車將軍奉騎都尉四征中鎮撫將軍府正七命州長史司馬司錄開府府中郎掾屬戶不滿一千以下郡守戶七千以上縣令正八命州呼藥七命宣威將軍武賁給事明威將軍宂從給事儀同府中郎掾屬柱國大將軍府列曹參軍四平前右左後將軍府七命州

長史司馬司錄正八命州別駕戶四千以上縣令八命州呼藥正四命襄威將
軍給事中厲威將軍奉朝請軍主開府列曹參軍冠軍輔國將軍府正六命州
長史司馬司錄正七命州別駕正八命州中從事七命郡丞戶二千以上縣令
正七命州呼藥四命威烈將軍右員外侍郎討寇將軍左員外侍郎幢主儀同
府正八命州列曹參軍柱國大將軍府參軍鎮遠建忠中堅寧朔將軍府長史
司馬正六命州別駕正七命州中從事正六命郡丞戶五百以上縣令七命州
呼藥正三命蕩寇將軍武騎常侍蕩難將軍武騎侍郎開府參軍驃騎車騎將
軍府八命州列曹參軍寧遠揚烈伏波輕車將軍府長史正六命州中從事六
命郡丞戶不滿五百以下縣令戍主正六命州呼藥三命殄寇將軍強弩司馬
殄難將軍積弩司馬四征中鎮撫將軍府正七命州列曹參軍正五命郡丞正
二命掃寇將軍武騎司馬掃難將軍武威司馬四平前右左後將軍府七命州
列曹參軍五命郡丞戍副二命曠野將軍殿中司馬橫野將軍員外司馬冠軍
輔國將軍府正六命州列曹參軍正一命武威將軍淮海都尉武牙將軍山林

都尉鎭遠建忠中堅寧朔寧遠揚烈伏波輕車將軍府列曹參軍一命周制封郡縣五等爵者皆加開國授柱國大將軍開府儀同者並加使持節大都督其開府又加驃騎大將軍侍中其儀同又加車騎大將軍散騎常侍其授總管刺史則加使持節諸軍事以此爲常大象元年詔總管刺史及行兵者加持節餘悉罷之辯所制定之後又有改革今粗附之云辯弟光

光字景仁性温謹博覽羣書精於三禮善陰陽解鍾律又好玄言孝昌初釋褐司空府參軍事及魏孝武西遷光於山東立義遙授晉州刺史大統六年攜家西入除丞相府記室參軍賜爵范陽縣伯俄拜行臺郎中專掌書記改封安息縣伯歷位京兆郡守侍中開府儀同三司匠師中大夫進爵燕郡公虞州刺史行陝州總管府長史卒官周武帝少嘗受業於光故贈賻有加恆典贈少傅謚曰簡光性崇佛道至誠信敬常從周文狩於檀臺山時獵圍既合帝遙指山上謂羣公曰公等有所見不咸曰無所見光獨曰見一桑門帝曰是也卽解圍而還令光於桑門立處造浮圖掘基一丈得瓦鉢錫杖各一帝稱歎因立寺焉及

爲京兆而郡舍先是數有妖怪前後郡將無敢居者光曰吉凶由人妖不妄作遂入居之未幾光所乘馬忽升聽事登牀南首而立食器無故自破光並不以介懷其精誠守正如此注道德經章句行於世子賁

賁字子徵略涉書記頗解鍾律在周襲爵燕郡公歷位魯陽太守太子少宮尹儀同三司司武上士時隋文帝爲大司馬賁知帝非常人深自推結宣帝嗣位加開府及文帝被顧託羣情未一引賁置左右帝將之東第百官皆不知所去帝潛令賁部伍仗衛因召公卿而謂曰欲富貴者當相隨來往往偶語欲有去就賁嚴兵而至衆莫敢動出崇陽門至東宮門者拒不內賁諭之不去瞋目叱之門者遂却既而帝得入賁恆典宿衛承閒進說以應天順人之事帝從之及受禪命賁清宮因典宿衛賁乃奏改周旗幟更爲嘉名其青龍騶虞朱雀玄武千秋萬歲之旗皆賁所創也尋拜散騎常侍兼太子左庶子左領軍將軍及高熲蘇威共掌朝政賁甚不平時柱國劉昉被疎忌賁諷昉及上柱國元諧李詢華州刺史張賓等謀黜熲威五人相與輔政又以晉王上之愛子謀行廢立復

私謂皇太子曰賁將數謁殿下恐爲上讒願察區區之心謀泄昉等委罪於賓賁公卿奏二人坐當死帝以龍潛之舊不忍加誅並除名賓未幾卒歲餘賁復爵位檢校太常卿以古樂宮縣七八損益不同歷代通儒議無定準乃上表曰殷人以上通用五音周武克殷得鶉火天駟之應其音用七漢與加應鍾故十六枚而在一簴鄭玄注周禮二八十六爲簴此則七八之義其來遠矣然世有沿革用捨不同至周武帝復改縣七以林鍾爲宮夫樂者政之本也故移風易俗莫善於樂是以吳札觀而辯興亡然則樂也者所以動天地感鬼神情發於聲安危斯應周武以林鍾爲宮蓋將亡之徵也且林鍾之管卽黃鍾下生之義黃鍾君也而生於臣明於皇朝九五之應又陰者臣也而居君位更顯國家登極之祥斯實冥數相符非關人事臣聞五帝不相沿樂三王不相襲禮此蓋隨時改制而不失雅正者也帝竟從之改七縣八黃鍾爲宮詔賁與儀同楊慶和刊定周齊音律未幾歷郢虢懷三州刺史在懷州決沁水東注名曰利人渠又派入温縣名曰温潤渠以溉舃鹵人賴其利後爲齊州刺史糶官米而自糶坐

除名後從幸洛陽帝從容謂曰我始爲大司馬及總百揆頻繁左右與卿足爲
恩舊卿若無過位與高熲齊坐與凶人交搆由是廢黜言念疇昔之恩復處牧
伯之位何乃不思報効以至於此吾不忍殺卿是屈法申私耳賁俯伏陳謝詔
復本官後數日對詔失旨又自敘功績有怨言帝大怒謂羣臣曰吾將與賁一
州觀此不可復用後皇太子爲其言曰此輩並有佐命功雖性行輕險誠不可
棄帝曰我抑屈之全其命也微劉昉鄭譯及賁柳裘皇甫績等則我不至此然
此等皆反覆子也當周宣帝時以無賴得幸及帝大漸顏之儀等請以趙王輔
政此輩行詐顧命於我我將爲政又欲亂之故昉謀大逆於前譯爲巫蠱於後
如賁之例皆不滿志任之則不遜致之則怨自難信也非我棄之衆人見此或
有竊議謂我薄於功臣斯不然矣蘇威進曰漢光武欲全功臣皆以列侯奉朝
請至尊仁育復用此道以安之上曰然遂廢卒於家

勇字季禮景裕從弟也父璧魏下邳太守勇初與景裕俱在學其叔同曰白頭
必以文通季禮當以武達興吾門者二子也幽州反者僕骨邢以勇爲本郡范

陽王時年十八後葛榮又以勇爲燕王齊神武起兵盧文偉召之不應尒朱氏滅乃赴晉陽神武署丞相主簿屬山西霜儉運山東租輸皆令實載違者罪之令勇典其事鄉郡公主虛僦千餘車勇劾之公主訴於神武而勇守法不虧神武謂郭秀曰盧勇懍懍有不可犯色真公人也方當委之大事豈止納租而已後行洛州事元象初官軍圍廣州未拔行臺侯景聞西魏救兵將至集諸將議之勇請進觀形勢於是率百騎各攏一馬至大騩山知西魏將李景和將至勇乃多置幡旗於樹頭分騎爲數十隊鳴角直前禽西魏儀同程華斬儀同王征蠻而還再遷揚州刺史鎮宜陽叛人韓木蘭陳忻等常爲邊患勇大破之啓求入朝神武賜勇書曰吾委卿揚州安枕高臥無西南之慮矣表啓宜停當使漢兒之中無在卿前者卒年三十二勇有馬五百匹私造甲仗遺啓盡獻之贈司空冀州刺史諡武貞

誕本名恭祖曾祖晏博學善隸書有名於世仕慕容氏位給事黄門侍郎營丘成周二郡守祖壽太子洗馬慕容氏滅入魏爲魯郡守父叔仁年十八州辟主

簿舉秀才除員外郎以親老乃辭歸就養父母旣沒哀毀六年躬營墳壠遂有終焉之志景明中被徵入洛授武賁中郎將非其好也尋除鎮遠將軍通直散騎常侍並稱疾不朝乃出爲幽州司馬又辭歸鄉里當時咸稱其高尙焉誕於度世爲族弟幼而通亮博學有詞彩郡辟功曹州舉秀才不行起家侍御史累遷輔國大將軍太中大夫幽州別駕北豫州都督府長史時刺史高仲密以州歸西魏遣大將軍李遠率軍赴援誕與文武二千餘人奉候大軍以功授鎮東將軍金紫光祿大夫封固安縣伯尋加散騎侍郎拜給事黃門侍郎魏帝詔曰經師易求人師難得朕諸兒稍長欲令卿爲師於是親幸晉王第勑晉王以下皆拜之於帝前因賜名曰誕加征東將軍散騎常侍周文帝又以誕儒宗學府爲當世所推乃拜國子祭酒進車騎大將軍儀同三司恭帝二年除祕書監後以疾卒

論曰盧玄緒業著聞首應旌命子孫繼迹爲世盛門其文武功烈殆無足紀而見重於時聲高冠帶蓋德業儒素有過人者伯源兄弟亦有二方之風流雅道

家聲諸子不逮思道一代俊偉而宦途寥落雖曰窮通抑亦不護細行之所致乎潛及昌衡雅素之紀家風克嗣堂構無虧子剛使酒誕節蓋亦明珠之類長仁諫說可重一簣而傾惜矣伯舉仲宣文雅俱劭叔彪志尚宏遠任俠好謀文偉望重地華早有志尚間關夷險之際終遇英雄之主雖禮秩未弘亦爲佐命之一也詢祖辭情豔發早著聲名負其才地肆情矜矯位遇未聞弱年夭逝若得終介眉壽通塞未可量焉叔倫質器洪厚卷舒兼濟子章殘忍爲志咎之徒也景裕兄弟雅業可宗雖擇木異邦而立名俱劭辯損益成務其殆優乎勇雖文武異趣各其美也賁二三其德雖取悅於報己而移之在我亦安能其厲人見遺末路尙何足怪誕不殞儒業亦足稱云

北史卷三十

珍傲朱版玲

北史卷三十考證

盧玄傳初湛父志法鍾繇書○湛監本訛諶今從上文曾祖湛句改正

昌衡傳昌衡獨無所言左僕射高熲目而異之○熲監本訛潁今改從隋書

元聿傳諸商胡負官責息者宦者陳德信縱其妄注○宦監本訛官今改從南本

柔傳大軍屢捷○大監本訛太今改從南本

文偉傳邵甚重其敏贍○邵謂邢邵也監本誤郡今從上文改正

同傳明帝世朝政稍衰○衰監本誤稱今改從魏書

同時久病牽强○魏書牽强下有從務二字

景裕傳夢沙門教講經覺時如所夢謂誦千遍臨刑刃折○謂魏書作喋

北史卷三十考證

珍做宋版斜

西元二〇二〇年十一月一日重製一版

北史（附考證）冊二（唐李延壽撰）

平裝六冊基本定價肆仟伍佰元正
（郵運匯費另加）

版權所有
不准翻印

發行人　張敏君
發行處　中華書局
臺北市內湖區舊宗路二段一八一巷八號五樓（5FL., No. 8, Lane 181, JIOU-TZUNG Rd., Sec 2, NEI HU, TAIPEI, 11494, TAIWAN）
客服電話：886-2-8797-8396
公司傳真：886-2-8797-8909
匯款帳戶：華南商業銀行西湖分行
179100026931
印　　刷：維中科技有限公司
海瑞印刷品有限公司

No. N1052-2

國家圖書館出版品預行編目(CIP)資料

北史/(唐)李延壽撰. -- 重製一版. -- 臺北市 :
中華書局, 2020.11
冊 ; 公分
ISBN 978-986-5512-32-3(全套 : 平裝)

1.北史

623.601 109016727